北京市发展改革政策研究中心智库蓝皮书

U0604101

首都现代化蓝皮书
2024

北京市发展改革政策研究中心
北京市经济社会发展研究院 ◎著

**THE CAPITAL
MODERNIZATION 2024**

经济管理出版社
ECONOMY & MANAGEMENT PUBLISHING HOUSE

图书在版编目（CIP）数据

首都现代化蓝皮书.2024/北京市发展改革政策研究中心，北京市经济社会发展研究院著.—北京：经济管理出版社，2024.3
ISBN 978-7-5096-9631-6

Ⅰ.①首… Ⅱ.①北… ②北… Ⅲ.①现代化建设—研究报告—北京—2024 Ⅳ.①D671

中国国家版本馆 CIP 数据核字（2024）第 055081 号

组稿编辑：曹　靖
责任编辑：郭　飞
责任印制：黄章平
责任校对：张晓燕

出版发行：经济管理出版社
　　　　　（北京市海淀区北蜂窝 8 号中雅大厦 A 座 11 层　100038）
网　　址：www.E-mp.com.cn
电　　话：（010）51915602
印　　刷：唐山昊达印刷有限公司
经　　销：新华书店
开　　本：720mm×1000mm/16
印　　张：15.25
字　　数：235 千字
版　　次：2024 年 5 月第 1 版　　2024 年 5 月第 1 次印刷
书　　号：ISBN 978-7-5096-9631-6
定　　价：88.00 元

编　委　会

序　言

党的二十大报告发出了以中国式现代化全面推进中华民族伟大复兴的动员令，深刻阐述了中国式现代化的中国特色和本质要求，也为首都现代化进一步明晰了前进方向，首都现代化的内涵在实践中不断得到丰富。首都现代化既是中国式现代化的重要组成部分，也是中国式现代化的有效支撑。首都现代化是由发展中大国首都向强国首都迈进的现代化，是与"四个中心""四个服务"高度契合的现代化，是以新时代首都发展为统领的现代化，是探索减量式高质量发展的现代化，也是以人民为中心的现代化。北京作为国家首都和超大城市，具备现代化建设的先发优势和资源要素条件，必须承担首都使命和责任担当，为建设社会主义现代化强国做出北京贡献。

当今世界变乱交织，百年变局加速演进，世界之变、时代之变、历史之变正以前所未有的方式展开，首都发展的外部环境和内生动力发生了前所未有的复杂变化。面对新的机遇和挑战，北京究竟应该实现什么样的现代化？如何衡量首都现代化？怎样实现首都现代化？北京市发展改革政策研究中心（北京市经济社会发展研究院）作为首都高端智库试点单位之一，开展首都现代化研究是责任也是使命。自2021年起，我们将首都现代化系列研究作为精心打造的自主研究品牌，做首都现代化的系统记录者、持续跟踪者、专业研究者和务实推动者，彰显新时代、新征程、新伟业。2022年出版了《首都现代化——指标体系研究与实践探索》。2023年出版了《首都现代化2023——年度评估与路径探索》。作为第三本首都现代化蓝皮书，《首都现代化蓝皮书2024》在客观分析判断国内外宏观背景的基础上，对标首都现代化目标，对2022年首都现代化进程开展年度评价，深入剖析存在的问题，坚持目标导向、问题导向、改革导向，分领域提出实现现代化的路径和举措，为中国式现代化贡献"北京方案"。

本书分为总报告和专题研究两部分共八章。

第一部分总报告，为第一章。总报告统领全书，结合党的二十大报告精神、首都高质量发展的内涵特征和现代化建设的实践要求，准确把握首都现代化内涵，进一步完善首都现代化的评价指标体系，深入剖析北京率先实现现代化的良好基础和严峻挑战。提出应坚持"五子"联动服务和融入新发展格局，把实施扩大内需战略同深化供给侧结构性改革有机结合起来，全方位推动首都高质量发展，为率先基本实现社会主义现代化奠定坚实基础。

第二部分专题研究，包括第二章至第八章，分别为经济现代化、社会现代化、城市现代化、农业农村现代化、治理现代化、文化现代化和生态现代化研究。每一章都围绕本领域首都现代化进程的年度评价、存在问题及路径建议等方面展开研究。同时，各领域也聚焦年度重点热点问题开展专题研究。在经济现代化领域，开展了发展壮大科技服务业等专题研究。在社会现代化领域，开展了北京市失业青年群体调查，对高品质生活城市建设等问题进行积极探索。在城市现代化领域，重点关注人才公寓，提出完善多渠道、多元化、多层次、分类别的人才公寓供给体系。在农业农村现代化领域，重点关注如何以重要功能型节点项目建设带动北京乡村产业振兴。在治理现代化领域，重点关注社会力量共建韧性城市的机制等。在文化现代化领域，重点关注公共文化服务体系建设。在生态现代化领域，重点关注生态涵养区生态产品价值实现。

随着对首都现代化思考和研究的不断深入，首都现代化评价指标逐渐完善，更加突出指标的长期性、适用性和前瞻性；问题分析更加聚焦关键领域、更加精准到位；路径建议更加明确方向、突出重点，具有较强的针对性和可操作性。在本书的研究过程中，得到了北京市发展改革委领导的悉心指导以及相关处室的大力支持；有关专家也对部分章节提出了很好的建议。

中国式现代化是一项长期而艰巨的事业，首都现代化研究具有战略性、系统性、长期性，需要持续跟踪，不断积累，深入推进。由于时间有限，资料有限，本书难免有疏漏和不足之处，恳请广大读者批评指正。

编委会

2024 年 5 月

目　录

总报告

第一章　推动首都现代化建设不断谱写新篇章 ················· 3

第一节　深刻领悟党的二十大精神，准确把握首都现代化内涵 ····· 3

第二节　北京率先实现现代化具备良好基础，但也面临
严峻挑战 ················· 9

第三节　坚持目标导向，努力在基本实现社会主义现代化上走在
全国前列 ················· 19

专题研究

第二章　以经济现代化引领新时代首都发展 ················· 29

第一节　2022 年首都经济现代化年度评价及路径建议 ········· 29

第二节　明晰高端产业功能区布局　加快首都高质量发展·········· 49

第三节　持续激发企业发展活力　推动首都经济现代化
加快建设 ················· 58

第四节　扩量提质打造北京市产业增长新引擎················· 67

第五节　谨防高峰变高原发展隐忧　壮大北京科技服务业…………… 75

第三章　稳步推进首都社会现代化 ……………………………… 86

第一节　2022 年首都社会现代化年度评价及路径建议 ………… 86

第二节　待就业青年群体调查与对策建议 …………………………… 91

第三节　坚持以人民为中心　推动高品质生活城市建设 ………… 99

第四节　以核心区区属医院疏解整合为牵引　培育构建北京市
　　　　大健康生态体系 …………………………………………… 108

第五节　以高质量发展带动北京共同富裕的路径研究 ………… 117

第四章　以宜居为目标推进首都城市现代化 ……………… 124

第一节　2022 年首都城市现代化年度评价及路径建议 ………… 124

第二节　加大人才公寓支持力度　助力高精尖产业发展 ………… 139

第三节　推进空间拓展与跨界融合　打造多元消费目的地 ……… 145

第五章　加快推进首都农业农村现代化 …………………… 151

第一节　2022 年首都农业农村现代化年度评价及路径建议 …… 151

第二节　以供给侧结构性改革推动农业农村投资增量提效 ……… 158

第三节　以引育锻造新农人为突破口　加快构建城乡融合发展
　　　　体制机制 …………………………………………………… 164

第六章　深入推进首都治理现代化 ………………………… 169

第一节　2022 年首都治理现代化年度评价与路径建议 ………… 169

第二节　动员社会力量共建韧性城市研究 ………………………… 177

第三节　北京市供热计量改革路径研究 …………………………… 181

第七章　持续推进首都文化现代化建设 …………………… 186

第一节　2022 年首都文化现代化年度评价及路径建议 ………… 186

第二节 北京市公共文化服务体系研究 ……………………… 191

第八章 扎实开展首都生态现代化建设 …………………… 210

第一节 2022年首都生态现代化年度评价及路径建议 ……… 210
第二节 立足优势 夯实制度 点线面结合 加快推进生态
涵养区生态产品价值实现 ………………………… 216
第三节 生态产品总值引领的城市生态管理新模式探索 ……… 221

总报告

第一章　推动首都现代化建设
不断谱写新篇章

　　党的二十大报告发出了以中国式现代化全面推进中华民族伟大复兴的动员令，明确提出高质量发展是全面建设社会主义现代化国家的首要任务。作为首都，北京要在新征程上充分体现使命和担当，为全国作出表率，北京市第十三次党代会对首都率先实现现代化作出了明确部署，在更好地服务党和国家工作大局中续写中国式现代化的北京篇章。多年来，北京市全面贯彻新发展理念，坚持"五子"联动服务和融入新发展格局，扎实推动高质量发展，凝心聚力、攻坚克难，奋发有为推动新时代首都发展，经济总量稳上4万亿元台阶，重大战略任务实施取得突破，主要目标指标进展顺利，中国式现代化北京实践取得了新成就；但首都发展的外部环境和内生动力也发生前所未有的复杂变化，保持经济平稳健康发展还面临多重压力，高水平改革开放困难加大，都对推动高质量发展带来新的挑战。

第一节　深刻领悟党的二十大精神，
准确把握首都现代化内涵

　　党的二十大报告从多个角度对中国式现代化作了深刻阐释，不仅为实现中华民族伟大复兴提供了重要保证，也为北京高质量发展指明了根本方向。按照中央关于"五位一体"总体布局要求，以及党的二十大报告提出的到本世纪中叶建成富强民主文明和谐美丽的社会主义现代化强国的战略目标，结合以人民为中心的发展理念和超大城市的发展特征，我们构建了首都现代化研究框架和评价指标体系。2023 年，我们结合党的二十大报告精神，把握首都高质量发展的内涵特征和现代化建设的实践要求，分析了首都现代化的内涵，完善了首都现代化的评价指标体系（见表 1-1）。

表 1-1　首都现代化的评价指标体系

维度		指标
经济	经济规模	人均 GDP（万美元）
		社会劳动生产率（万元/人）
		全球 500 强企业数量（家）
		社会消费品零售总额（亿元）
	经济结构	高等级服务业＊增加值比重（%）
		六大高端产业功能区收入（万亿元）
	创新能力	PCT 国际专利申请量（件）
		R&D 投入占 GDP 比重（%）
		基础研究经费占研发经费比重（%）
	开放程度	国际会议数量（场）
		国际游客数量（万人次）
		进出口总额（亿美元）
		实际利用外资规模（亿美元）
治理	公共安全	单位地区生产总值生产安全事故死亡率（人/百亿元）
	治理效能	食品安全抽检合格率（%）
		药品抽验合格率（%）
文化	文化基础	全球顶级智库百强入选数量（个）
		大专及以上学历人口占比（%）
	文化产业	文化产业增加值占 GDP 比重（%）
	文化服务	城镇居民人均教育文化娱乐消费支出占比（%）

续表

维度		指标
生态	环境治理	PM2.5（微克）
	绿色转型	单位地区生产总值能耗（吨标准煤/万元）
		单位地区生产总值水耗（立方米/万元）
社会	民生保障	人均预期寿命（岁）
		婴儿死亡率（‰）
		每万名常住人口执业（助理）医师数（人）
	收入分配	城乡收入差距比
		居民人均可支配收入（元）
城市	空间优化	轨道交通运营里程（公里）
		交通拥堵程度（分钟/公里）
	居住环境	城镇居民人均住房建筑面积（平方米）
		农村居民人均住房面积（平方米）
	城市竞争力	全球城市排名

注：＊指金融、科技、信息、商务四大行业。

一、首都现代化内涵

首都现代化是中国式现代化在首都的具体实践，既有中国式现代化的普遍特征，又有首都发展的特殊性，具体体现在以下五个方面。

一是大国首都迈向强国首都的现代化。我国已进入全面建设社会主义现代化国家、向第二个百年奋斗目标进军的新发展阶段，要结合社会主义强国首都的特殊性，把握首都现代化的内涵，把北京全面建成富强、民主、文明、和谐、美丽的社会主义现代化强国首都和更加具有全球影响力的强国首都。从大国首都迈向强国首都，北京与老牌世界城市相比仍有较大差距，如人均 GDP 仅为纽约的 30%、伦敦的 40%，劳动生产率仅为纽约的 27%、伦敦的 46%，人均收入仅为纽约的 14%、伦敦的 30%，仍需努力提升首都自身城市发展的质量和水平，更好地展示迈向中华民族伟大复兴强国首都的新形象。

二是与"四个中心""四个服务"高度契合、以新时代首都发展为统领的现代化。加强"四个中心"功能建设、提高"四个服务"水平是首都发展的全部要义。北京作为国家首都，一切工作必须坚持全国政治中心、文化中心、国际交往中心、科技创新中心的城市战略定位，有所为、有所不为，必须落实好中央对首都工作的基本要求，为中央党政军领导机关工作服务、为国家国际交往服务、为科技和教育发展服务、为改善人民群众生活服务。做好首都现代化就要以新时代首都发展为统领，持续优化首都功能，积蓄和释放首都持续向好的发展势能，打造中国式现代化发展典范。

三是坚持"五子"联动融入新发展格局的现代化。推动首都现代化建设，促进首都高质量发展，关键要坚持建设国际科技创新中心、"两区"建设、数字经济、以供给侧结构性改革创造新需求和深入推动京津冀协同发展"五子"联动服务和融入新发展格局，这是立足首都城市功能战略定位，从服务国家高质量发展大局作出的战略安排。

四是探索减量式高质量发展的现代化。近年来，北京自觉把首都发展融入国家战略大局，分领域实施一批有共识、看得准、能见效的疏解项目，倒逼发展方式转变、产业结构转型升级、城市功能优化调整，推动城市从集聚资源求增长向疏解功能谋发展转变，减量发展成为首都追求高质量发展的鲜明特征。在减量发展过程中，面对国内外日趋激烈的人才、产业、资本竞争，北京的相对优势不可避免地受到挤压，正在经历发展方式转变和结构转型升级阵痛期，北京将牢牢把握"都"与"城"、"舍"与"得"的关系，努力探索与减量发展相适应的"规模约束、功能优化、空间提升"高质量发展模式，实现减量提质不减速的目的。

五是以人民为中心的现代化。北京坚持发展为了人民、发展依靠人民、发展成果由人民共享，切实把习近平总书记对首都建设工作的重要指示转化成实际行动，紧紧围绕"七有"要求和市民"五性"需求，坚持共同富裕方向，让发展成果更多更公平地惠及广大人民群众，促进人民全面发展和社会全面进步。

二、指标选取的原则

目前，国际上尚未形成一套成熟、公认的现代化指标体系。落实党的二十大提出的中国式现代化的五大特征、九大本质要求以及富强民主文明和谐美丽的社会主义现代化强国的发展目标，坚持把"四个中心""四个服务"作为引领城市发展的定向标，参考国内外相关研究成果，在指标筛选中应遵循以下原则：

一是对标国际公认。借鉴箱根标准、布莱克标准、英格尔斯标准、联合国人类发展指数、中国现代化报告等权威现代化研究成果，吸收各领域全球权威榜单，听取相关领域权威专家的意见，选取国际普遍公认指标，以保证首都现代化水平的国际可比。比如人均 GDP、社会劳动生产率等。

二是顺应时代潮流。绿色化、智能化是全球城市未来发展的核心议题，选取相应指标反映时代趋势。例如，代表绿色化的单位 GDP 能耗、水耗等，由于代表智能化的数字经济增加值不具备 10 年以上稳定数据，在指标体系中暂时不列，但在具体分析中会重点讨论。

三是体现首都特色。首都现代化既有中国式现代化的普遍特征，又有首都发展的特殊性，根据首都现代化内涵，选取全球 500 强企业、国际会议、全球顶级智库等指标体现落实首都功能定位、承担强国首都使命；选取高等级服务业增加值比重、六大高端产业功能区收入、PCT 国际专利申请量等指标体现减量式高质量发展；选取 R&D 投入占 GDP 比重、进出口总额、社会消费品零售总额等指标体现"五子"联动融入新发展格局。同时，聚焦农业农村现代化、生态宜居等北京现代化的短板领域设置相应指标，彰显补齐发展不平衡不充分的短板弱项的决心，比如城乡收入差距、PM2.5 等。

四是坚持人民至上。以满足人民日益增长的美好生活需要为根本目的，选择人均预期寿命、居民人均可支配收入、每万名常住人口执业（助理）医师数（人）等能够反映居民福利水平的相关指标，支撑共同富裕取得更为明显的实质性进展。

五是注重实用可得。现代化指标的选择不仅要考虑学术特性，更需注重社会需求，凸显实践特性，同时兼顾数据可得性。

三、首都现代化指数测算

按照政策含义明显、统计数据齐全、有国际可比性和借鉴意义等标准，梳理了反映首都现代化水平的 6 个维度 33 项指标，来进行测算与可视化。

第一，各指标等权重。各个指标（各个维度）同等重要。

第二，数据标准化采用极差法。

正向指标①：$X'_{ij} = \dfrac{X_{ij} - \min\{X_i\}}{\max\{X_i\} - \min\{X_i\}} \times 100$

负向指标②：$X'_{ij} = \dfrac{\max\{X_j\} - X_{ij}}{\max\{X_j\} - \min\{X_j\}} \times 100$

其中，X'_{ij} 表示第 i 号第 j 年指标的标准化指数，X_{ij} 表示第 i 号第 j 年指标的实际值，$\min\{X_i\}$ 表示第 i 号指标的实际最小值，$\max\{X_i\}$ 表示第 i 号指标的实际最大值。

第三，各维度指数合成取算术平均值。

$D_{Ij} = \left(\sum_{i=1}^{n} X'_{ij} \right) / n$

其中，D_{Ij} 表示第 I 维度第 j 年的现代化指数，X'_{ij} 表示第 i 号第 j 年指标的标准化指数，n 表示参加评价的指标个数。

第四，综合现代化指数合成同样取算术平均值。

$M_j = \left(\sum D_{Ij} \right) / k$

其中，M_j 表示第 j 年现代化指数，D_{Ij} 表示第 I 维度第 j 年的现代化指数，k 表示分指数个数。

具体结果如附件 1 所示。

第五，对附件 1 的现代化指数可视化为折线如图 1-1 所示。

---

① 正向指标是指指标值越大、评价结果越好的指标，如收入、GDP 等。
② 负向指标是指指标值越小、评价结果越好的指标，如污染物排放量、事故率等。

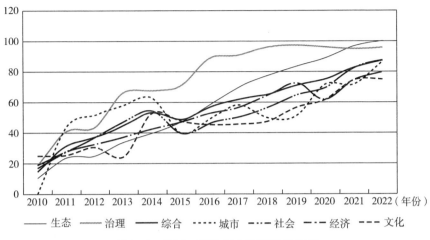

图 1-1 2010~2022 年北京现代化指数

总体来看，北京现代化发展持续深化，综合现代化指数不断跃升（见附件 1）。分维度来看：生态、城市等维度显著提升，虽然北京生态宜居水平与国际一流水平仍然存在非常大的差距，但近年来，得益于空气质量持续改善、绿色转型等，生态宜居短板得到有效改善。经济现代化水平稳步提升但出现波动，稳步提升主要得益于劳动生产率、高等级服务业、高端产业功能区、PCT 国际专利申请量等指标不断上升；波动主要是受国际游客数量、国际会议数量等外向型指标下降影响。社会现代化水平稳步提升，主要得益于人均预期寿命、每万名常住人口执业（助理）医师数、居民人均可支配收入的增长、婴儿死亡率的下降；部分社会领域指标已经达到国际先进水平。

第二节　北京率先实现现代化具备良好基础，但也面临严峻挑战

近十年来，北京现代化水平显著提升，各个领域现代化水平持续深

化，成效明显，生态和治理现代化水平最为亮眼，北京具备率先实现现代化的先发优势和基础条件。但对标国际先进水平，北京市综合现代化水平出现下行趋势，现代化发展亟须挖掘新增长点，各项指标发展与全球顶尖城市还有较大差距，要实现现代化目标还需要持续发力、久久为功。

一、综合现代化水平显著提升，但出现增速放缓趋势

近十年来，北京现代化水平明显增强，综合实力不断逼近全球顶尖城市。2010～2022 年，北京综合现代化指数进步显著，以 2015 年转折下行为分界线，呈现"前五年高速上扬、后八年平缓增长"的运行走势。

（一）经济实力跃上新台阶

过去十年，北京市经济规模不断扩大，经济总量先后跨越 2 万亿元、3 万亿元、4 万亿元三个大台阶，2022 年地区生产总值达 4.16 万亿元；2023 年第一至第三季度，全市实现地区生产总值 3.17 万亿元，同比增长 5.1%，在全国城市地区生产总值中排名第 2。经济质效不断提升，2022 年北京市人均地区生产总值约为 19 万元，居各省区市首位，较全国人均地区生产总值高出约 10.3 万元，接近西班牙人均水平，在全球排名第 38；社会劳动生产率约为 35 万元/人，较全国平均水平高约 20 万元/人。

（二）综合现代化水平提升面临挑战

过去十年，北京现代化水平不断提升，全球城市排名（美国管理咨询公司科尔尼发布）第 5；全球城市（共 48 个城市）实力指数（日本森纪念财团旗下城市战略研究所发布）排名第 17，其中经济领域排名第 4，仅次于纽约、伦敦和苏黎世。但近年来综合现代化水平提升放缓，综合性排名与老牌世界城市仍有明显差距，相对上海部分优势领域也呈现变弱趋势。将京沪放置全球坐标系中，北京在全球城市实力指数排名、全球城市潜力排名等全球城市综合性排名中上升幅度小于上海（见表 1-2）。

表 1-2　2010~2023 年北京、上海全球城市实力综合排名变动对比

序号	排名	北京		上海		上海相对北京增幅
		2022 年	2010~2022 年	2022 年	2010~2022 年	
1	全球城市实力指数（日本森纪念财团）	17	+7	10	+16	+9
2	全球城市实力指数经济领域	4	0	10	-2	-2
3	全球城市实力指数研发（R&D）领域	12	+14	13	+15	+1
4	全球城市实力指数文化交流领域	20	-14	24	-13	+1
5	全球城市实力指数宜居领域	41	-17	45	-30	+13
6	全球城市实力指数生态环境领域	40	-6	34	-1	+5
7	全球城市实力指数交通可达性领域	19	-1	1	+15	+16
8	全球城市潜力（科尔尼）	27	+18（2015~2022 年）	30	+35（2015~2022 年）	+17

　　综合排名提升较慢的背后，是北京减量发展大背景下的转型阵痛，2023 年北京市中期评估结果也显示，GDP 等部分核心规划指标完成困难。2021 年、2022 年北京市 GDP 增速分别为 8.8%、0.7%，2021~2022 年累计增长 9.56%，年均增长 4.67%，基本符合年均增长 5% 左右的规划目标。要实现 2021~2025 年的年均增速为 5% 的目标，2024~2025 年年均增长需要达到 5.3% 左右，这对于减量发展大背景下的北京来说，是一个很大的挑战。部分进度领先指标与现实感受也存在偏差，创新发展类指标进展虽优于规划目标，全社会研究与试验发展经费支出占地区生产总值比重两年均保持 6% 左右，但北京市科技服务业领跑优势减弱，面临"高峰变高原"隐忧，增加值增速从 2012 年的 7.8% 下降至 2022 年的 1.8%，技术合同成交额占全国比重从 2012 年的 38.2% 下降至 2022 年的 16.6%，十年下降一半多，反映出科技与产业存在"两张皮"现象，需要加强关注。

二、经济现代化成效明显，但后续增长动力亟待深挖

北京现代化产业体系加快构建，扩大内需战略深入实施，经济现代化成效显著、水平不断提升。过去十年，北京市经济发展与全国基本保持同步，2012~2022 年北京市 GDP 年均现价增长 8.1%，基本与全国（8.4%）保持同步，但国民经济内部出现的部分失衡现象也需要引起关注。

（一）创新驱动引领首都现代化产业体系加快构建

一是现代服务业优势明显。北京市在全国率先形成服务业占 GDP 比重超过 80%、现代服务业占服务业比重接近 80% 的"双 80%"服务经济发展格局。2022 年服务业增加值占比达 83.9%，高于全国 30 个百分点。金融业、信息传输、软件和信息技术服务业、科学研究和技术服务业等服务业增加值占经济比重达 45.9%，对经济增长贡献率达 60% 以上。

二是高精尖产业发展驶入快车道。北京科技创新能力加快跃升，2022年，北京市的 R&D 投入占 GDP 比重和基础研究经费占研发经费比重分别增长到 6.5% 和 17%；北京 PCT 国际专利申请量高达 11463 件；2022 年北京市首次跻身《国际科技创新中心指数 2022》全球前三名，连续 6 年自然指数—科研城市排名第 1，位列《2022 年全球创新指数报告》全球百强科技集群第 3。在创新驱动带动下，北京聚焦高精尖，培育形成了新一代信息技术、科技服务业 2 个万亿级产业集群，以及医药健康、智能装备、人工智能、节能环保、集成电路等 8 个千亿级产业集群。两业融合加速推进，发布推动先进制造业和现代服务业深度融合发展的实施意见，锚定 8 个重点领域，推进 20 项主要举措，集中发力探索形成一批具有北京特色的"两业融合"新机制、新模式和新业态，进一步擦亮"北京智造""北京服务"品牌。现阶段已孕育出"一园五企"共 6 家全国两业融合试点，初步形成一批典型两业融合发展模式。

三是数字经济发展势能积蓄。数字经济是新时代首都发展的重要驱动力量，2022 年，北京数字经济实现增加值 17330.2 亿元，同比增长 4.4%，占 GDP 的 41.6%，比上年提高 1.2 个百分点。其中，数字经济核心产业

增加值为 9958.3 亿元,同比增长 7.5%,占数字经济总量的 57%,占全市 GDP 的 23.9%,比上年提高 1.3 个百分点,产业贡献度进一步提升,企业竞争力优势明显,数字化赋能产业、赋能城市、赋能民生作用凸显。

(二)产业结构隐忧显现

过去十年,北京与自身比,10 个主要行业"3 升 7 降",除信息传输、软件和信息技术服务业,金融业,科学研究和技术服务业占 GDP 比重有所上升外,工业,批发和零售业,房地产业,租赁和商务服务业,交通运输、仓储和邮政业,住宿和餐饮业等行业占 GDP 比重均有所下降。与全国比,10 个主要行业增加值占全国比重"3 升 7 降",建筑业,信息传输、软件和信息技术服务业,金融业增加值占全国比重有所提升;工业、房地产业、批发和零售业、租赁和商务服务业、住宿和餐饮业、科学研究和技术服务业增加值占全国比重有所下降。2 组"3 升 7 降"从不同角度揭示了北京在过去十年产业结构调整中,新动能不足、较快增长行业较少,应多方评估加以应对。

同时,体现大城市特征相关行业表现弱势也需要关注。与全球城市产业结构演化的一般规律不同,北京市批发和零售业、住宿和餐饮业、房地产业等城市特征指标出现走弱趋势①,三个行业占北京 GDP 比重 10 年分别下降 4.9 个、1.2 个、2.1 个百分点,其中,十年来房地产业增加值占全国比重由 5.2% 下降至 3.5%,批发和零售业由 4.7% 下降至 2.7%,住宿和餐饮业由 4.3% 下降至 2.1%(见图 1-2)。

(三)对外开放压力升级

从评价指标来看,2021~2022 年北京市经济现代化指数被上海反超,在一定程度上源于开放领域多项指标断崖式下跌。国际会议数量从 2016 年的高峰 113 场跌落到 2022 年的 19 场,国际游客数量从 2011 年 520.4 万人次的高点跌落到 2022 年的 24.1 万人次。综合近十年来开放系列指标,

---

① 对比而言,这些行业在全球城市都仍然保持着很高比重和相当活力。例如,2020 年纽约、洛杉矶两个大都市统计区房地产占 GDP 比重分别为 13.9%、14.9%,都高于全美平均水平(13.3%),也远高于北京市房地产比重。

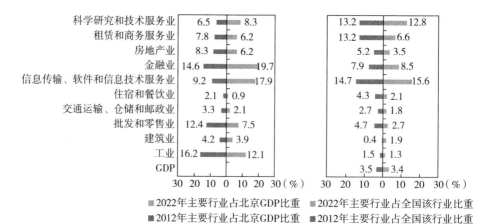

科学研究和技术服务业 6.5 | 8.3　　　　13.2 | 12.8
租赁和商务服务业 7.8 | 6.2　　　　13.2 | 6.6
房地产业 8.3 | 6.2　　　　5.2 | 3.5
金融业 14.6 | 19.7　　　　7.9 | 8.5
信息传输、软件和信息技术服务业 9.2 | 17.9　　　　14.7 | 15.6
住宿和餐饮业 2.1 | 0.9　　　　4.3 | 2.1
交通运输、仓储和邮政业 3.3 | 2.1　　　　2.7 | 1.8
批发和零售业 12.4 | 7.5　　　　4.7 | 2.7
建筑业 4.2 | 3.9　　　　0.4 | 1.9
工业 16.2 | 12.1　　　　1.5 | 1.3
GDP 　　　　　　　　　　3.5 | 3.4

30 20 10 0 10 20 30（%）　　30 20 10 0 10 20 30（%）

■ 2022年主要行业占北京GDP比重　　■ 2022年主要行业占全国该行业比重
■ 2012年主要行业占北京GDP比重　　■ 2012年主要行业占全国该行业比重

图1-2　2012年和2022年北京主要行业增加值变化情况

北京与上海在利用外资规模、外资企业数量、跨国公司总部、外资研发中心数量等方面的差距在显著拉大。

（四）平原新城等新增长空间支撑不够

经过多年发展，平原新城综合承载能力不断提升，产业集聚效应初步显现，2022年人口达873.7万人、实现地区生产总值9076.6亿元、规模以上工业总产值10334.7亿元。医药健康、集成电路、高端智能、新能源智能汽车等产业优势明显，对应领域企业营收分别占全市的八成、六成、六成、五成以上，已成为全市发展实体经济和构建高精尖产业体系的主阵地。

但整体来看，城市副中心和平原新城内联中心城区、外携津冀的节点作用尚未充分发挥，对全市经济增长支撑不足。2017~2022年，平原新城GDP占全市比重仅由21.7%微增至21.8%，规模以上工业总产值占全市比重甚至由47.9%下降至45.2%，距离首都发展新引擎的期待尚不匹配。产出效率明显低于全市平均水平，2022年平原新城和城市副中心地均和人均产出分别为1.4亿元/平方公里和10.4万元/人，仅相当于全市平均水平（2.5亿元/平方公里和19.0万元/人）的55%，除亦庄外，其他五区都低于全市平均水平。对乡村地区带动不够，城乡差距依然很大，2023年上半年，全市城乡居民收入比为 2.29：1.00，城乡收入差距高于浙江（1.72：1.00）、上海（1.84：1.00）、天津（1.87：1.00）等省份。对京津冀区域引领带动不够，京津、京保石、京唐秦三个发展轴带空间格局尚未形成。

三、治理现代化处于较高水平，但仍然存在短板问题

治理现代化水平表现突出，治理现代化指数 2017 年以来保持在 90 以上，单位地区生产总值生产安全事故死亡率大幅下降，食品安全抽检合格率、药品抽验合格率近 100%。北京是全球最安全的城市之一，每十万人刑事案件立案数低于全球其他城市；社会治理能力持续增强。党建引领接诉即办改革深入推进，建立接诉即办"每月一题"机制，12345 市民服务热线诉求解决率和群众满意率分别达 94% 和 95%。开展并持续深化基层治理"回天有我"创新实践，回天地区治理经验入选民政部全国基层治理创新典型案例。但治理水平还有不少地方值得提升。

一是基层治理不够精细化，基层政府在社会治理领域中深受"不出事"也"不出彩"等思想影响，形成了模糊化治理的行为范式，对于社会治理中的制度、程序、标准、规则等重视程度不够，致使精细化治理目标难以落到实处。

二是智慧城市建设有待深化，政府、企业之间信息整合力度不够，各部门间服务协同性不足，数据资源利用不够充分，以数据共享为基础的协同工作机制还需加强，群众办事出现"慢、繁、难"等问题。

三是社会组织专业化服务水平需提高，企业等市场主体参与治理的渠道还需完善，民意表达渠道与群众期待还有差距，社会力量的成长难以完全适应和满足基层社会治理精细化的内在需要，社会公众的组织化和社会组织的发育水平亟待进一步提高。

四、文化现代化优势明显，但文化影响力与体验感需进一步提升

北京市文化现代化多项指标全国领先。公共文化设施覆盖率超过

98%，实体书店数量全国第一。北京市文化产业增加值占 GDP 比重已达 11%；大专及以上学历人口占比近 50%；全球顶级智库百强入选数量达 8 个。但文化领域也有不少不足点需要弥补。

一是文化影响力与国际先进水平差距较大。北京千年古都文化有待深入挖掘，相比巴黎时尚、东京动漫、首尔娱乐，北京的文化符号、元素和载体仍有待丰富。尽管高端智库数量不断增加，但入选全球百强前 10 的尚无。

二是居民文化体验度需进一步提高。2022 年北京市城镇居民人均教育文化娱乐消费支出占居民消费支出比重仅为 7.7%，公共文化设施也存在数量不足、质量不高等问题。

三是文化产业竞争力有待增强。北京市文化企业规模偏小，文化企业国际竞争力不强，缺乏有影响力的领军企业。

五、社会现代化多项指标已达国际水平，但发展仍面临不均衡不充分问题

北京市社会现代化水平大幅提升，2010~2022 年北京市社会现代化指数从 19.01 大幅增长至 87.64，北京市人均预期寿命、婴儿死亡率等指标已达国际先进水平，居民人均可支配收入从 2.9 万元提升至 7.7 万元，每万名常住人口执业（助理）医师数从 33.7 人增加至 57.2 人。但城乡居民收入差距大、青年群体就业压力大和"一老一小"服务供给不足等问题不容忽视。

一是农业农村短板明显。北京市第一产业增加值由 2014 年的 160 亿元减少至 2022 年的 113 亿元（同期全国增长了 3.3 万亿元），占 GDP 比重已下降至 0.27%，北京市粮食、蔬菜自给率分别仅为 6.8%、14.0%。在农民增收方面，2022 年北京市城乡居民收入比为 2.42∶1.00，绝对规模扩大至近 5 万元；仅 27.6% 的农村居民进入了中等收入群体行列①，低于

---

① 根据 2020 年北京市万户抽样数据初步推算。

全国约 30% 的平均水平①。总体来看，城乡资源要素自由流动还不顺畅，"大城市带动大京郊、大京郊服务大城市"的发展格局尚未形成。

二是青年就业市场供需失衡。2023 年市教委统计北京本地应届高校毕业生达 28.5 万人，叠加外地毕业来京、留学归国求职人员总数或近 50 万人，高校毕业生就业将持续承压。但产业结构深度调整对青年群体就业的冲击巨大，前程无忧数据显示，2022 年 100 多家各行业头部企业中 60% 缩减了校招人数，美团校招从 1 万人缩减到 5000 人，百度、腾讯不再披露具体校招计划。智联招聘数据显示，互联网、房地产、教培等为应届生提供岗位数占比从 2021 年的 56% 腰斩至 2022 年的 26%。人才培养与市场脱节矛盾凸显，"只会写论文"的研究型人才堆积，北京市本硕博学历结构倒挂，而技能人才占就业人口的比重不足 30%，与发达经济体存在 10～20 个百分点的差距。

三是老龄化、少子化冲击北京市公共服务供给。老龄化时代已经到来②，但北京市养老消费市场发展却始终不温不火，全市最大的老年用品展示中心（营业面积达 5000 平方米，最红火的时候曾销售 5000 余种老年用品）已倒闭，养老行业发展缺龙头企业引领带动③，而且护理人员缺口较大④，从业人员结构不合理⑤。处于超少子化阶段，北京市户籍人口新生儿数量由 2017 年的 17.1 万人快速下滑至 2022 年的 7.5 万人，出生率由 12.6‰下降至 5.3‰；2022 年北京市 0～14 岁常住人口占比为 12.1%，与新加坡（12.4%）、日本（12.6%）水平基本相当。新生儿的快速减少已

---

① 2022 年 10 月，党的二十大新闻发言人孙业礼表示：我国进入中等收入的人口超过 4 亿人，形成了全球规模最大、最具成长性的中等收入群体。

② 2022 年北京市 60 岁及以上常住人口占比为 21.3%，已处于中度老龄化社会。按户籍人口计算，60 岁及以上户籍人口占比达 29%。

③ 1469 家社区养老驿站由 700 多家市场主体运营，多为"小作坊"式运作，尚未形成规模化、集约化发展格局。

④ 全市拥有护理员资质的仅 2.8 万人，但北京市 80 岁以上老人 60 万人，领取失能补贴老人 26.4 万人，重度失能和残疾老人 19 万人，按照国家标准养老护理员跟老人的比例 1∶4 估算，存在着较大的护理人员缺口。

⑤ 北京市大部分长期护理人员在 40 岁以上，超 70% 从业人员为下岗再就业人员，外埠来京务工人员占一半以上，高中及以上文化水平的仅占 14%，具备专业医疗知识和技能的仅占 5%。

经冲击学前教育，北京市多数民办幼儿园在 2021 年开始面临招生难，部分公办幼儿园也存在招不满的情况。

六、生态宜居水平取得长足进步，但对标国际一流和谐宜居之都还有距离

绿色日益成为经济社会高质量发展的鲜明底色，北京市生态现代化水平是拉动北京市综合现代化水平提升的主要因素，十年来环境质量大幅改善，2022 年北京 PM2.5 年均浓度为 30 微克/立方米，与 2013 年相比下降 66.5%；全市污水处理率达 97%；森林覆盖率由 2012 年的 38.6% 提高到 2022 年的 44.8%；人均公园绿地面积从 2012 年的 15.5 平方米增长到 2022 年的 16.63 平方米；煤炭占全市能源消费比重下降至 1.4% 以内；新能源和可再生能源利用比重达 14% 以上，碳效、能效、水耗水平始终保持全国各省份最优水平。

城市现代化水平显著提升。轨道交通线路由 2012 年的 12 条段增加到 2022 年的 27 条段；运营里程由 2012 年的 442 公里提高到 2022 年的 797 公里。2022 年中心城区绿色出行比例达 74.6%，市民 45 分钟以内通勤出行占比达 56%。但城市宜居品质与全球城市仍有较大差距。

一是生态环境与全球城市相比差距明显。北京市的 PM2.5 年均浓度与上海、深圳等国内先进城市相比仍有差距，与纽约、东京、伦敦等国际先进城市差距更大。

二是韧性城市建设面临诸多问题和挑战。城市应急管理存在信息处理、共享、公开不及时和不充分的现象，投资补助和设施建设滞后矛盾突出，北京市"23·7"特大暴雨造成的洪涝灾害，进一步暴露出北京韧性城市建设仍有不少短板，抵御重大灾害能力仍有待增强。

第三节　坚持目标导向，努力在基本实现社会主义现代化上走在全国前列

党的二十大报告明确提出以中国式现代化全面推进中华民族伟大复兴是全党的中心任务。北京作为首都，有责任、有条件在基本实现现代化上走在全国前列。面对新形势、新阶段、新任务，应深刻把握中国式现代化的本质要求，以新时代首都发展为统领，全面落实"四个中心"首都城市战略定位，坚持"五子"联动服务和融入新发展格局，把实施扩大内需战略同深化供给侧结构性改革有机结合，围绕经济、社会、城市、农业农村、治理、文化、生态七个维度，全方位推动首都高质量发展，为率先基本实现社会主义现代化奠定坚实基础，为中国式现代化建设贡献北京力量。

一、发挥科技创新引领带动作用，高水平推进经济现代化

经济发展是首都现代化的物质基础。近年来，北京经济高质量发展取得新突破，全市经济总量跨越4万亿元台阶，人均地区生产总值超过18万元，居全国首位，已经达到中等发达经济体水平。要充分发挥好首都资源要素优势，打造经济高质量发展的北京样板，为全国提供示范。科技创新是首都现代化的关键所在。北京作为我国科技基础最为雄厚、创新资源最为集聚、创新主体最为活跃的区域之一，完全有基础、有底气、有信心、有能力以科技创新引领现代产业体系建设。要统筹发挥首都在教育、科技、人才方面的优势，系统提升高水平自立自强能力，成为世界科学前沿和新兴产业技术创新策源地、全球创新要素汇聚地。

一是加快建设国际科技创新中心。着力打造国家战略科技力量。全力保障国家实验室高标准高水平在轨运行，推进在京全国重点实验室体系化

发展，推进新一期北京高校高精尖创新中心建设。全力推进"卡脖子"关键核心技术攻关。服务国家科技自立自强，制定关键核心技术攻坚战行动计划，探索构建新型举国体制北京模式，布局实施一批战略性重大科技计划和重点项目。加快"三城一区"主平台和中关村示范区主阵地建设。推动中关村 24 条先行先试改革政策扩大到示范区全域，滚动推出首创性改革和政策。健全"三城一区"统筹联动和融合发展机制，以重大科技攻关为牵引，完善"基础设施—基础研究—应用研究—成果转化—产业发展"联动体系。

二是着力构建高精尖经济结构。巩固扩大现代服务业优势。支持北交所做大做强，建立健全优质企业储备库、培育库、推荐库，加快建设北京"专精特新"专板，争取落地北交所政府债券交易和 REITs 发行交易功能。推动软件和信息服务业能级提升，围绕基础软件、工业软件等重点领域开展科技攻关，支持软件产品首试首用，持续促进产业聚集。构建具有国际竞争力的先进智造产业集群。持续做强新一代信息技术、集成电路、生物医药等高精尖产业，突出关键领域、高端环节，培育壮大一批核心品牌企业和特色产业集群，提升产业发展水平。全面激发"两区""三平台"活力。持续扩大重点领域对外开放，探索在科技、数字经济、金融、生物医药、消费等重点领域压力测试。加大改革和服务保障力度，不断提升服贸会、中关村论坛、金融街论坛的国际影响力。

三是加快建设全球数字经济标杆城市。加快推进新型基础设施建设。适度超前布局信息网络基础设施、算力基础设施、新技术基础设施建设，高效推动海淀区人工智能公共算力平台、朝阳区数字经济算力中心等设施建设。率先开展国家数据基础制度先行先试。以数据资产入表为契机，积极争取国家有关部门支持，在数据确权、产权保护、融合应用、监管方式等方面深化先行先试改革。打造具有国际竞争力的数字产业集群。主动参与数字经济领域国际规则制定，高水平建设数字贸易港、数字贸易示范区。围绕智慧交通、生态环保、人文环境等领域深化全域智慧应用场景建设，以场景应用牵引智慧城市产业发展。

二、聚集"七有""五性",扎实推进社会现代化

提高居民收入是首都现代化的内在要求。2022 年北京居民人均可支配收入达 7.74 万元,位居全国第二,但居民收入占 GDP 比重仅为 40.7%,低于浙江的 50.9%,且城乡收入差距依然较大,2022 年城乡居民收入倍差为 2.42,高于浙江 1.90 的水平。要坚持以人民为中心的发展思想,在促进城乡居民普遍增收的基础上,更加注重向农村、薄弱地区和困难群体倾斜。

一是构建青年友好生产生活生态。系统谋划建设适应青年发展需求的城市生态,让新市民在北京更有认同感、归属感、获得感,增强城市发展活力。优化青年就业创业环境,健全完善积分落户、人才公寓等激励政策。探索在平原新城等地布局一批满足青年人娱乐、购物、休闲等需求的综合性商业设施,进一步释放消费潜力,促进职住平衡。

二是构建适应老龄化人口结构特征的公共服务体系。围绕养老供需空间匹配、医康养服务完善、护理员队伍建设等重点问题加快研究针对性政策措施。大力创新居家养老服务模式,整合养老照料中心、社区养老服务驿站、社区卫生服务站等区域资源,将巡视探访、上门巡诊等居家医养服务有效衔接。借鉴日本成熟经验,结合北京市试点情况,探索推广长期护理保险制度。实施家庭适老化改造,政企联动完善养老助餐服务网络。

三是稳步推进共同富裕。着力完善重点群体就业支持体系。抓好高校毕业生、城镇困难人员等重点人群就业,鼓励创业带动就业和灵活就业。着力扩大中等收入群体规模。多渠道增加城乡居民收入,加快推动"后备军"进入中等收入群体行列。深化收入分配制度改革,加强高收入群体税收调节力度。完善最低生活保障标准。合理扩大低保覆盖面积,确保老、弱、病、残低收入人群切实享受低保待遇,鼓励领取低保的家庭积极参与就业。

三、遵循超大城市治理规律,稳步推进城市现代化

一是打好疏解整治促提升组合拳。紧紧扭住疏解非首都功能这个"牛

鼻子"，坚定推进一般制造业疏解提质，巩固区域性专业市场疏解成果，稳步推进高校、医院等疏解项目，保持违建治理力度不减，抓好"基本无违建区"。强化城市副中心行政办公、商务服务、文化旅游和科技创新主导功能。创建抓好"三校一院"交钥匙项目后续办学办医支持，帮扶带动雄安新区教育、医疗等公共服务水平提升。

二是提升交通治理能力。发挥"七站两场"引领带动作用，加快推进"两场"互联互通，持续优化"七站"协同关系，大力提升"七站两场"出行服务品质、整体运行效率。提升智慧交通治理水平，积极推进交通信号灯联网控制和智慧调度，加强智慧交通示范区建设。推进学校、医院、集中居住区等重点区域交通治理，加强交通秩序维护和疏导。加快编制分区停车专项规划，持续推进停车设施有偿错时共享，分类破解停车难问题。

三是完善城市更新规划保障体系。深入落实城市更新条例，在片区统筹更新、用地混合配置等方面细化政策，打造更多示范性强、可推广的城市更新样板。探索支持保险资金、信托资金组成市场化的城市更新基金，广泛吸引社会资本参与，以参股方式投资综合平台公司。积极搭建银企对接平台，支持金融机构通过延长宽限期和贷款期限提供匹配城市更新项目现金流特点的金融产品。

四、加快补齐发展不平衡不充分的短板弱项，加快推进农业农村现代化

农业农村是首都现代化的最大难点。北京都市型现代农业市场潜力巨大，但本地农产品供给不足、休闲旅游发展不充分，农村景区景点以及品牌节庆活动对乡村旅游带动力逐渐降低，休闲农业和乡村旅游供给现状与市民旅游消费升级需求之间匹配错位；农村集体经济发展不平衡，产业发展受限制，农民经营性收入相对较低；农村公共服务发展虽然取得长足进步，但与城市相比差距依然较大。要有效整合利用大城市、大京郊各种资源，畅通城乡要素对接、流通，以农民增收为目标，以产业振兴为导向，推动首都乡村振兴取得新的更大成效。

一是深入实施乡村振兴发展战略。坚定把干部配备、要素配置、资金投入、公共服务"四个优先"落到实处，畅通科技、人才、金融、信息、服务等资源要素下乡渠道，加快传统农业村、小农户向现代农业、现代农村转型发展，努力实现农业高质高效、乡村宜居宜业、农民富裕富足。

二是大力促进农业增收增效。加快建设农业中关村，支持平谷区创建国家农业高新技术产业示范区，全力打造"种业之都"。做精做强特色农业，推动乡村旅游提档升级，实施高素质农民培育计划，大力培育新型家庭农场经营者、农民合作社带头人等新型经营主体，加大农村集体经济收益分配向低收入农民倾斜力度。

五、突出精治共治法治，全面提升治理现代化水平

社会稳定是首都现代化的基本前提。北京作为国家首都，要坚持把维护政治安全摆在首位，坚决为党中央站好岗、放好哨。切实维护好意识形态安全，妥善应对经济领域风险隐患，完善矛盾纠纷排查化解体系，全力维护社会和谐稳定。坚持以人民为中心，着力解决好群众反映强烈的安全问题，充分发挥群防群治工作优势，筑牢防风险、保安全、护稳定的铜墙铁壁。

一是深化数字赋能城市治理。充分发挥数字化在城市治理中的重要作用，加快布局智慧城市共性基础设施，提升城管、交通、能源、环保、水务、园林、气象、应急等领域城市运行感知水平。持续扩展应用范围，打通市、区、乡镇数字壁垒，构建社区数字化网格化治理新模式。

二是深化接诉即办改革。进一步发挥接诉即办的"探针"作用，加强主动治理、未诉先办。以接诉即办为主抓手办实事、解民忧，聚焦群众和企业反映的高频共性难题，建立完善项目清单，推动解决一批发展所需、改革所急、基层所盼、民心所向的重大问题，增强群众获得感幸福感安全感。

六、扎实做好首都文化这篇大文章，奋力推进文化现代化

一是擦亮北京历史文化"金名片"。坚持将古都文化作为首都文化的根脉和底色，系统梳理北京历史文化发展脉络，全力以赴抓好中轴线申遗保护，高品质建设好大运河文化带、长城文化带和西山永定河文化带，推动城市保护和有机更新相衔接、内涵挖掘和活化利用相统一、保护传统和融入时代相协调，建设传统文化与现代文明交相辉映的世界文化名城。

二是保护好、管理好、运用好首都红色资源。着力保护利用以北大红楼及周边革命旧址为代表的建党文化资源，以卢沟桥和宛平城、中国人民抗日战争纪念馆为代表的抗战文化资源，以香山革命纪念地为代表的新中国文化资源，推动红色文化薪火相传、与时俱进，不断提高市民文明素质和城市文明程度。

三是大力推进文化领域供给侧结构性改革。坚持以人民为中心的创作导向，持续丰富文化供给，以更大力度推进文化惠民工程，更好地满足群众多样化、便利性的文化需求。要把丰富文化产品供给作为重要手段，打造"大戏看北京"品牌，推出更多增强人民精神力量的精品力作，为市民提供更丰富、更有营养的精神食粮。

七、大力实施绿色北京战略，持续推进生态现代化建设

生态环境是首都现代化的制约因素。虽然 PM2.5 治理取得了里程碑式突破，但空气污染治理具有长期性、复杂性、艰巨性，与国家《环境空气质量标准》一级标准（15 微克/立方米）相比、与国际大都市（10~20 微克/立方米）相比还有差距；生态优势向经济优势转化仍然不充分，推动绿色低碳转型发展任务艰巨。要围绕生态保护、生态产品价值实现、加速形成绿色生活方式等重点发力，推动首都生态现代化建设再上新台阶。

一是高标准打好污染防治攻坚战。坚持 PM2.5 和臭氧协同治理，不断深化"一微克"行动，加强挥发性有机物"全链条"综合治污，强化施工、道路、裸地"三尘"共治，打好蓝天保卫战。加强水生态空间保护，

全面落实"河长制",加快河道清淤修复。加强塑料污染和新污染物治理,加快建设"无废城市"。统筹推进乡村生态振兴、农村人居环境整治。

二是加快推动经济社会发展绿色低碳转型。优化国土空间开发格局,深入实施新版城市总规,严格"三线三区"全域空间管控和"三线一单"生态环境分区管控,构建科学有序的生产、生活、生态空间。完善能耗总量和强度调控,逐步转向碳排放总量和强度"双控"制度,积极稳妥推进碳达峰、碳中和。推动各类园区绿色低碳循环化改造升级,依托工业互联网、区块链等新技术,实现涉企绿色低碳动态监测、精准控制和优化管理。

执笔人:王术华　刘紫星　贾　硕　刘作丽　张英男

附件1

2010~2022 年北京现代化指数

年份	2010	2011	2012	2013	2014	2015	2016	2017	2018	2019	2020	2021	2022
综合现代化指数	14.99	31.44	36.69	44.41	53.29	48.49	56.62	61.79	65.15	70.89	74.79	82.43	87.45
经济现代化指数	16.88	27.55	32.56	37.00	42.63	46.71	52.56	56.50	64.13	72.34	61.70	74.51	79.78
治理现代化指数	18.65	40.75	43.50	66.14	67.47	70.76	88.67	90.65	95.92	97.25	96.07	94.80	95.62
文化现代化指数	24.89	25.55	30.69	24.49	52.85	47.52	45.17	45.63	47.43	56.80	61.63	74.55	75.00
生态现代化指数	10.50	23.60	24.95	33.87	39.58	46.72	58.41	69.70	77.45	83.34	88.49	96.60	100.00
社会现代化指数	19.01	27.64	36.88	47.01	54.39	39.41	45.96	50.11	56.38	64.72	69.32	82.44	87.64
城市现代化指数	0.00	43.53	51.56	57.98	62.78	39.83	48.97	58.15	49.61	50.87	71.50	71.66	86.67

专题研究

第二章　以经济现代化引领新时代首都发展

纵观世界现代化发展史，一切现代化的中心任务都是发展生产力。习近平总书记指出，国家强，经济体系必须强。经济现代化在现代化全局中居于基础地位，是全面建设社会主义现代化国家新征程的基本路径，也是首都现代化的主要任务和核心内容。当前，北京已经基本达到中等发达经济体发展水平，2022 年北京 GDP 达 4.16 万亿元，人均可支配收入为 7.7 万元，位居全国前列，为率先基本实现社会主义现代化提供了有力支撑。本章围绕 2022 年度经济现代化推进整体情况进行评估，并从产业布局、市场主体、重点产业等维度开展专题研究。

第一节　2022 年首都经济现代化年度评价及路径建议

一、2022 年首都经济现代化年度评价

2022 年是极为重要、极不平凡的一年，北京扎实做好"六稳""六保"工作，应对超预期因素冲击，保持了经济社会大局稳定，在首都全面建设社会主义现代化新征程中迈出了坚实的一步。

（一）经济发展主要指标运行良好

为全面系统评估经济现代化成效，结合北京实际，围绕规模、结构、创新、开放四个维度，课题组探索构建了一套首都经济现代化指标评价体系。在规模方面，设置了人均 GDP、劳动生产率、全球 500 强数量、社会消费品零售总额 4 个指标。在结构方面，结合北京高精尖产业发展结构和产业区域集聚情况，设置了金融、科技、信息、商务四大行业增加值占 GDP 比重，以及六大高端产业功能区收入 2 个指标。在创新方面，对照全球创新城市，设置了 PCT 国际专利申请量、R&D 投入占 GDP 比重、基础研究经费占研发经费比重 3 个指标。在开放方面，围绕国际交往中心定位以及"引进来"和"走出去"新格局，设置了国际会议数量、国际游客数量、进出口总额、实际利用外资规模 4 个指标。

从 2010~2022 年的数据分析来看，表现为四个特征：

一是经济发展稳中提质。2022 年北京人均 GDP 达 2.83 万美元，是 2010 年的 2.4 倍，保持全国领先水平；全员劳动生产率 35 万元/人以上，是 2010 年的 2.4 倍，继续保持全国领先；全球 500 强数量连续 9 年保持在 50 个以上，2022 年为 55 个；社会消费品零售额有所下降，2022 年为 1.38 亿元，同比 2021 年减少 7.4%，但高出 2020 年 100 亿元。

二是经济结构持续优化。2022 年北京金融、科技、信息、商务四大行业增加值占 GDP 比重超过一半，达 52.2%，比重较 2021 年提高 3.4 个百分点，较 2010 年提高 16.5 个百分点。六大高端产业功能区收入稳步增加，2022 年为 11.87 万亿元，较 2021 年增长 1.7%，较 2010 年增长 2.8 倍。

三是科技创新优势突出。2022 年，北京 PCT 国际专利申请量达 11463 件，较 2021 年增长 10.7%，较 2010 年增长 8 倍。R&D 投入占 GDP 比重从 2010 年的 5.69% 提高至 2022 年的 6.50%。基础研究经费占研发经费的比重也从 2010 年的 11.60% 提高至 2022 年的 17.00%。基于在科技创新领域的突出表现，《国际科技创新中心指数 2022》评价中，北京首次超越伦敦，在全球国际科技创新中心中位列第三。

四是对外开放不断深化。近年来，北京扎实推进"两区"建设，外资外贸稳定发展势头良好。2022年北京进出口总额达5465亿美元，创造历史新高，同比2021年增长16.0%；利用外资额为174亿美元，同比2021年增长12.7%。值得关注的是，会展、旅游等行业受到较大冲击，国际会议和国际旅客数量都出现了大幅减少趋势，2022年北京举办国际会议仅为19场，入境旅客数量缩减至24万人。但随着国际航班的逐步恢复以及会展业、旅游业的复苏回暖，国际会展、入境游等情况将逐步好转（见表2-1）。

　　在横向和纵向对比指标的基础上，按照前文所列的现代化指标测算方法，计算得出了北京经济现代化指数（见图2-1）和四个分领域的指数，以便对首都经济现代化水平进行定量评价。根据测算结果，北京现代化指数除2020年和2021年出现了回调外，总体呈现上升趋势，2022年达80.05。规模现代化指数在2021年达到99.27的峰值，2022年虽然降至92.89，但依然高于2019年前的其他年份，结构、创新现代化指数则达到了2010年以来的最高水平，2022年分别为100.00、99.20，开放现代化指数较2019年前差距较大，但2022年呈现筑底回升态势，达57.15（见表2-2）。

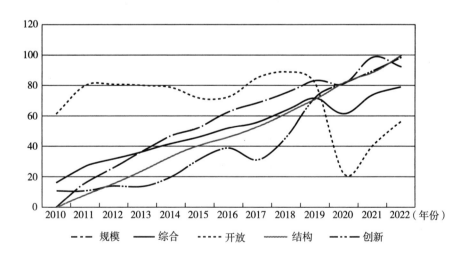

图2-1　2010~2022年北京经济现代化指数

表2-1 2010~2022年北京经济现代化主要指标情况

维度	序号	指标	2010年	2011年	2012年	2013年	2014年	2015年	2016年	2017年	2018年	2019年	2020年	2021年	2022年
规模	1	人均GDP（万美元）	1.16	1.34	1.47	1.62	1.74	1.83	1.86	2.02	2.28	2.35	2.38	2.85	2.83
	2	劳动生产率（万元/人）	14.7	15.9	17.3	18.8	20.1	21.5	23.0	25.1	27.8	29.9	30.6	34.7	35.0
	3	全球500强企业数量（家）	31	41	44	48	52	52	58	56	53	56	57	59	55
	4	社会消费品零售总额（万亿元）	0.73	0.83	0.94	1.04	1.14	1.23	1.31	1.39	1.44	1.51	1.37	1.49	1.38
结构	5	金融、科技、信息、商务四大行业增加值占GDP比重（%）	35.7	37.4	38.2	40.0	41.7	43.3	43.8	44.5	46.0	47.5	49.9	49.1	52.2
	6	六大高端产业功能区收入（万亿元）	3.15	3.76	4.55	5.16	5.84	6.40	6.98	7.83	8.57	9.40	10.0	11.67	11.87[a]
创新	7	PCT国际专利申请量（件）	1272	1862	2705	2981	3606	4490	6651	5069	6527	7165	8283	10358	11463
	8	R&D投入占GDP比重（%）	5.69	5.63	5.59	5.61	5.53	5.59	5.49	5.29	5.65	6.30	6.47	6.53	6.5
	9	基础研究经费占研发经费比重（%）	11.6	11.6	11.8	11.6	12.6	13.8	14.2	14.7	14.8	15.9	16.0	16.1	17.0
开放	10	国际会议数量（场）	98	111	109	105	104	95	113	81	93	91	15[b]	17[b]	19
	11	国际游客数量（万人次）	490	520	501	450	428	420	417	393	400	377	34	24	24
	12	进出口总额（亿美元）	3017	3896	4081	4299	4155	3194	2824	3237	4124	4161	3350	4710	5465
	13	实际利用外资规模（亿美元）	53	59	62	68	82	127	126	233	167	136	134	144	174

注：a：依据相关增长率估算数据；缺失2022年六大高端产业功能区收入，采用2022年第一至第三季度六大高端产业功能区同比增长率1.78%估算。b：根据邻近年份数据均值，估计了2020~2021年国际会议数量。

表 2-2　2010~2022 年北京经济现代化指数

年份	2010	2011	2012	2013	2014	2015	2016	2017	2018	2019	2020	2021	2022
经济现代化指数	16.87	27.58	32.63	37.09	42.76	46.87	52.74	56.72	64.38	72.60	61.93	74.80	80.05
规模现代化指数	0.00	16.52	26.42	37.22	47.31	53.29	63.78	69.56	75.66	83.88	81.76	99.27	92.89
结构现代化指数	0.00	8.50	15.63	24.46	33.67	41.51	46.56	53.46	62.44	71.76	82.49	89.52	100.00
创新现代化指数	11.13	11.22	14.32	14.15	20.34	32.17	39.30	31.65	47.04	73.09	82.06	90.65	99.20
开放现代化指数	61.96	80.58	81.40	80.65	79.44	72.20	73.17	85.75	89.42	81.83	22.30	41.44	57.15

（二）现代化产业体系加快构建

近年来，北京加快推进新型工业化，巩固壮大实体经济根基，形成了以电子信息、汽车制造、生物医药为主体的先进制造业体系，主导产业支撑作用突出。同时，巩固优势产业领先地位，服务业服务全国能力增强，构建起以金融业、信息传输、软件和信息技术服务业、科学研究和技术服务业为代表的优质高效服务业新体系。

一是先进制造业引领产业升级。①产业集中度较高。2022 年北京工业增加值占 GDP 比重为 12.1%，其中占比前四位的行业分别为电力热力生产和供应业（32.0%）、计算机通信和其他电子设备制造业（14.9%）、汽车制造业（14.6%）、医药制造业（7.6%）。②高端领域占比逐年提高。2013~2021 年，北京高技术制造业固定资产投资年均增长 5.5%，成为产业转型升级的重要支撑。2021 年，规模以上高技术制造业实现总产值 8708.6 亿元，比 2012 年增长 1.9 倍；占规模以上工业的比重为 34.9%，比 2012 年提高 15.5 个百分点。③新兴产品产量快速增长。2021 年，北京集成电路产量为 207.7 亿块，比 2012 年增长 5.5 倍。智能手机、集成电路等产品具备较强竞争力，国内市场占有率处于领先水平，产量占全国的比重均超过 5%。

二是服务型经济格局明显。2022 年三次产业构成比例为 0.3：15.9：83.8；在全国率先形成服务业占 GDP 比重超过 80%、现代服务业占服务业比重接近 80% 的"双 80%"服务经济发展格局。北京服务业结构已经与国际大都市经济体接近，从国际大都市的发展规律来看，人均 GDP 只有实现翻番，比重才有可能提高 2 个百分点，北京服务业已进入由规模扩大向质量提升转变的关键阶段。金融业，信息传输、软件和信息技术服务业，科学研究和技术服务业是现代服务业的重要组成部分，也是推动北京服务业发展的优势行业。2022 年，三个行业增加值同比分别增长 6.4%、9.8% 和 1.8%，分别占北京 GDP 的 19.7%、17.9% 和 8.3%，同比分别提高 0.8 个、1.7 个和 0.4 个百分点。

三是数字经济释放发展新势能。2022 年，北京数字经济实现增加值 17330.2 亿元，占北京地区生产总值的比重达 41.6%；数字经济核心产业增加值 9958.3 亿元，占地区生产总值的比重为 23.9%。以数字经济为主要驱动力的信息服务业发展迅猛，自 2015 年以来，北京市信息服务业增加值占全国的占比接近 15%，年均增速超过 16%；2022 年增加值规模达 7456.2 亿元，接近上海的 2 倍，表现出"规模领先、增速较高"的总体发展特征。自 2020 年以来，北京服务业受到较大冲击，多数行业出现下降，但信息服务业显示出较强抗风险能力，2022 年增加值占比达历史新高，为 18%，对北京 GDP 增长的贡献率达 69%。

四是科技创新优势为产业转型升级打下坚实基础。2022 年，北京市研发经费投入强度保持在 6% 以上，研发支出占地区生产总值比重稳居全国第一，其中基础研究经费约占全国 1/4。"三城一区"创新主平台崛起，以不足 6% 的土地面积贡献全市 1/3 的地区生产总值，集中了全市 31.8% 的企业和全市六成左右的研发人员、研发费用。着力打造国家战略科技力量，高标准建设中关村、昌平、怀柔等国家实验室，怀柔综合国家科学中心展现雏形，持续支持 8 家世界一流新型研发机构。独角兽企业数量从 2015 年的 40 家增至 2021 年的 102 家，持续领跑全国。

（三）发展空间更趋合理

北京深入落实新版城市总规提出的"一核一主一副，两轴多点一区"

的城市空间结构，推动从"单中心"转向"新空间结构"，城市框架持续夯牢夯实，功能要素和产业布局更趋合理，区域经济发展动能更加强劲。

城市副中心由"生机勃发"到"高质量发展步伐加快"。对内承接中心城区功能转移。第一批41个部门、约180家市级机关的集中入驻，带动1.7万余人到行政办公区办公、生活。累计实现81家央企二三级企业、61家市属国企及下属企业先后落户。6条通达中心城区的轨道建成投用，安贞医院、人民大学等一批优质资源落地发展。对外强化"两翼"齐飞发展态势。与雄安新区两地联合制定实施工作对接机制方案，在土地管控、产业承接、生态治理、公共服务等方面合力推进政策集成创新。

城乡区域发展更加均衡协调。实施城南、回天、京西、平原新城、生态涵养区等区域性专项行动或政策意见，自2017年以来，城南地区发展速度高于北京平均速度，南北差距相对缩小。回天地区打造大型社区治理样板，京西新首钢建设城市复兴新地标，昌平、大兴、房山、顺义平原新城综合承载力持续提升。数据显示，平原新城和城南的GDP占比分别由2017年的18.9%和15.3%提高到2022年的19.5%和16.3%，同期核心区占比下降0.6个百分点，城市经济格局正在重塑（见图2-2）。

六大高端产业功能区（以下简称"六高"①）产业集聚效应凸显。从经济支撑作用看，"六高"贡献了全市五成以上的GDP，由2012年的7745.9亿元增加到2022年的2.13万亿元，占全市GDP的51.3%，较2012年提高8个百分点。从产业集聚情况来看，表现为"一个3/4，三个一半"。即：全市3/4以上的信息、软件和信息技术服务业集中在中关村国家自主创新示范区，2022年提高到77.9%；一半以上的科学研究和技术服务业向中关村示范区集中，2022年为51.0%；一半左右的金融业增加值集中在金融街，2022年为49.4%；一半左右的工业增量由北京经济技术开发区贡献，2022年为52.1%。

---

① "六高"指中关村国家自主创新示范区、北京经济技术开发区、商务中心区、金融街、奥林匹克中心区、临空经济区。

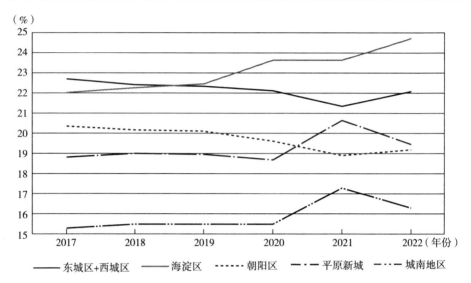

图2-2 2017~2022年北京重点区域GDP占比变化

注：2022年数据根据各区政府工作报告初步整理。

京津冀协同发展取得显著成效。2022年京津冀地区生产总值合计10.0万亿元，"三二一"产业格局持续稳固，"一二三"产业占比由2013年的6.2∶35.7∶58.1变为2022年的4.8∶29.6∶65.6，第三产业比重提高7.5个百分点。交通、生态、产业等重点领域协同发展取得新突破，初步形成了由"通勤圈""功能圈""产业圈"组成的现代化首都都市圈。交通网络"连起来"，京张高铁、京唐城际开通运营，京昆、京台、京秦等9条高速公路相继建成，北京大兴国际机场建成投运。生态环境"美起来"，2022年京津冀地区细颗粒物（PM2.5）年均浓度降至37微克/立方米，与2013年相比下降超60%。产业协作"串起来"，中关村企业在津冀两地累计设立分支机构9000多家，北京流向津冀技术合同成交额累计超2100亿元。

二、首都经济现代化面临的风险和挑战

从中长期来看，世界百年大变局动荡演进，还存在各种难以预见的狂风暴雨、惊涛骇浪。当前，北京产业发展仍面临一些长期积累的结构性、深层次问题，企业面临预期转弱、成本压力大、活力下降等问题，加快构建首都现代化产业体系是解决一系列深层次结构性问题的重要抓手，同时也面临巨大的风险和挑战。

（一）从宏观动能来看，潜在增长率存在持续下行风险，供需失配待解

经济潜在增长率面临由"5%"下降至"5%以下"的风险。2020～2022年，北京经济增长出现了自改革开放以来3个历史最低点（1981年的-0.5%、2020年的1.2%、2022年的0.7%）中的2个。从供给侧来看，一是劳动力供给出现拐点，北京常住人口规模、法人单位从业人员数量、老龄化率三项主要人口指标分别于2016年、2018年、2021年先后出现历史性拐点。二是减量背景下土地要素供应逐年减少，对城市内涵式发展提出更高要求，按照《北京市国土空间近期规划（2021年—2025年）》，到2025年北京城乡建设用地应控制在2790平方公里左右，2020～2022年经营性用地供地1066公顷，较2017～2019年下降28%。从需求侧来看，一是在消费方面，北京居民的传统商品消费和一般性服务消费边际需求不足，住房、汽车等大宗消费受到资源约束和政策的明显限制。政府提供的社会公共服务以保基本为主、现有模式下供给数量和品质已到天花板，导致潜在需求难以满足，比如"一老一小"服务消费问题。二是在投资方面，制造业投资近年来保持强劲增长（2020～2022年三年平均增长49.2%），但目前北京10亿元以上制造业大项目储备较少，"缺大少新"问题比较突出。基础设施投资占北京固定资产投资比重由35%左右下降到20%左右，智能停车、垃圾处理、综合管廊、物流保供、市郊铁路和轨道微中心、绿电进京等重点领域投资活跃度较低。民间投资出现下滑趋势，2022年减少6.1%，低于固定资产投资增速9.7个百分点。

（二）从中观产业来看，服务业等优势产业有整体下滑的隐忧，制造业增加值比重有待提升，部分制造业发展形势较严峻

分行业来看，金融业收入利润首现"双负增长"，制约金融业高质量发展的结构性问题依然存在，占比超过北京金融业七成的银行业面临净息

差持续收窄的压力，北交所市值偏小，金融市场不够活跃，资金链与创新链、产业链仍存在脱节现象。信息、软件和信息技术服务业面临流量见顶、创新不足、增速放缓压力，互联网流量红利逐渐消失，支柱业务趋于饱和；创新能力与先进水平仍有差距，缺乏颠覆性创新产品和服务模式；市场信心恢复基础仍不牢固，平台企业投资出现大幅下滑。科学研究和技术服务业面临"多降"隐忧，研发服务领先水平、发明专利、技术合同交易额等关键指标也出现下降苗头。制造业发展存在的问题依旧明显：一是北京工业比重下滑过快，北京工业增加值占 GDP 比重由 1978 年的 64.5% 下降至 2022 年的 12.1%，显著低于纽约、东京等国际城市。二是存在产业链条缺失，既缺少"链主型"的龙头企业，也缺少一批"活跃群"的单项冠军和隐形冠军企业，部分制造业企业处于孤立式发展状态。三是未形成一批在全国甚至全球具有突出优势和较强竞争力的主导优势产业链。

北京转方式、调结构、提质量、增效益任务艰巨。与自身比，北京优势行业支撑作用减弱，部分行业利润尚未恢复至 2019 年水平，2023 年 1~10 月电子信息制造利润仅恢复至 2019 年同期的三成，金融利润仅恢复至 2019 年同期的七成多；过去十年，10 个主要行业"3 升 7 降"，除信息传输、软件和信息技术服务业，金融业，科学研究和技术服务业占 GDP 比重有所上升外，工业、批发和零售业、房地产业、租赁和商务服务业、交通运输、仓储和邮政业、住宿和餐饮业等行业占 GDP 比重均有所下降。未来，需坚持稳中求进、以进促稳、先立后破，围绕推动高质量发展，突出重点，把握关键，培育新动能。

（三）从微观企业来看，市场主体培育不足

企业是微观市场主体，关乎中观产业和宏观经济，现代化产业体系是由企业在市场竞争中"真刀真枪"干出来的。从企业质量来看，一是达到规模以上标准的企业数量不多。2022 年北京达规 4.7 万家，达规率仅为 3.6%，连续五年稳定达规 2.6 万家，占比为 55.0%。二是规模以上企业增长较慢。自 2014 年以来，规模以上工业全国增速为 2.6%、北京不增反降，年均下降 2.0%。三是领军企业较少，2022 年全国制造 500 强中，北京有 25 家，比 2018 年减少 5 家。

（四）从区域发展来看，发展不平衡不充分问题仍较突出

一是平原新城产业发展有待提升。城市副中心和平原新城内联中心城区、外携津冀的节点作用尚未充分发挥，对全市经济增长支撑不足，GDP 占全市比重由 2017 年的 21.7% 微增至 2022 年的 21.8%、规模以上工业总产值占全市比重由 47.9% 降至 45.2%，与首都发展新引擎的期待尚不匹配。2022 年平原新城和城市副中心地均和人均产出分别为 1.39 亿元/平方公里和 10.4 万元/人，仅相当于全市平均水平（2.5 亿元/平方公里和 19 万元/人）的 55%。二是南北发展不均衡。城南地区生产总值仅占北京的 15% 左右，与城北海淀、朝阳、昌平、顺义 4 区面积相当，人口约为其 1/2，地区生产总值仅为其 1/3，财政收入不到其 1/4。产业集群不够强，中日、临空、丽泽等园区都处于培育蓄力期。三是部分地区灾后恢复重建任务艰巨。"23·7"特大暴雨洪涝灾害灾后恢复重建和防灾减灾能力提升任务艰巨，按照"一年基本恢复"的要求，要确保 2024 年汛前基本完成影响防洪的水毁水利工程修复和农村居民自建住房原址重建，基础设施、公共服务设施的保障能力基本恢复到灾前水平。预计 2024 年汛前需建成的恢复重建项目约 200 个、总投资 300 多亿元。四是京津冀协同发展能级有待提升。京津冀地区 GDP 占全国比重从 2013 年的 9.3% 下降到 2022 年的 8.3%，而长三角地区（一市三省口径）比重从 23.4% 提高到 24.0%。京津冀区域产业配套能力不足，尚未形成区域间分工互补、上下游联动配套的产业协同发展格局，技术交易额留在北京的占比由 2016 年的 31.6% 快速滑落至 2021 年的 18.7%，科技成果蛙跳至长三角地区和粤港澳大湾区。

（五）从经济发展的外向度来看，高水平对外开放面临较大压力

近年来，北京市对外开放总体保持稳健提升态势，但随着中美关系从战略合作转向战略竞争，后续增长压力较大。

2024 年北京市对外开放面临挑战较多，机遇需及时把握，不确定、难预料的因素需提前预判。从不利因素来看，全球跨国投资和贸易总体增长乏力，预计 2024 年地缘冲突、食品与能源价格高涨、多国面临的衰退和

债务压力等仍将对全球跨国投资产生冲击，港股走势低迷也恐将对京港双向投资产生不利影响。从有利因素来看，中美元首会晤取得多方面的成果，在政治外交、人文交流、全球治理、军事安全等领域达成了 20 多项共识，我国与美欧国家的经贸合作可能会企稳回升。中东等"一带一路"国家对华合作升温，2023 年市政府代表团专程访问沙特阿拉伯、阿联酋等国，市贸促会带团赴沙特利雅得参加中阿合作论坛企业家大会，市主要领导率团访问卡塔尔、摩洛哥等国，服贸会首次举办"北京—中东投资贸易推介会"等，北京市与中东海湾国家交流互动热度持续上升，都释放了积极信号。

总体来看，当前首都高质量发展和经济现代化进程战略机遇和风险挑战并存，首都经济韧性强、潜力大、活力足，持续健康发展的良好态势没有改变，支撑高质量发展的生产要素条件没有改变，长期向好的基本面没有改变。未来几年面临以下四个有利因素：

一是空间重塑机遇。2024 年是推进京津冀协同发展十周年，伴随雄安新区进入大规模建设与承接北京非首都功能疏解并重发展阶段，北京市也将迎来京津冀协同发展纵深推进背景下空间结构优化重塑的重要机遇，城市副中心和平原新城需要顺势而为，进一步增强推进京津冀协同发展的使命担当，为使京津冀成为中国式现代化建设的先行区、示范区作出更大贡献。

二是政府扩表带动企业投资信心恢复。一方面，政府积极化债，2024年政府化债将逐步开始，通过政府温和加杠杆的方式，有利于隔离高债务地区的风险，促进企业部门平稳去杠杆，增强企业投资能力。另一方面，政府增发国债，2023 年中央财政增发 1 万亿元国债，全部列为中央财政赤字，有利于缓解地方财政支出压力；增发国债资金全部按项目管理，有利于提高资金使用的精准性和效率，带动社会投资。

三是多措并举促消费。国家推出降低购买首套住房首付比例和贷款利率、改善性住房换购税费减免、个人住房贷款"认房不认贷"、存量房贷款利率下调、个税专项附加扣除上调等一系列政策。初步测算直接增加可支配收入超百亿元，以消费主力军中产阶层中年人为主。

四是人民币汇率日趋稳定，航班有序恢复促进国际交往，贸易恢复。自2023年第三季度以来，人民币汇率开始企稳回升，2024年有望保持稳定，将给北京市进出口企业创造良好的贸易环境，推动北京市国际贸易不断恢复。

三、首都经济现代化实现路径

在推进首都经济现代化建设中，应立足首都功能战略定位，以提高供给体系质量和效益为主攻方向，加快构建具有首都特点的现代化产业体系，推动实体经济、科技创新、现代金融、人力资源协同发展，不断夯实首都高质量发展的"底座"和"根基"。

（一）修复结构、提振信心，围绕构建具有首都特点的现代化产业体系努力实现"产业新突破"

1. 构建符合首都特点的现代化产业体系

按照中央推进产业"智能化、绿色化、融合化"，建设具有"完整性、先进性、安全性"的现代化产业体系的总要求，考虑首都资源禀赋、现实基础和未来发展方向，加快构建"2+（4+4）+（5+6）"现代化产业结构体系，塑造首都现代化产业体系整体品牌概念。其中，"2"是释放科技创新和数字经济两大优势力量；"4+4"是巩固提升4个智造业（汽车、医药、电子信息和高端装备）和4个现代服务业（信息服务、金融、科技服务和商务服务），以生产性服务业支撑制造业发展；"5+5"是做大做强人工智能、集成电路、网联汽车、绿色环保、智慧场景5个特色优势产业和培育未来信息、未来健康、未来制造、未来空天、未来材料、未来能源6个未来产业。

2. 五力并举，推动首都产业发展实现新突破

一是做大做强智造业，加快汽车、生物医药、电子信息、装备制造四大制造业迸发新活力。①以智能网联为突破方向，聚焦高端汽车和智能新能源汽车，支持形成一批生态主导型龙头企业，培育万亿级新能源汽车产

业集群。②以构建"生物医药+大健康"全产业链体系为突破方向,按照"创新平台搭建+产业要素支撑+基金体系建设+政策环境保障"一体推进,促进生物医药产业不断涌现新亮点。③以提升产业链供应链韧性为突破口,推动电子信息补链强链,吸引"链主"企业及其上下游企业在北京市布局。④以高档数控机床与机器人、增材制造、智能传感与控制、智能检测与装配等智能制造关键技术突破为方向,形成新兴装备制造产业集群。

二是巩固提升现代服务业,推动信息、金融、科技、商务服务业四大服务业发展迈上新台阶。①聚焦前沿技术创新提升、数实融合走深走实、数字消费提质扩容、安全保障可信安全"四个突破",支持平台企业持续健康发展,培育更多专精特新中小企业,推动信息服务业拓展发展新空间。②以建立健全多层次资本市场为突破口,支持银行、保险、证券、基金、信托、期货公司等各类金融机构在京创新发展,推动金融业焕发新活力。③以细分领域能级提升为突破口,加速科技金融创新发展,做强工程技术服务业,畅通技术转移服务链条,加快发展创业孵化业,做优知识产权服务业,推动科技服务业实现新突破。④以重点领域内容创新为突破方向,抢抓数字化转型、国际市场拓展、两业融合新机遇积极挖掘新增长点,推动商务服务业提质增效。

三是做特做优特色优势产业,推动人工智能、集成电路、智能网联汽车、绿色环保、智慧城市五大产业实现新发展。①以大模型应用商业化应用为突破口,不断完善人工智能生态体系,加强人工智能前沿基础理论和关键共性技术攻关,加快推动人工智能产业实现抢先发展。②以自主创新和国产化为突破口,开展集成电路领域关键核心技术攻关,实现集成电路产业链上下游协同发展,加快推动集成电路产业发展部署取得新进展。③以高级别自动驾驶示范区建设为突破口,重点突破传感器、处理器芯片等关键领域零部件,巩固车载计算平台、信息安全、车路协同等优势,加快推动智能网联汽车实现跨越式发展。④以产业绿色化转型为突破方向,聚焦碳达峰、碳中和重大战略技术需求,推动碳捕集、碳封存等绿色低碳关键技术创新突破,推动氢能与氢燃料电池全产业链布局,加快推动绿色环保产业创新发展。⑤以智慧城市全域应用场景开放为突破口，推动围绕"智慧+"生活、"智慧+"经济以及"智慧+"治理打造区域特色智慧示范应用，加快推动智慧城市实现新进展。

四是加快提升创新驱动发展的能力和水平，推动未来产业发展取得新突破。①聚焦未来信息、未来健康、未来能源、未来材料、未来空间，加快前沿技术突破和技术成果转化，加快构建技术产品化、产品产业化、产业规模化的全链条未来产业生态，推动五大未来产业创新突破，抢占未来产业发展先机。②以海淀、亦庄等区域为核心，积极争取创建国家未来产业先导区。

五是推进数实融合，激活壮大数字经济发展新动能。①以创建数据基础制度先行区为突破口，以促进数据合规高效流通使用、赋能实体经济为主线，以数据产权、流通交易、收益分配、安全治理为重点，构建适应数据特征、符合数字经济发展规律、保障国家数据安全、彰显创新引领的数据基础制度体系，打造数据服务产业集聚区。②以平台经济规范健康持续发展为突破方向，鼓励平台企业通过组建创新联合体、产业创新中心等，加快向硬科技转型，开辟更多新领域新赛道，增强国际竞争力。③以数字赋能各行业为重点，发挥数字要素优势，支持智能制造、金融、会计、法律、广告、咨询、医疗、教育、流通等领域深化改革，试点开放公共资源和应用场景，赋能深耕本地企业发展，助力制造业、金融、商务服务等承压行业有序恢复，强基固本恢复活力。

3. 抓牢国家系列政策机遇促进大城市特征行业适度恢复

通观全球城市国民经济行业内部结构，房地产、批发零售、休闲娱乐、卫生健康等能够维持城市运行、保持城市品质、满足美好生活需要的领域都具有较强的实力。北京市要顺应大城市产业发展规律，抓牢国家系列政策调整契机，推动北京市相关政策优化，促进近年来下降显著但对大城市特征显著的房地产、批发零售、住宿餐饮等行业有序、适度恢复，切实发挥其在城市中的应有作用。①抓住国家房地产政策调整契机，推动北京市房地产政策优化，推动住房市场健康发展。2023年，国家推出降低购买首套住房首付比例和贷款利率、改善性住房换购税费减免、个人住房贷款"认房不用认贷"等一系列房地产政策，大力支持刚性和改善性住房需求。要抓住国家房地产政策调整契机，持续优化北京市房地产相关政策，让商品房回归市场，让保障房温暖人心，进一步降低交易环节税费负担，释放改善性住房需求潜力，并带动相关家居、家电消费。②抓住存量房贷款利率下调和个税专项附加扣除上调政策契机，促进居民消费。存量房贷款利率下调，其实践意义是减少居民房贷利息支出，间接增加居民收入。个税专项附加扣除上调，其实践意义相当于提高了全年个税扣除额，鉴于收入越高人群的边沿税率越高，中等收入家庭收入增加力度更加明显，对其消费的提振效果也更加显著。充分利用好中等收入群体可能增加的百亿元可支配收入，增加高端消费商品和服务供给，积极谋划一批高品质消费活动，满足居民消费需求。③顺应消费升级趋势，培育消费新增长点。面对健康消费需求个性化、品质化、多样化的发展趋势，鼓励企业顺势而为，围绕高端自行车、高端运动装备、健康家居等产品加快研发创新更迭，推动在线问诊、远程医疗等新业态发展，扩大优质产品和服务供给。

4. 以政府扩表带动市场信心恢复

抓牢国家扩表、化债等契机，打好项目储备要素保障投融资改革组合拳，持续扩大有效投资，持续带动市场信心恢复。①用好中央财政2023年第四季度增发国债资金，围绕承压优势产业、灾后恢复重建和防灾减灾救灾能力提升等领域，积极谋划"牵一发而动全身"的大项目，推动项目尽快形成实物工作量。②持续扩大现代化基础设施建设、城市更新等重点领域有效投资，围绕轨道微中心、物流保供、综合管廊、智能停车等领域推动新一轮基础设施布局；聚焦城市更新打造千亿级投资增长极，加快保障性住房建设，积极稳步实施城中村改造。③利用好国家化债一揽子工具，通过中央财政置换、优化重组地方平台公司债务、金融机构助力债务延期等多种方式，形成一揽子解决方案，促进企业部门平稳去杠杆，提振市场信心，增强企业投资能力。

（二）金融撬动、多元融合，围绕培育多元金融生态努力实现"融合新突破"

加快构建多维度、多主体、多层次、多业态和多领域的多元金融生态，统筹平衡、正确处理好金融领域流动性不足、盈利性下降而安全性风险上升三者的关系，形成金融与各个行业互促互进、水乳交融的关系，以金融优势撬动释放高质量发展更大潜力。

1. 丰富各类金融机构主体构成

①着力发展资产管理和财富管理业务，支持头部机构或总部机构在京发展。②重点吸引理财、保险资管、公募基金、私募基金、养老金管理等各类资管机构落地。③支持投资银行发展，谋划设立有效有为的中关村证券。④利用"两区"政策优势，加强与阿拉伯国家、新加坡等交流对接，吸引国家主权基金投资落地北京。⑤支持国内头部创投基金、政府引导基金与全球高端市场化基金开展三方合作，发起成立支持科技创新的创投基金。

2. 完善多层次金融生态构建

①持续推进北交所做大做强，研究支持2～3家海外上市或尚未上市的大龙头企业在北交所上市。②推动北京金控、中关村发展集团等战略投资者入股北交所，建设运营好北京证券交易所。③推进国内商业银行、保险机构、证券公司等优质金融机构在京依法设立基金管理公司，积极参与北交所市场交易。④支持四板市场基于各业务板块与商业银行、股权投资、债权投资、产业园区、证券服务、咨询等各类金融机构积极对接合作，共同推进提升四板市场服务能力和业务规模。

3. 加快推进第三方金融专业服务做精做优

①支持会计师事务所、律师事务所、信用评级、资产评估等中介机构深度参与北京市资本市场，将CFA、国际注册会计师、涉外律师等具有国际认可资质的高端紧缺人才纳入现有人才支持政策体系。②充分发挥央属五大资产管理公司优势，利用债务重组、资产重组、债权转股权、诉讼追偿、资产转让、结构化交易等多种手段加大对问题企业、问题资产的重组

和救助力度，盘活金融资产、化解金融风险。③联合银行、证券、保险、信托、租赁、投资、基金等开展一揽子综合金融服务。

4. 支持金融服务深度嵌入产业链发展

①立足北京、辐射天津、河北，做好科技、绿色、普惠、养老和数字金融五篇大文章。支持供应链金融规范化创新化发展。②推进私募股权形式的产业基金行业化区域化设立。③参考长三角资本市场服务基地建设经验做法，发挥北交所等平台作用，围绕产业"发现培育—孵化加速—质量提升"全链条，推动园区、高校院所、股权投资、专业服务、产业联盟等多方创新联动，搭建"一站式"服务广场，构建与企业全生命周期相适应的一体化服务网络和服务体系。④做优"园区+平台公司+基金+产业"模式，形成"苗圃+孵化器+加速器+PE"完整复合链条。

（三）聚焦新城、系统谋划，围绕打造京津冀世界级城市群中的综合性独立节点城市努力实现"区域新突破"

在贯彻落实京津冀协同发展新形势新要求背景下，作为首都圈的第一个圈层，城市副中心和平原新城作为"经济增长的主引擎"，应把握大势、顺应规律，加强高位统筹、系统谋划，围绕主导产业链条高站位导入功能、高浓度集聚资源要素、高标准集成政策、高质量培育产业集群，推动平原新城和城市副中心从补短板、打基础向高水平、高质量发展转段，打造首都圈高质量发展新增长极。

1. 明确区域综合性独立节点定位，高位统筹系统谋划未来发展

①完善市级统筹机制，成立由市领导牵头的领导小组，统筹解决跨部门、跨领域难点问题，形成项目落地和政策落实合力。②结合新城定位和产业发展方向，系统研究市级功能导入清单，积极配合中央单位疏解工作、做好承接相关机构落地准备。

2. 发挥内联外引作用，"三链"联动培育新增长极

①引导各新城、园区加强与各高校院所紧密合作，建立常态化对接机制。②探索海淀、昌平等创新策源地与平原新城产业转化地之间的有效协作机制，通过搭平台、强交流、建机制，更好地将科研成果在平原新城合

适区域转化落地，形成互补联动发展格局。③发挥平原新城节点和"链主"企业带动作用，围绕智能网联汽车、生物医药等重点产业链，与津冀共同梳理完善产业链图谱，促进联动融合发展。

3. 明确产业重点承载空间，提升空间承载能力

①在全市层面，明晰"三城一区，四专三特五新"高端产业功能区布局，构建创新引领智造、服务支撑辐射、开放协同赋能、未来产业先导的首都产业发展新局面。"三城一区"是指中关村科学城、怀柔科学城、未来科学城和创新型产业集群示范区，是北京市建设国际科技创新中心的主平台；"四专"（中关村、金融街、CBD、奥林匹克中心区）是原"六高"的部分延续，代表的信息、科技、金融、商务等生产性服务业是首都经济平稳增长的"压舱石"；"三特"是以三个综保区为特色的自贸区、以"双枢纽"为门户的"两区"以及以通州—北三县为代表的协同开放新增长空间，要充分用好国家开放改革政策，依托京津冀协同发展战略，提升国内国际服务辐射能力；"五新"是面向未来的新质生产力空间，应对智能化、数字化、绿色化产业发展大势和百年变局下的全球化逆流，亟须加强未来产业及其创投布局，强化高新技术、模式创新动能。②在新城层面，立足服务全市大局和新城特色，系统谋划平原新城产业发展和空间布局；树立抓产业必须抓园区的理念，将特色产业园建设作为推动优势特色产业发展的核心载体，在产业发展、空间优化、重大平台布局等方面给予支持。

4. 强化政策集成创新，汇聚高质量发展合力

①实施平原新城人口差异化区域政策，用好增量指标，结合产业发展需要，聚焦不同群体出台专项支持政策；探索青年人才直接落户、缩短"居转户"年限、实施积分奖励等倾斜性政策，加快吸引适用人才集聚。②探索更为精细灵活的用地管理政策，以特色园区为试点，细化产业用地分类管理，满足企业差异化弹性需求；鼓励存量产业用地提容增效，支持平原新城范围内低效楼宇、老旧厂房等腾退低效产业空间改造利用发展主导产业。

（四）深挖潜力、精准施策，围绕提升能级努力实现"对外开放新突破"

1. 跟踪新动态打开新局面

密切关注当前中美、中日高层会晤产生的合作新空间新动向，紧跟"一带一路"合作热潮，推动本市形成"东西双向并举"的对外开放新局面。

2. 持续加强外资吸引力度

紧抓近年来对京投资具有上升势头的国家加强引资，挖掘与新加坡、瑞士、中东国家等合作空间。谋划引入淡马锡等投资企业投资本市实体项目；推动与瑞士在绿色节能、生物医药 CRO 等领域扩大合作；引导穆巴达拉投资公司、阿布扎比投资局、卡塔尔投资局等主权基金投资生物医药临床项目、研究型医院、高端健检中心、高端医疗器械等新增长点。推动自贸区和平原新城成为吸引外资主阵地。

3. 加快自贸区建设扩大对外贸易

紧扣服务中央职能，积极承担国家层面能源、粮食、工业品等出口任务。与中东国家、东盟国家等扩大新能源汽车、智能网联汽车、电子产品等出口贸易。对标 CPTPP、DEPA 以及 CAI 等国际高标准经贸规则，争取率先实施一批政策措施，为全市乃至全国积累经验。

4. 聚焦优势领域提高"走出去"水平

在"一带一路"八项行动框架下扩大输出绿色能源技术和数字经济领域解决方案。探索组建市场化运作的跨行业文化集团，形成涉及影视、新闻出版、时尚娱乐、广播电视等行业的全产业链运作模式。

5. 加强航空运输能力服务支撑对外开放

紧抓增加中美客运直航航班、扩大赴华留学名额、举办中美旅游高层对话等契机，鼓励本市"双枢纽"拓展和加密与美国主要城市航线航班。探索适当补贴新辟中远程国际航线。鼓励首都航空等市属航司、民营物流新势力、跨境电商平台公司等购买全货机。

第二节　明晰高端产业功能区布局
加快首都高质量发展

自"十一五"时期北京市明确六大高端产业功能区，"十二五"时期又拓展至"六高四新"，都较好地引导市场配置资源，促进产业有效集聚，带动北京市经济较快发展。六大高端产业功能区撑起北京市经济总量的半壁江山，主导优势产业的集聚发展彰显各自功能定位[①]，是稳增长、促发展的主要空间抓手。当前，首都"四个中心"城市战略定位已确立，面对国内外复杂多变的形势特别是国内经济转型和国际逆全球化的压力，亟须提出"三城一区，四专三特五新"高端产业功能区布局，向社会释放精准空间信号，为政府精准调控经济丰富明晰的调度手段，构建创新引领智造、服务支撑辐射、开放协同赋能、未来产业先导的首都产业发展新局面，优化提升中心城区优势产业，培育壮大平原新城潜力产业，绿色涵养山区新城生态低碳产业，塑造南北创新转化、中间服务支撑、京外开放协同的空间格局。

一、高端产业功能区是北京市稳增长、促发展的主要空间抓手

（一）四大生产性服务业高度融合先进制造业是北京市经济的主体，占北京 GDP 比重近七成，抓住这些产业就是抓住了稳增长的主要矛盾

2022 年，北京金融业，信息传输、软件和信息技术服务业，科学研究和技术服务业，租赁和商务服务业以及工业等的增加值合计占 GDP 比重近70%。

从近十年来重点行业对经济增长的贡献来看，信息传输、软件和信息

---

①　科技、金融、商务等生产性服务业向中关村、金融街、CBD 集聚明显，工业向经开区集中，呈现"一个 3/4，三个一半"现状。

技术服务业，金融业分别贡献了GDP近1/4的增长，科学研究和技术服务业、工业分别贡献了近1/10的增长，合计贡献GDP近七成的增长（67.6%）（见图2-3）。

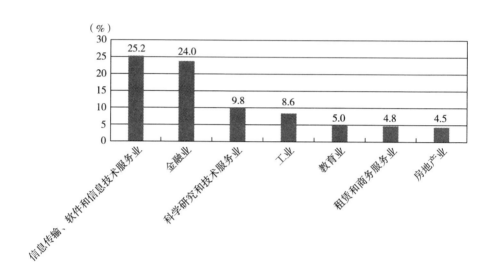

图2-3　2012~2022年对北京GDP增长贡献率位于前列的行业

（二）适合集聚经营的生产性服务业和先进制造业向"六高"等功能空间集中特征明显，抓住高端产业功能区就是抓住了发展矛盾的主要方面

六大高端产业功能区撑起北京市经济总量的半壁江山。经济承载力强，六大高端产业功能区实现了GDP由2005年提出时的2371.8亿元、占北京市经济总量的34.0%，提高到2012年的7745.9亿元、占北京市GDP的43.3%，再进一步提高到2022年的2.13万亿元、占北京市GDP的51.3%，占比较2005年、2012年分别提高17.3个、8.0个百分点。资源集约利用好，地均增加值为47.7亿元，是北京市平均水平的约19倍；就业密集度高，集中了北京市32.2%（2021年）的规模以上法人单位，是北京市高端产业、高效企业、高薪岗位的主要承载地。

从重点行业在功能区集聚看，科技、金融、商务等生产性服务业向中关村、金融街、CBD 集聚明显，工业向经开区集中，呈现"一个 3/4，三个一半"现状（见图 2-4）。即全市 3/4 以上的信息传输、软件和信息技术服务业（数字经济）集中在中关村国家自主创新示范区，近十年来，示范区信息传输、软件和信息技术服务业增加值在北京市的占比始终保持在 75% 以上，由 2012 年的 75.6% 提高到 2022 年的 77.9%；同时，一半以上的科学研究和技术服务业向中关村示范区集中，有力支撑中关村作为科技创新主阵地，科学研究和技术服务业增加值在北京市的占比从 2012 年的 38.5% 上升至 2022 年的 51%；一半左右的金融业集中在金融街，金融业增加值稳定占北京市的一半左右，2022 年为 49.4%，支撑金融街成为世界城市中金融资产密度大、产出效益好的区域之一；一半左右的工业增量由北京经济技术开发区贡献，2012~2022 年，北京市工业增加值从 3090 亿元增至 5036 亿元，其中北京经济技术开发区对增量的贡献过半，为 52.1%。

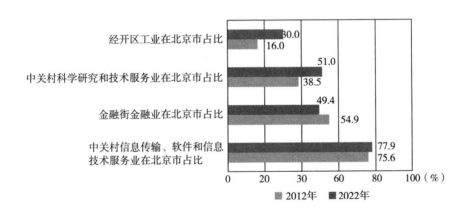

图 2-4　2012 年和 2022 年重点行业在高端产业功能区集中度

"六高"主导优势产业的集聚发展彰显各自功能定位。中关村示范区创新驱动发展动能增强，信息和科技服务业增加值合计占比近六成

（58.3%）[①]，拥有北京市63.0%的新型研发机构，主持完成北京市63%的国家科学技术奖，企业实现技术收入2万亿元、占总收入比重为24.2%；金融街金融特色明显，金融业增加值占比高达86.6%；CBD（商务中心区）作为国际化高端商务服务重镇，商务服务业和金融业增加值合计占比超一半（53.5%）；北京经济技术开发区现代制造业和高技术产业蓬勃发展，工业增加值占比高达六成（61.5%）；顺义临空经济区交通运输业受国际航班减少以及航空"双枢纽"投运分流影响，占北京市同行业比重由2012年的59.0%下降到2022年的40.2%，但仍是功能区第一大产业（40.8%）；仅奥林匹克中心区发展特征不明显，以奥运场馆为支撑的国际文化体育商务中心和大型国际旅游会展中心发展定位尚在形成中（科技服务业占1/4，文体娱乐业占比尚低）。

二、"三城一区，四专三特五新"基本情况及发展面临的问题

统筹考虑各种因素，特别是向社会释放在什么地方发展什么产业的明确信号，在充分学习借鉴并充分衔接北京新版城市总体规划、"十四五"规划纲要、现代服务业发展规划、高精尖产业规划、未来产业方案等基础上，通过深入调研摸底，提出"三城一区，四专三特五新"高端产业功能区布局。

（一）基本情况

一是"三城一区"[②]科技创新主平台已成央地共识。集聚了大量创新要素，向社会释放了较强的创新信号。但对支撑创新的金融、商务等北京优势生产性服务要素强调不够，且仅占北京市增加值的1/3，带动力不足，调动"三城一区"之外的相关区特别是平原新城发展动力还不强。需要服

---

① 2021年中关村示范区实现增加值1.3万亿元、占北京市GDP的33.3%。

② "三城一区"主平台是指中关村科学城、怀柔科学城、未来科学城和创新型产业集群示范区，是北京市建设国际科技创新中心的主平台。中关村科学城系统布局基础前沿技术；怀柔科学城体系化布局一批重大科技设施平台，形成战略性创新突破；未来科学城增强创新要素活力，构建多元主体协同创新格局；创新型产业集群示范区承接三大科学城科技成果转化，着力打造高精尖产业主阵地和成果转化示范区。

务、用好国家赋予北京的协同发展、"两区"开放改革等战略和政策，进一步向平原新城布局高端产业功能区和重大项目，引导形成新质生产力空间，更好地服务和融入新发展格局。

二是"四专"（中关村、金融街、CBD、奥林匹克中心区）是原"六高"的部分延续，在全国乃至世界级城市中都有不同程度的影响力。支撑北京跻身全球科技创新城市第三名，金融实力与纽约曼哈顿、伦敦金融城等比肩，其所代表的信息、科技、金融、商务等生产性服务业是首都经济平稳增长的"压舱石"。生产性服务业占北京 GDP 的比重在 2005 年还不到 30%，到 2015 年已超过一半，若扣除 GDP 中教育、卫生和社会工作、水利环境和公共设施管理业、公共管理、社会保障和社会组织等（约占 13%）公共公益性、非竞争性、非经营性的行业，则实际占比六成左右，是北京经济稳定增长的最重要支撑。同时，这四大生产性服务业不仅是推动北京先进制造做优做强的关键变量，也是辐射全国引领发展的主要牵引力。2022 年，北京生产性服务业占服务业的 73.6%，服务业占 GDP 比重为 83.8%，达到发达国家"两个 70%"水平（即生产性服务业占服务业的 70%，服务业占 GDP 的 70%）。根据发达国家经验，为制造业服务的生产性服务业在 GDP 中的比重达 40%～50%，是 GDP 中比重最大的一块。面向全国统一大市场，北京生产性服务业增长空间广阔、潜力巨大、辐射面广。

三是"三特"建设以三个综保区为治理优势的自贸区、以"双枢纽"为门户的"两区"以及以通州—北三县为代表的协同开放新增长空间。要充分用好国家改革开放政策，依托京津冀协同发展战略，提升国内国际服务辐射能力。2021 年，北京自贸试验区实现稳步增长，实现增加值 3485.7 亿元，占北京市的 8.7%，规模以上企业实现地方级税收 404.1 亿元，占北京市的 12.2%。三个综保区各具特色：北京天竺综合保税区是 2008 年全国首批设立的唯一一家空港型综保区，具有整车进口、对外文化贸易等保税功能，逐渐发展为以服务贸易为显著特色①；大兴机场综保区是全国唯一跨省域综合保税区，享受北京、河北两省份自贸区政策；中关村综保区是全国首个以研发创新为特色的综合保税区②。

四是"五新"为人工智能、数字经济、生命健康、绿色能源、空天科技面向未来的五大新质生产力先导区。结合近年来全国、市、区规划和工作基础以及北京未来产业布局，初步考虑中关村人工智能大模型产业集聚区核心区，数据基础制度先行区，昌平生命谷、大兴生物医药基地，昌平、房山绿色能源与节能环保产业园，丰台航空航天创新基地等。

总之，"三城一区，四专三特五新"是支撑首都经济高质量发展的主体承载区，初步测算增加值已经占到北京的 55% 左右，是牵引城市发展重心向平原新城倾斜的产业空间新框架。从产业发展来看，集聚了以高技术产业、战略性新兴产业为代表的先进制造业，科技、信息、金融生产性服务业等现代服务业。从区域分布来看，是与北京经济发展重心向平原新城倾斜相契合的产业功能布局，而且更具体、更聚焦，"三城一区，四专三特五新"在原"六高"基础上新增的 10 个功能区有 7 个落位五环外，基本也在平原新城范围内，涵盖了所有平原新城。

（二）发展面临的问题

一是产业功能区"管委会+平台公司+产业引导基金"的现代园区管理体制机制不完善，亟须加强统筹、提升运营效率。部分管委会有名无实，如中关村示范区分园尚未全部建立协商议事机制；多数平台公司以建设和日常运营为主，政策细化衔接落地功能较弱，未建立起市场化、专业化的运作机制，不适应日益激烈的招商引资形势。上海临港新片区平台公司致力于自贸政策细化创新落地，为企业享受政策打通路径、固化模式，吸引了大批优质企业落户。以投资产业项目等方式参与功能区产业发展的通道

---

① 区内艺术品进口规模占全国总规模的 1/3，医药进口规模占全国总规模的 1/5，其中疫苗进口数量占全国总量的 95%。

② 规划面积约 0.401 平方公里，建筑规模 66.35 万平方米（地上），现有规划包括海关业务及监管功能约 1.28 万平方米、园区办公配套及其他功能 3.37 万平方米、产业空间功能约 61.7 万平方米。

不顺畅，通过产业引导基金促进产业发展短板凸显，各区面向功能区、园区设立的高精尖产业投资政府引导基金不多、规模不大，仅有亦国投、海国投等的母基金认缴规模较大，其他区基金规模普遍偏小。相比而言，苏州有各类基金 2400 余支，总额达 8000 多亿元，充足的资金储备可以助力产业的持续创新。张江高科孵化和招商并举、投资和并购联动，形成"苗圃+孵化器+加速器+PE"完整孵化链条。北京过去依赖外资创投基金推动了高新技术和互联网模式创新，近年来外资创投基金撤退，PE/VC 降幅较大，不仅影响本市高技术产业投资发展，也影响了科技服务业发展。

二是资源要素整合利用效能不高，政府筹措和运作市场资本能力有限。土地资源不足与分散且利用率不高并存，比如中关村示范区调整前地块小散，2 平方公里以下的地块 135 个，占比超过七成，土地开发分散。部分功能区所在地财力有限，且市场化投融资和资本运作能力不够、手段单一，通过建立相关政府引导基金吸引更多社会资本参与投资尝试还不多。

三是功能区配套服务不完善。科技成果转化配套服务不完善，功能区较为缺乏概念验证、中试熟化平台，以及生物医药的 CRO、CDMO 等产业创新外包服务企业。交通配套不足，比如中关村各分园中 1 公里内设有轨道交通站点的园区占比不到一半，尤其是平原新城、生态涵养区分园轨道交通站点少。人才住房配套供求差距较大，功能区配套的公租房或专家公寓与实际需求相比缺口超过一半。公共服务与商业配套服务不足，比如大兴临空经济区的教育配套不足等，顺义某汽车生产基地周边缺乏酒店和高端餐饮娱乐等。

三、以"三城一区，四专三特五新"高端产业功能区统筹北京经济发展

北京在全国较早提出高端产业功能区的概念，而且经过了十多年的实践，有效塑造了高端产业功能格局，引领了首都经济发展。在新发展阶段，要更好地发挥高端产业功能区引导、吸引市场化资源，促进高质量发

展、稳定经济增长的根本性作用，更多地承担起国家创新驱动发展、科技自立自强的战略使命，承接起更高水平制度型开放的政策试点，肩负好推动京津冀协同发展的任务，培育首都新的经济增长空间，推进首都经济现代化进程。

（一）发展思路

未来发展中，应将"三城一区，四专三特五新"打造成为符合首都城市功能定位和高质量发展需要的"四新策源地""四高发动机"。"三城一区"着力强化国际科技创新中心主平台，打造"四新策源地"，即科技创新出发地、原始创新策源地、自主创新主阵地和创新成果转化地。"四专三特五新"打造高精尖产业、高新企业、高薪岗位、高品质生活配套"四高发动机"，"四专"作为高端生产性服务大本营，"三特"作为外围开放协同桥头堡，用好国家高水平开放改革政策和战略势能，提升辐射国内国外服务能力，"五新"孵化未来产业发展新质生产力。

（二）相关建议

一是加强市级对功能区的组织领导和统筹协调。研究恢复高端产业功能区发展与协调领导小组职能，探索成立市级层面的推进机构与协调机制，加强"三城一区，四专三特五新"在宏观战略谋划、重大政策制定、重大项目推进、区域监测评价等方面的工作。研究制定促进高端产业功能区建设发展的纲领性文件，进一步明确功能区定位，注重与国家重大战略相结合，发挥比较优势争取国家重大先行先试政策试点，引导主导功能明晰、产业差异发展。明确功能区职责，加强市级精细化、定向化政策支持和监督考核，落实好市级现有功能区政策，强化区级、功能区级政策配套，形成市区政策合力。

二是改革创新"管委会+平台公司+产业引导基金"的现代化产业功能区管理体制机制，提高功能区运营服务水平。建立"管委会+平台公司"的现代化园区管理体制机制，采用聘任制引进专业人才。进一步充实高端产业功能区管理队伍、适需优化行政级别，强化现代化管理能力，搭建具有较强招商引资、产业黏合、投融资能力的专业化运营平台公司，采取

"基金+招引"模式，聚焦高精尖产业，放大政府引导基金的聚集带动作用。整合优化区级管委会和平台公司规划建设、投资融资、产业促进、监测评估等职能，提高土地整备、资金运作等保障水平，形成促进高端产业功能区发展合力。

三是提升土地、资金等关键要素整合利用效能。制定增强平原新城综合承载能力和吸引力的政策措施，在不改变用地性质、符合高精尖产业定位的前提下，探索"工业上楼"模式，研究用地指标统筹方案，适度提高高精尖产业用地容积率。鼓励有条件的功能区通过发行 REITs 等，建立企业家、科研机构、链主企业等多元参与的建设投资机制，吸纳社会资金参与开发建设。

四是提升功能区基础设施和公共服务配套水平。着眼于职住平衡，增强与城市功能和人口相适应的基础设施及公共服务设施承载力。创新市级固定资产投资支持功能区重大功能性基础设施建设。推动便利化、人性化的公共和市场化服务供给，重点支持功能区推进国际医疗、文化休闲等高端化公共设施及项目建设，建设国际一流创新创业环境，优化功能区服务供给效率与质量。建设细分领域专业化孵化器、共性技术平台，实施一批重大园区基础设施提升项目，开放 5G、算力中心等数字化应用场景。

五是健全功能区统计监测制度以及考核评估机制。进一步厘清"三城一区，四专三特五新"现状、摸清底数，联合相关职能部门、区政府及功能区，对各功能区建设发展面积逐一核实，确定核算范围，认真梳理各功能区质量效益、产业集聚、功能配套等方面的情况，作为推进功能区考核评价的依据，并将相关工作纳入第五次经普工作体系。建立功能区统计监测指标体系，将功能区发展指标纳入相关区、部门年度考核体系。

第三节 持续激发企业发展活力
推动首都经济现代化加快建设

高质量发展，靠的是市场主体，拼的是营商环境。企业是经济运行的微观基础、是城市经济的主导力量，其发展活力深刻影响着首都社会生产力和综合竞争力，影响着首都经济高质量发展。自2021年以来，连续三年《政府工作报告》都对激发市场主体活力提出了要求、作出了部署。北京作为经济体量巨大的超大型城市，更要千方百计把市场主体保护好，推动企业在促进首都高质量发展中发挥更大作用。研究发现，北京市存在大企业竞争力不强、中小企业成长性差、"雨林型"生态不完善等问题，建议遵循发展规律、把握发展趋势，实施"强头提优、壮腰提档、育小提量、优态提能、融合提质"五大工程，健全完善企业梯度培育体系，构建大中小企业融通发展的"雨林型"创新生态体系，提升企业发展活力和竞争力，以市场主体的"稳"和"强"推动首都经济高质量发展的"进"。

一、北京市企业发展的特征及问题

近年来，北京市持续优化营商环境，助力企业减负纾困、恢复发展，企业数量总体呈现持续增长的良好态势。截至2022年底，北京市实有企业193.3万家，与2016年相比年均增长5.8%（见图2-5）。

（一）大企业数量多，但整体竞争力与国际领先水平仍有差距

北京市大企业相较于全国有比较优势，2023年北京上榜世界500强企业53家，占全国的37.3%，但整体竞争力与国际领先企业相比仍有差距。

一是企业效益与国际水平差距明显。北京上榜世界500强企业平均利润为60.5亿美元，略高于世界500强企业平均利润（58亿美元），但仅是纽约的64%、伦敦的56%。北京上榜企业平均净利润率、总资产收益率和

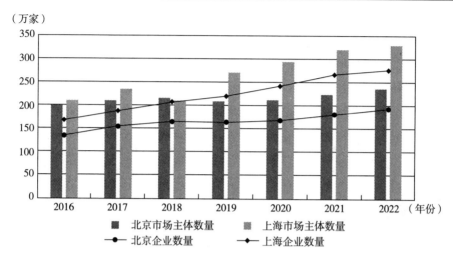

图 2-5 北京与上海企业数量比较

净资产收益率分别为 5.2%、1.0% 和 8.5%，分别比纽约低 8.1 个、0.3 个和 4.1 个百分点，比伦敦低 4.5 个、0.6 个和 4.8 个百分点。

二是国际竞争力不强。2023 年全球非金融跨国公司 100 强榜单①中北京市仅有 6 家，其中仅 8.7% 的收入来源于海外，而美国入榜企业平均有 32.9% 的收入、英国平均有 75.6% 的收入来自国际市场。北京市很多大企业即使营收规模大，但在国际竞争中也还没有占据价值链的中高端，缺乏话语权，如能源行业的中石化、中石油与埃克森美孚、壳牌公司等企业相比，信息通信技术行业的小米与苹果、谷歌等企业相比，对全球资源配置能力都有不小的差距。

三是上市企业创新研发表现不佳。北京上市企业 2022 年平均研发强度（研发费用/营业收入）仅为 2.3%，比美国上市企业平均水平低 7.7 个百分点。其中北京研发强度相对较高的医疗保健类、信息技术类企业平均水平分别为 10.7%、10.4%，比美国同类企业平均水平也分别低 5.7 个和 2.6 个百分点。

---

① 资料来源：联合国贸易和发展会议发布的《2023 年度世界投资报告》。

（二）中小企业活力强，但成长性不足

北京中小企业保持强劲韧性和活力，规模以上企业中 2022 年有中小微企业 3.7 万家，占比为 84.4%，实现收入 7.9 万亿元，占比为 36.2%，但成长性不足。

一是高成长性企业发展潜力减弱，有被上海、深圳赶超的风险。北京独角兽企业总量发展潜力已明显减弱，企业数量从 2019 年的 82 家降低到 2023 年的 79 家（见表 2-3）。随着上海、深圳创新策源能力不断提升，企业孵化能力加速、成长潜力加快，北京高成长性企业竞争力有逐渐被超越的风险，尤其在专精特新中小企业培育上已落后于上海、深圳。

表 2-3　2019~2023 年京沪深高成长性企业数量变化　　　单位：家

指标	北京	上海	深圳
独角兽企业	82→79（-3）	47→66（19）	18→33（15）
瞪羚企业	23→49（23）	26→63（37）	3→34（31）
专精特新中小企业（截至 2023 年 8 月）	6323	8288	8600

二是企业根植性弱，成长后外迁趋势明显。据了解，在京培育的独角兽企业近几年来基本每年都有外迁现象，小马智行 2017 年迁往广州，医渡云 2018 年迁往贵州，初速度总部 2019 年迁往苏州，每日优鲜总部 2020 年迁往青岛。在京企业的新兴业务也纷纷在京外布局，快手直播电商总部落户成都，抖音电商总部、滴滴自动驾驶部门落户上海，新兴业务外埠布局将对企业形成"离京力"，企业成长后外流风险明显增高。

（三）大中小企业渐进培育、梯次发展的"雨林型"生态仍待完善

近年来，北京市规模以上企业中的大型、中型、小型、微型企业数量比重基本保持稳定，大型、微型企业占比均为 15% 左右，中型企业 20% 左右，小型企业 50% 左右，但仍未形成既能"顶天立地"又能"铺天盖地"的"雨林型"发展格局。

一是入榜世界500强中后部企业发展韧性不强。从世界500强企业来看，位于榜单前100的北京企业发展稳定，均连续在榜且排名无较大波动，但腰部、尾部（后400名）企业发展韧性不强。五年来，除去因企业合并外另有9家企业跌出榜单①，排名下滑10个位次以上的企业占近七成、下滑50个位次以上的企业占四成，排名连续上升的企业仅占两成。

二是入榜世界500强企业行业构成单一。北京市入榜世界500强企业高度集中于金融、能源行业，占比为35.8%，营收占北京市的44.0%、利润占北京市的79.7%。北京在医药、食品、健康、娱乐等民生领域鲜有企业上榜，而欧美却诞生了可口可乐、百事、雀巢、迪奥等全球有影响力的企业。半导体领域6家企业中有5家来自美国，中芯国际、北方华创等企业虽然具备一定潜力，但影响力仍有待提升。

三是中坚力量储备不足，下一代世界500强企业培育成隐忧。上市公司尤其创新型上市公司和高质量成长型上市公司是企业的中坚力量。北京2022年有49家企业进入创新企业500强②，有17家企业进入高质量创新成长上市公司百强③，数量均低于上海；成长性较高的企业更少，近三年来营收复合增速前十的企业北京仅1家，净利润复合增速前十的企业暂无北京身影。近五年来，北京新上榜世界500强企业仅7家，近两年仅有1家企业上榜④（见表2-4）。

---

① 2020年新兴际华集团、国家开发银行，2021年华夏保险公司，2022年中国电子信息产业集团有限公司、融创中国控股有限公司、中国通用技术（集团）控股有限责任公司、中国再保险（集团）股份有限公司，2023年中国光大集团股份公司、中国航天科技集团有限公司分别跌出榜单。

② 资料来源：浙江大学管理学院与深圳报业集团深新传播智库联合发布的《2022中国上市公司创新指数报告》。

③ 资料来源：时代商学院《2022年A股高质量创新成长上市公司榜》。

④ 2019年小米集团，2020年中国中煤能源集团有限公司、中国核工业集团有限公司，2021年龙湖集团控股有限公司、北京建龙重工集团有限公司、新华人寿保险股份有限公司，2023年美团分别加入榜单。

表 2-4　高质量创新成长企业近三年来营收和净利润增速前十的企业

单位:%

营收复合增速前十			净利润复合增速前十		
公司	复合增速	城市	公司	复合增速	城市
康希诺	1052.1	天津	新华都	931.8	厦门
君实生物	1011.9	上海	亚钾国际	796.9	广州
诺诚健华	764.0	北京	江苏索普	775.2	镇江
泽璟制药	425.6	苏州	诺唯赞	767.6	南京
华嵘控股	406.6	武汉	圣湘生物	592.2	长沙
艾力斯	385.9	上海	九安医疗	590.2	天津
荣昌生物	375.4	烟台	中科蓝讯	582.9	深圳
宇通重工	322.5	郑州	恒玄科技	512.9	上海
中国铁物	274.6	天津	中无人机	485.3	成都
中无人机	273.7	成都	国网英大	474.5	上海

四是部分行业靠大企业支撑，亟须培育有层次、有梯度的企业集群。如信息服务业中 10 家头部平台企业实现营收占比近五成，2022 年抖音实现营收 6216 亿元、利润为 1718 亿元，分别占北京市规模以上信息服务业的 25% 和 43%。电子信息制造业主要靠小米、京东方、中芯国际等大型企业拉动，2022 年小米实现营收 2800 亿元，利润为 39 亿元，分别占北京市规模以上电子信息制造业的 54.5% 和 9.3%。

二、北京企业高质量发展的主要制约因素

北京市企业虽然总体呈现数量持续增长的良好态势，但营商环境不优、产业链分工协同程度不高、资金链创新链产业链融合不够等因素依然制约着北京企业的发展。

（一）营商环境仍有进一步优化空间，影响企业家投资信心和创业热心

一是从企业发展阶段来看，涉企政策服务依然有"空窗期"。当前市

区两级政策更关注初创期企业和规模较大的企业，而当企业渡过创业期但还未形成一定规模时，往往缺乏相应的政策支持。如有些公司申报中小企业项目已超体量，但申请重大项目又"够不着"，导致企业处于各项政策的盲区，这也带来部分有能力升规的小微企业为避免升规后不能享受各类优惠政策而不愿升规入统。

二是部分领域支持政策仍有空白。如当前有不少企业迫切希望参与北京的各类智慧应用场景建设，但新兴领域应用场景开放依然不足；总部在京、分公司在外的企业申报市属科研项目时依然存在一些障碍；此外，部分涉外业务指导仍不能满足企业的发展需求。

三是中小企业发展环境与上海、深圳相比仍有差距。根据中国中小企业发展促进中心开展的中小企业发展环境评估①，2022 年度北京综合得分为 70.6 分，在受评城市排名第五，比排名第一、第二的深圳、上海分别低 8.8 分、6.0 分（见表 2-5）。从各分项指标来看，北京创新环境得分较高，而市场环境、法治环境、融资环境、政策环境均低于上海、深圳。

表 2-5　2022 年中小企业发展环境评估得分　　　　　　单位：分

	北京	上海	深圳
综合得分	70.6	76.6	79.4
市场环境	55.3	68.9	80.6
法治环境	78.7	81.4	96.0
融资环境	70.7	89.1	79.5
创新环境	85.2	66.1	66.2
政策环境	73.1	77.8	74.8

（二）产业链、供应链分工协同程度不高叠加高成本影响，导致企业外迁风险加大

一是京津冀产业上下游配套和互补性差。京津冀周边没有形成比较完

---

① 资料来源：中国中小企业发展促进中心发布的《2022 年度中小企业发展环境评估报告》。

善的产业链和产业集群，导致北京的创新资源没有很好在周边落地，很多企业选择越过天津、河北，到长三角和珠三角产业链相对完善的区域来转化。如北京奔驰国内的一级、二级供应商中，45%分布在长三角地区，仅23%分布在京津冀区域；部分重点医药企业反映环京地区的化工辅料、试剂、原料药等配套企业较少。

二是生产成本高叠加应用场景不足导致新兴业务外埠布局。受在京经营成本偏高、应用场景拓展受限等多方面因素影响，无人机、直播电商、智能生活等部分新兴业态外埠布局趋势明显。2023 年第三季度北京市甲级写字楼租金为 307 元 1 平方米/月，是上海的 1.3 倍、深圳的 1.8 倍；2022 年北京市中高端人才平均年薪①为 25.1 万元，比上海高 12.1%、深圳高 20.1%。部分场景开放上仍难以满足企业需求，导致北京市企业黏性不高，向场景更丰富的长三角地区、粤港澳大湾区迁移趋势明显，如无人机企业赫为科技、彩虹无人机均因场景拓展受限等原因分别从北京外迁至安徽芜湖、浙江台州。

（三）资金链、创新链、产业链融合不够，抑制企业创新与做大做强

一是资金链与创新链对接不畅。北京金融资源丰富，全市金融资产总额已超过 200 万亿元，约占全国金融资产的一半。但金融资产没有很好地支撑北京企业创新，无论是企业创新投入还是产出与上海、深圳相比仍有差距。2022 年全国共有 13 家企业进入全球 PCT 国际专利申请人前 50 位，北京仅有 3 家，远少于深圳的 7 家。

二是资金链服务产业链还需加强。北京虽然大多数区都设立了面向园区高精尖产业投资的政府引导基金，但除亦国投外其他区基金规模普遍偏小，通过投资产业项目等方式参与园区产业发展的通道不顺畅。从全市层面看，中关村一区 16 园仅 43%的园区运营公司设立了投资基金，虽然可以开展投资业务，但在国资考核等因素影响下，对看好企业开展投资的难度较大。

---

① 资料来源：猎聘大数据研究院发布的《2022 未来人才就业趋势报告》。

三是创新链赋能本地产业链不足。科创主体的本地嵌入性不高，从技术研发到本地产业化的整个链条还存在断链现象，创新策源地（中心城）与产业转化地（平原新城）之间有效对接机制尚不完善，成果转化"孔雀东南飞"明显，2016~2022 年，北京技术合同成交额留在北京市占比由31.6%下降至24.3%，不仅本地转化率低，外地转化也大都流向了长江经济带和粤港澳大湾区，占流向外省份的六成，流向津冀的占流向外省份比重仅不到一成。

三、实施五大工程，激活企业发展活力，为首都经济现代化建设积蓄强大力量

一是实施"强头提优"工程，瞄准产业链高端，发展壮大"链主"企业。聚焦"2441"高精尖产业领域，以企业规模、主导产品市场占有率、自主创新能力等作为衡量标准，对每条重点产业链培育 2~3 家链主企业。依托重点企业"服务包"机制，收集"链主"企业关于技术创新、产品试验等多维度场景的需求，为企业提供更有效服务。支持一批强链补链项目，推动"链主"企业在京津冀范围内寻找稳定配套商，促进形成更多跨京津冀区域的产业链。

二是实施"壮腰提档"工程，坚持引培并重，提升中小企业规模能级。发挥北京在教育、科技、人才、医疗等方面的资源优势，持续吸引优质企业在京落地。打造外商投资"一站式"服务体系，用好服贸会、中关村论坛、金融街论坛等各类平台，有效吸引外商投资。鼓励各区根据实际情况对小型企业成长为中型企业、中型企业成长为大型企业实施资金奖励，并在人才引进、成本降低等方面给予支持，助力中小型企业发展壮大。建立潜在独角兽企业、拟上市企业等培育库和常态化服务体系，分级分类服务重点企业，精准支持高成长性企业加快发展。

三是实施"育小提量"工程，加强梯度培育，推动小微企业发展壮大。聚焦新能源、工业互联网、人工智能、智能网联汽车、空天信息等新兴产业领域，加快培育科技型创业企业，支持孵化载体联合创业培训机构加强在孵企业辅导，引导企业加速成长。积极推进"个转企"，通过定期走访服务、提供政策解读和转型升级辅导等，切实帮助有一定规模的"发展型"个体工商户拓展上升空间。扎实推进"小升规"，建立企业问题协调解决台账，为企业精准推送政策信息，积极引导和培育规模以下企业升规纳统，分类建立在库规模以上企业联系帮扶制度和退库预警机制。

四是实施"优态提能"工程，优化发展环境、改善预期，激发企业发展潜能。持续抓好对企营商环境优化，根据企业不同阶段发展特点诉求，及时做好对企服务，加快建设"京策"平台，完善"明白纸""说明书"式指引，为企业量体提供政策。围绕企业实际需求释放一批应用场景，支持抖音、百度等平台企业利用信息技术赋能农业、工业和服务业，增加优质产品和服务供给；聚焦普惠金融、养老金融、农村金融需求，在公共服务、生活消费、社会民生等领域建设一批具有示范意义的金融科技应用场景。鼓励采用长期租赁、先租后让、弹性年期供应等方式供应产业用地，支持不同产业用地类型合理转换；引导企业和院校深入开展技能人才定向培养、委托培养，促进技能人才供需双方精准对接。

五是实施"融合提质"工程，促进资金链、创新链、产业链"三链融合"，增强企业发展质量。支持金融机构结合创新链、产业链特点，"一链一策"提供有针对性的多元化金融支持举措；探索谋划设立有效有为的中关村证券公司，为中关村创新型中小企业提供上市服务。按照亦庄产业投资基金的模式，在中关村科学城、怀柔科学城和未来科学城等重点区域，市区两级共同出资设立产业投资基金，更好地支持科技创新；探索建立引导基金特别是天使投资、创业投资基金容错机制。通过搭建整合产业上下游的平台，选择优质投资标的，孵化和招商并举、投资和并购联动，在"三城一区""一区16园"等区域形成"苗圃+孵化器+加速器+PE"完整复合链条。打通创新成果许可、转让、证券化堵点，加强企业同政府部门、在京高等院校及其创新中心、技术交易所和评估机构等科技中介机构多方合作力度，形成良好的科技成果转化机制；借鉴美国硅谷经验，充分利用好北京大学、清华大学、北京航空航天大学等校友网络，致力于打通

"人才+创业+投资"的产业生态价值链。

第四节　扩量提质打造北京市产业增长新引擎

生成式人工智能（AIGC）是人工智能商业化进程中的重要拐点，正激发起前所未有的关注和创造力浪潮。2023 年 8 月 15 日，国家网信办等七部门联合发布的《生成式人工智能服务管理暂行办法》（以下简称《办法》）正式施行，百度文心一言、抖音云雀等 11 家大模型产品通过国家备案，生成式人工智能商业化进程全面加速，进入由技术创新转向商业化转型的关键窗口期。北京市生成式人工智能优势明显，处于国内领先地位，要挖掘《办法》中蕴含的产业能量，坚持创新与应用"双引领"，扬优势与补短板"双促进"，技术与资本"双驱动"，推动更多生成式人工智能产品和服务在京落地，诞生一批人工智能 2.0 时代的新巨头，打造具有国际影响力的生成式人工智能"北京高地"，助力全球数字经济标杆城市建设。

一、《办法》落地实施标志着生成式人工智能商业化运营大幕正式拉开，产业发展迎来"新春天"

随着 ChatGPT 爆火，生成式人工智能技术和服务进入爆发式增长阶段，在文本、图像、音视频等领域展现出了强大的生产和创造能力，"大数据、强算法、大算力"成为推动生成式人工智能快速发展的"黄金三角"。一系列"杀手级"应用相继诞生，生成式人工智能进入由技术创新转向商业化转型的关键窗口期，但同时也引发了各种法律、科技伦理及社会治理等风险。

我国出台首部针对生成式人工智能《办法》，从总则、技术发展与治理、服务规范、监督检查和法律责任、附则五个方面推动生成式人工智能健康发展。《办法》贴合生成式人工智能新业态特点，坚持发展和安全并重，支持生成式人工智能自主创新，鼓励在各行业各领域应用落地，强化数据、算法、算力等关键要素统筹设计，完善服务规范，适度弱化监管要求，是我国人工智能产业"里程碑"式制度设计，释放了产业发展的积极信号，推动生成式人工智能发展迎来"新春天"。

一是生成式人工智能是中美科技博弈的前沿领域和必争之地，也是北京市服务国家战略、抢占全球竞争制高点的关键领域。生成式人工智能将颠覆相关行业生产方式和经营方式，已成为中美科技博弈的必争之地。北京市作为国际科技创新中心，肩负着代表国家参与全球生成式人工智能竞争的重大责任和历史使命。《办法》提出支持多方主体开展创新协作、鼓励基础技术自主创新，有利于北京市进一步发挥创新优势，加快对全球最先进技术追赶甚至超越、提升国际竞争优势，抢占全球未来科技竞争制高点。

二是生成式人工智能潜在市场空间巨大，北京市有望在万亿级蓝海中抢滩占先。彭博行业研究预测，2022 年全球生成式人工智能市场规模 400 亿美元，十年后将达 1.3 万亿美元[1]。麦肯锡指出，生成式人工智能辐射带动各行各业，每年将为全球经济新增 4.4 万亿美元[2]。艾瑞咨询提出，我国生成式人工智能市场规模约 143 亿元，2030 年将达 1.1 万亿元[3]。《办法》提出鼓励生成式人工智能技术在各行业、各领域的创新应用，进一步释放万亿级产业新赛道活力，全面提升北京市产业规模和能级。

三是生成式人工智能是数字时代的关键生产力，为北京市数字经济标杆城市建设注入"强心剂"。生成式人工智能是数字经济的核心驱动力，正引领新一轮生产力变革。北京市数字经济位居全国前列，数字产业化、产业数字化不断取得新进展。《办法》提出加快数据、算力等基础设施建设，将补齐北京市算力、数据等短板，加强数字技术创新和场景开放，为

① 资料来源：彭博行业研究《AI ETF 的时代》。
② 资料来源：麦肯锡《生成式人工智能的经济潜力：下一个生产力前沿》。
③ 资料来源：艾瑞咨询《2023 年中国 AIGC 产业全景报告》。

北京市加快数字经济发展、深化智慧城市建设注入更多源头活水,助力打造数字经济世界标杆、世界数字文明标杆。

四是生成式人工智能加速数智赋能,推动与北京市千行百业融合发展。生成式人工智能是数字时代的重要基础设施和赋能引擎,支持数字内容与其他产业的多维互动、融合渗透,孕育新业态新模式。《办法》鼓励生成式人工智能技术与各行业深度结合、创新应用,促进生成式人工智能在北京市医疗、金融、游戏等各领域应用落地,创造出更多的新产品服务和模式创新,催生新的业态和经济增长点。

二、北京市是我国人工智能"第一城",推动生成式人工智能商业化落地基础雄厚、优势突出

北京市人工智能产业创新能力全国第一、全球第二[①],拥有大模型、公共数据、应用场景、网络安全、创新资源等诸多优势,在数据市场、关键算法、算力基础、资本市场等方面还需进一步发力,要把握商业化落地先机、主动布局,加快打造生成式人工智能产业高地。

一是北京市大模型产品数量多、规模优势明显,商业化运营走在全国前列。北京市拥有 10 亿参数以上的大模型产品超 50 个,在国内公开大模型中占据"半壁江山"。百度文心一言、抖音云雀等 5 家成为首批通过备案的大模型产品,数量全国第一。截至 2023 年 1 月,北京市人工智能企业数量 3454 家,占全国比重为 25.7%,全国第一,基本实现全产业链覆盖。

二是北京市率先探索数据基础制度先行先试,公共数据开放规模大,为生成式人工智能发展提供数据保障。数据是生成式人工智能发展的基石。北京市加快公共数据汇聚共享,公共数据开放平台累计开放 17075 个数据集、72 亿条数据,规模远高于上海、深圳[②]等地。率先谋划并推动数

---

① AMiner 联合智谱研究发布《全球人工智能创新力城市 500 强分析报告》显示,北京以 96 分创新指数跃居全球第二名,前十分别为:美国湾区、中国北京、美国纽约、英国伦敦、日本东京、新加坡、韩国首尔、中国上海、英国剑桥、美国西雅图。

② 上海公共数据开放平台开放 5381 个数据集、20 亿条数据,深圳开放 3329 个数据集、16 亿条数据。

据基础制度先行先试示范区、国家级数据训练基地建设。在北数所、北京AI 数据标注库平台上线车网科技、人民网等 10 家单位 18 个大模型训练数据集，总规模超过 500T。

三是北京市应用场景丰富，以"大场景"带动生成式人工智能"大产业"发展示范效应显著。北京市发布近百项市级重大应用场景清单，加快智慧城市全域应用场景开放，公布 21 个大模型应用典型场景案例和 32 个场景需求。北京"数据二十条"提出加快开放智慧城市、数字政府 2 个场景，金融、工业、商贸物流、自动驾驶、医疗、文化 6 个场景示范，进一步拓展了应用场景。深入实施通用人工智能产业创新伙伴计划，聚焦算力、数据、模型、应用、投资等细分方向先后发布两批 103 个伙伴成员，推动生成式人工智能在应用场景中率先融合突破。

四是北京市网络安全能力领跑全国，助力生成式人工智能安全规范发展。生成式人工智能安全风险问题日益突出，对网络信息安全、个人信息保护要求不断增长。北京市网络安全产业规模全国第一、产业链结构完整、产业生态完善，拥有国家网络安全实验室、国家网络安全产业园等创新载体，拥有 1025 家信息安全企业，市场占有率占全国 40%以上，为北京市生成式人工智能企业实现安全规范发展提供坚实基础。

五是北京市创新资源密集，多项指标位居全国第一。北京市国家级人工智能重点实验室 21 家，占全国 54%，10 家企业获批建设国家新一代人工智能开放创新平台，占全国 42%。截至 2022 年，人工智能授权发明专利超 10 万件，占全国 25.6%，位居全国第一。人工智能领域核心技术人才超 4 万人，占全国 60%。2023 年上半年全国大模型融资事件 20 余起，北京超 10 起，占全国一半以上。

与此同时，北京市生成式人工智能在数据市场、关键算法、算力基础、资本市场等方面还需进一步发力。一是数据要素市场发展不充分。数据交易中存在确权难、定价难、互信难、入场难、监管难等共性难题，大模型训练所需的高质量数据供不应求。二是关键算法等重点领域还需加快突破。基础算法、计算框架、基础软硬件等方面还有较大提升空间，高级机器学习等核心算法依赖国外开源代码，大模型开源框架依赖脸书 Py-Torch 和谷歌 TensorFlow，两者占全球市场比重超八成，北京市头部企业开源框架市场认可度不高、影响力不强。三是算力缺口和供需不平衡亟待解决。北京市综合算力指数排名全国第五，存在巨大的算力缺口。四是资本市场活跃度还需进一步激发。在京获投的大模型公司融资规模大都在 1 亿元以下，相较海外融资规模普遍偏小，远不及上一代互联网起步期以亿美元计的融资规模。私募股权和风险投资整体趋弱，2022 年，北京市 VC/PE 市场规模同比缩水近一半。

三、更多更好地推动生成式人工智能在北京市商业化落地，加快建设人工智能创新策源地和产业发展高地

充分释放《办法》蕴含的产业动能，发挥北京市科技、人才、金融、场景等综合优势，紧抓生成式人工智能商用浪潮机遇，提升算法等关键技术自主创新能力，补齐数据要素市场、算力基础设施等短板，优化产业生态，推动更多生成式人工智能服务和产品在京落地，加快建成具有国际影响力的生成式人工智能"北京高地"。

（一）激发场景应用新需求，培育更多新产业新物种

1. 推动更多大模型产品备案上线运行

系统梳理北京市大模型企业情况，推动更多大模型完成备案。鼓励已上线产品在更多行业和场景应用落地。

2. 谋划发布一批生成式人工智能应用场景

依托服贸会、中关村论坛等国家级平台，发布应用场景需求清单、能力清单和示范项目清单。搭建世界级先进技术应用推广平台，汇聚国内外前沿技术创新成果和高端创新要素。

3. 在文本生成领域创新"AI+新闻媒体"内容生态

鼓励各类新闻媒体接入文本创作类大模型，开展辅助信息收集、信息精准检索，探索提纲自动撰写、文稿实时生成、资讯自动编辑等功能，打造内容生态人工智能全系产品及服务。

4. 在图像生成领域打造一批"AI+游戏"精品

鼓励游戏开发商运用生成式人工智能技术丰富游戏内容产品，解决图片、音视频等生成需求，形成一批"爆款"游戏。

5. 在音视频生成领域创新发展智能影视工业化

支持企业利用生成式人工智能开展音视频自动生成，快速生成不同风格或架构的剧本和影视场景，激发创意产出更多优质作品，加速影视工业化。

6. 探索智慧健康问诊新业态

支持企业探索生成式人工智能技术在健康咨询、影像诊断、疾病预测、药物挖掘等领域应用。探索推动 AI 医生在条件成熟的市属医院开展问诊试点。

（二）加强算法关键技术攻关，推动基础技术自主创新

1. 加快多模态生成式人工智能算法研发突破

通过政策支持、平台构建等方式推动相关主体开展算法研发，支持数据与知识深度联合学习、大规模认知与推理等关键算法研发，推动文本、图像、音视频等跨媒体多模态融合。推动出台人工智能人才专项政策，探索政企学研等多方联动建立北京算法学院。

2. 提升生成式人工智能软硬一体化技术自主能力

开展生成式人工智能全域创新和自主研发，实现底层硬件、框架、配套软件平台等领域自主可控。推动智能芯片核心技术突破，加快新一代计算架构全面布局。支持开源平台、开源社区和开源项目建设，打造大模型时代开源开放生态。

3. 推动多方多载体多路径创新协作

统筹用好中关村国家实验室以及高校院所国家队作用，打造人工智能创新网络，强化生成式人工智能国家战略科技力量。鼓励头部企业联合高校院所、产业链上下游企业建立人工智能联盟、创新联合体等组织模式，推动形成以企业为主体的生成式人工智能产学研创新体系。

（三）深化数据资源开发利用，加强高质量数据新供给

1. 持续推进公共数据开放共享

依托北京市公共数据开放平台推动各行业数据供给，深化数据集开放，全面畅通公共数据开放渠道，推动一批人工智能语料库、机器学习数据集建设。

2. 强化数据训练质量和合规性

加快合规安全的中文、图文、音频、视频等大模型预训练语料库建设，建设国家级数据训练基地。制定针对外部数据提供方的审查细则，确保训练数据的合规与安全。

3. 提升数据标注服务能力

鼓励相关主体开展大数据与人工智能技术协同研发，研制数据标注的专业工具。制定符合《办法》要求的标注、质检、审核规则，构建高效数据标注体系。搭建数据集标注众包服务平台，满足多样化场景的企业级标注需求。

4. 积极推进在京企业数据资产评估和数据资产会计入账纳表

支持在京企业开展数据资产评估试点，建设数据资产评估服务中心，培育一批专业机构，完善数据资产服务评估体系。强化企业数据资源入表主体意识和行为，通过奖励性政策引导企业主动入表。

（四）统筹算力基础设施布局，提升算力资源利用效能

1. 统筹增量算力基础设施建设

进一步完善北京市算力基础设施体系，支持门头沟、石景山共同打造人工智能算力中心，加快推进海淀区北京人工智能公共算力、朝阳区北京数字经济算力中心等重点项目建设。持续推进环京地区算力网络建设，开展国家新型互联网交换中心试点，形成北京市与河北、天津、内蒙古等省份高速直连网络接入主节点。推动跨区域跨平台跨领域算力资源线上交易与共享。

2. 推动存量算力资源提质增效

推动存量低效数据中心向智能化、绿色化、云化转型，引导不符合城

市功能定位的老旧小散低效数据中心逐步疏解退出，支持利用非核心区腾退空间建设人工智能算力型数据中心。加快归集存量优质算力，支持大型云服务商通过市场化手段进行业务迁移和腾挪归并，统筹实施"多云纳管"。

（五）优化金融资源配置，增强资本市场支撑作用

1. 加大生成式人工智能产业资金支持

统筹用好各类产业资金，市区合力共同加大对生成式人工智能企业支持力度，支持符合条件的企业申请设备购置与更新改造贷款贴息。发挥政府产业引导基金作用，联合头部企业与金融机构共同成立生成式人工智能专项基金。

2. 投贷联动助力产业做大做强

支持银行机构通过成立投资公司或与 PE/VC 等股权投资机构开展合作等模式，通过投贷联动为生成式人工智能企业提供持续资金支持。完善多层次股权投资基金体系，引导股权资本更多投向生成式人工智能创新企业。推进北交所高质量扩容，支持北京市人工智能企业快速申报北交所。

（六）有序推进产业监管治理，构建优良产业发展生态

1. 积极争取分类分级监管规则试点

结合北京市产业发展特点，争取率先开展分类分级监管规则试点。

2. 研究制定北京市人工智能促进条例

借鉴《上海市促进人工智能产业发展条例》《深圳经济特区人工智能产业促进条例》等外埠经验做法，研究制定北京市人工智能产业促进条例。

3. 引导督促企业合规健康发展

引导生成式人工智能企业围绕社会主义核心价值观开展价值对齐，产生更多积极健康、向上向善的优质内容。推动企业落实《办法》各项要求，建立健全合规体系。引导具有舆论属性或社会动员能力的企业按照有关规定开展安全评估。

4. 深化国际交流合作

支持跨国企业在京设立人工智能研发中心，依法依规提供生成式人工智能服务。办好中国国际软件博览会、全球数字经济大会、北京智源大会等世界级论坛及展会，举办中关村论坛人工智能平行论坛。加强基础共性、管理服务、产品应用、测试评估等方面标准研制，支持各类创新主体参与全球生成式人工智能规则制定。

第五节 谨防高峰变高原发展隐忧
壮大北京科技服务业

科技服务业作为北京市两个万亿级产业之一，是"双80%"服务经济发展格局中的优势长板，但在各地"千帆竞发"群雄竞争日益加剧等形势下，面临着转向中掉队落伍、由"最强到渐平""高峰变高原"的隐忧，要深度辩证、全局审视"北京科技服务业怎么看、怎么办、怎么干"，顺势国家产业发展战略，实施"强支撑、拓场景、提能力、促赶超、扬优势、优要素"六大工程，进一步发展壮大科技服务业，有力推动经济提质增效同时，更好地支撑国际科技创新中心建设。

一、北京市科技服务业发展出现"由强变平"的"多降"隐忧

经过多年积累，北京市科技服务业成长为万亿级产业，综合发展水平位居全国前列，部分领域进入全球前列，但近年来开始出现"由强变平"苗头，面临不进则退、慢进亦退的"多降"风险与隐忧。

一是从国内横向来看，北京市科学研究和技术服务业产业规模大，但增速下降，从"北京一花独放"到"多地群芳争艳"。2020年北京市科学研究和技术服务业收入突破万亿元，为10637.1亿元，位居全国第一，2021年（1.18万亿元）和2022年（1.04万亿元）也维持在万亿元以上。

但也要看到，2013~2020年北京科学研究和技术服务业营收平均增速仅为个位数增长，而上海和广东为两位数（见图2-6）。与此同时，科学研究和技术服务业法人单位数上北京、广东等你追我赶。2021年北京市科学研究和技术服务业法人单位数为22.2万，居全国第一，近年来广东法人单位数增长迅猛，2018年和2019年一度超过北京。

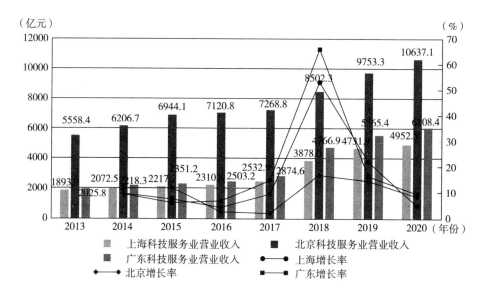

图2-6　2013~2020年北上广科学研究和技术服务业总收入、增速情况

资料来源：《中国第三产业统计年鉴2021》。

二是从市内行业来看，科学研究和技术服务业是支柱产业，但增加值增速下降，为现代服务业"优等生中的最后一名"。十年间科学研究和技术服务业增加值名义增长了1.2倍，2022年增加值占全市GDP的8.3%，高于发达国家3%~5%的平均水平，和金融业，信息传输、软件和信息技术服务业是北京市三大优势服务业。从增加值增速来看，近十年来科学研究和技术服务业增加值增速逐步减弱，由2013年的11.5%下降至2022年的1.8%，下降了84.3%，特别是2020年一度下降到最低点0.4%。从增加值GDP占比来看，十年间科学研究和技术服务业占GDP比重由6.97%

增长至 2022 年的 8.33%, 仅增加 1.36 个百分点 (见图 2-7)。同时, 从北京市金融业, 信息传输、软件和信息技术服务业, 科学研究和技术服务业三大优势服务业增加值占北京市 GDP 比重变化看, 2022 年三个行业分别提高 0.8 个、1.7 个和 0.4 个百分点, 科学研究和技术服务业增速最低。

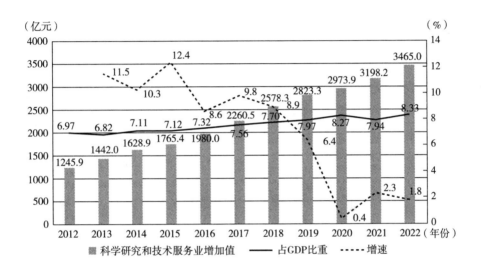

图 2-7 近十年来科学研究和技术服务业增加值、增速及占比情况

三是从细分领域来看, 四大优势领域中三个出现关键指标"下降"苗头。北京科技服务业九大细分领域[1]中优势领域主要集中在工程技术服务、科技金融服务、研发服务和科技推广与技术转移服务四大领域, 这四大领域规模以上法人单位数占整个科技服务业比重近八成、收入占比近九成, 但近年来四大优势领域三个出现关键指标下滑苗头。第一, 科技金融 VC/PE 投资额及占全国比重有下降趋势, 近三年来 VC/PE 投资额占全国比重就

---

① 国家和各地关于科技服务业的分类略有不同。北京市科技服务业主要包括九大领域: 科技金融服务业、工程技术服务业、研发服务业、设计服务业、创业孵化服务业、科技推广与技术转移服务业、知识产权服务业、检验检测服务业、科技咨询服务业。

从 2019 年的 25.7% 下降到 2021 年的 20.5%，下降了 5.2 个百分点。第二，研发服务全国领先，但领先外省市优势逐渐减小。深圳等城市与北京市 R&D 经费投入强度的差距已从 2012 年的 2 个百分点减少至 1 个百分点，2012~2021 年北京 R&D 经费投入年均增速为 10.58%，低于上海、深圳。第三，科技推广与技术转移中技术合同交易额、专利授权量下降突出。近年来技术合同交易额占全国比重由 2012 年的 38.2% 下降至 2021 年的 18.8%，10 年间下降近一半，在一定程度上也表明北京"领头雁"的作用正在减弱。同时，授权专利数量 2018 年被深圳反超，退居第二，深圳专利授权量连续四年位列全国第一。

四是从人才要素来看，集聚有"厚度"欠"高度"，竞争力吸引力"双力"下降。北京市科技活动从业人员规模达百万，2021 年 R&D 人员规模达 33.8 万人，但出现了"三缺"现象。第一，缺少一流成果转移转化人才，北京市技术经理人不足 2000 人、国际技术转移经理人仅百人。第二，缺新增国际顶尖人才，部分行业顶尖人才增长停滞，如生物医药领域的王晓东、施一公、饶毅、谢晓亮 4 人均已服务超过 10 年（特别是王晓东任北生所所长已 19 年），多年来无增量顶尖科学家加入。第三，缺增量名校毕业生，清华大学、北京大学留京率持续降低，2021 年仅为 33.3% 和 45.9%。与此同时，国内城市通过"给钱、给房、给税收补贴"方式，争抢从名校毕业的大学生和顶尖人才，科技人才吸引力和竞争力出现减损苗头。

五是从市场主体来看，独角兽企业、全球研发 2500 强企业数量落后明显。第一，北京独角兽企业比较优势消失，独角兽企业数量从 2020 年的 93 家、全球第 1，逐年下降至 2022 年中的 90 家、全球第 3，仅为旧金山的 1/2、纽约的 3/4①，而旧金山从 2020 年的 68 家增长到 2022 年的 176 家，不到 2 年增长超 1.5 倍。第二，从 2021 全球研发投入 2500 强名单来看，深圳华为以 174.6 亿欧元的研发投入位居全球第二、国内第一，北京

---

① 资料来源：胡润百富榜《2022 年中全球独角兽榜》。

与其存在明显差距。北京没有企业进入前50名，百度排名全球第64、国内第6。

二、北京市科技服务业由"高峰"变"高原"的多维扰动源

北京科技服务业出现"收入增速降、优势领域降、人才吸引力竞争力降"等"多降"隐忧，深层扰动源主要有三个。

一是北京市科技和产业"两张皮"顽疾难医，制造业及农业需求拉动和技术使用场景"双贫乏"。应用场景和需求场景是科技服务业发展的源头动力，近年来，北京市农业产值和增加值均占比较低、2022年第一产业增加值占比不足1%，制造业整体呈下降趋势。2013年人均GDP为1.5万美元时，制造业占GDP比重为16%，而到2022年人均GDP达2.8万美元时，制造业占比下降至12%，这个比例远低于人均GDP突破3万美元时纽约的15%、东京的17%。第一产业和第二产业比重过低影响创新链和产业链深度融合，既没有应用场景需求驱动，大量技术成果也缺少使用场景，只能流向长三角地区、粤港澳大湾区等场景更丰富的市场，导致科技服务与北京市产业发展黏性不高。

二是北京市科技服务业主体体制内力量强，市场化和国际化"双赢弱"。体制单位占比高、市场竞争能力不足、活力不能有效激发，已成为阻碍科技服务业发展壮大的重要因素。从细分领域来看，央企、国企、事业单位仍占据主导地位，工程技术企业占比达1/3，营业收入占比超80%，检验检测领域事业单位与国企超一半，营业收入占比超80%。从外资创办研发机构来看，2021年外资创办研发机构共138家，仅占北京市企业办研发机构的9.4%，低于上海的20%。从发展能力来看，市场力量相对较弱，部分服务机构主要靠财政补贴，"吃瓦片"现象较为突出，如北京市孵化器的房租和物业收入占总收入的比例仍处于77%的高位。从国际化来看，参与不够和机构较少问题凸显，北京市与海外优秀孵化器、技术转移机构、高校院所等开展实质性国际合作的服务机构较少，2021年北京市技术进口合同金额为35.3亿美元，同比下降9.1%，北京本土工程技术国外市场收入比例不足 15%，而国际头部企业超 50%。

三是北京市科技服务业发展存在"路径依赖"，专业化和数字化水平"双落伍"。目前北京市科技服务机构已初具规模，但呈现"小散弱"的特点，专业化和数字化水平较低有四个表现。第一，"参天大树型"科技服务机构少，具有品牌影响力的龙头科技服务机构少，缺少类似德国史太白技术转移中心等国际知名技术转移机构，大量在京高校院所科技能力难以转化成为服务能力。第二，高端业态缺乏，北京市知识产权、检验检测、科技咨询等服务业态还比较缺乏，多处在价值链的中低端，很少有机构能够提供专业化的发明评估、质量管理、市场分析、交易估值等系列服务。第三，服务较为"碎片化"，特别是部分前沿科技领域服务是空白，尚未形成综合性、网络化、链条式的服务体系，统筹整合高校、院所、企业等主体的能力不足，缺乏"全生命周期的过程服务"和"全资源整合的集成服务"。第四，数字化尚在探索，人工智能、云计算、大数据等数字技术运用不充分，共性技术支撑体系和工具、方法、标准、基础数据库等标准规范体系还需加快构建。

三、坚持系统施策，应势而上实施六大工程，壮大稳固科技服务业长板

（一）实施国家战略支撑工程，积极主动服务国家发展战略

充分发挥大国首都的使命担当，在强化对国家发展战略的核心支撑过程中，不断发展壮大科技服务业。

一是开展基于国家战略需求的基础研究。坚持目标导向和自由探索并进，瞄准人工智能、量子信息、生命健康、脑科学、生物育种、空天科技等领域，积极承担实施一批国家重大科技项目。鼓励自由探索，充分尊重科学家意见，围绕宇宙演化、物质结构、生命起源、脑与认知等开展探索。建立鼓励创新、宽容失败的容错机制，鼓励科研人员大胆探索，挑战未知。

二是加强国家安全领域技术研发应用。围绕能源、高铁、气象、应

急、数字经济等国家安全领域重要场景，组织实施技术攻关，支持企业加大技术主导权产品研发布局。支持北斗导航等行业龙头企业与产业链上下游科研机构、企业开展关键核心技术联合攻关、实现协同发展。

三是积极主动服务对接国家部委需求。主动积极服务，融入"创新驱动""国家安全"等战略，争取部委产业和创新资源在京落地。聚焦金融、能源、交通、气象、应急等领域，发布一批"卡脖子"关键核心技术和应用榜单，支持北京市企业参与，扎紧涉及国家安全前沿技术的篱笆。

四是支撑强化国家实验室创新引领。围绕三大国家实验室，研究布局配套转化平台，构建测试验证、资金支持、落地空间等全方位一站式服务，打通基础研究到产业化的绿色通道。发挥国家实验室的带动作用，建立与大科学装置、高新技术企业等对接服务资源共享机制，开展跨学科、大协同和全链条创新攻关，打造原始创新突破的关键力量。

（二）实施制造业拓场景工程，促进科技服务业和制造业深度融合

发展壮大科技服务业发展的产业基础，促进科技服务业与汽车制造、集成电路、生物医药、农业等重点领域深度融合，增强产业发展的核心竞争力。

一是大力发展汽车制造。聚焦汽车产业链关键环节，加快推进车规级芯片、下一代电池、车用操作系统、智能座舱、高精度地图等关键核心环节的研发布局和上车应用。大力发展"智能制造"，支持小米汽车整车智能工厂、理想汽车绿色智能旗舰工厂建设，加快智能制造关键技术装备的集成应用，形成一批智能制造试点经验。

二是支持集成电路做大做强。重点发力 EDA 工具、显示芯片、工业芯片、智能计算芯片领域的国产化，支持华大九天、集创九天、地平线等企业开展关键技术和产品攻关，支持北方华创、华峰测控等企业开展刻蚀机等装备及零部件研发攻关，加快实现国产化替代。以双"1+1"项目为重点支撑，加强先进工艺验证项目建设，支持集成电路产业发展壮大。

三是打造生物经济发展先导区。依托昌平国家实验室，推动生物技术占先，在生物检测、生物安全、脑科学与类脑研究等领域，形成在生命科

学和重大疾病防治领域的科技高地。围绕医院智能化管理、智能诊疗等关键环节，加快预导诊机器人、语音录入、人工智能辅助诊疗等先进技术和产品应用。

四是支持科技赋能乡村振兴。聚焦现代种业、高效农业设施、智能装备、数字农业等重点领域，研发一批具有自主知识产权的核心技术，推进相关技术的产业化应用。

（三）实施优势细分领域巩固工程，打造一批特色鲜明的产业集聚区

强化聚集化发展思维，聚焦金融、科技咨询、技术推广、研发服务等细分优势领域，优先打造一批科技服务业产业集群，强化对经济增长的有力支撑。

一是加速科技金融创新发展。重点依托西城金融街、海淀国家科技金融功能区建设，提升科技金融业服务发展能级，形成科技金融集聚区。设立"尖端投资区"，支持国内外企业参与尖端技术研发，加大对科技服务企业的支持力度。建立多元化的资金投入体系，引导银行信贷、创业投资、资本市场等支持科技服务业发展。

二是升级壮大科技咨询服务。重点发挥朝阳国际企业集聚优势，提升科技咨询国际化水平，打造国际创投集聚区和全球高端智库集聚区。聚焦北京市紧缺的战略咨询、信息咨询等专业领域，积极引进一批高端咨询机构在京落地，通过专项补助、场景支持等方式，引导其在京设立第二总部。

三是做优做强技术推广服务。重点聚焦中关村科学城，发展壮大技术转移服务机构和市场，打造具有全球影响力的国际技术转移集聚区。加大对科技成果中试熟化环节的支持力度，支持高校院所与各区对接，建设科技成果中试熟化基地。鼓励社会专业机构开展技术采购、集成开发、筛选培育、推广应用等业务。

四是持续领先研发服务。聚焦三城一区，释放高校院所和企业研发资源活力，建设高水平研发服务业集聚区。鼓励高校院所聚焦北京市高精尖产业"卡脖子"难题，开展基础研究和关键核心技术攻关。重点培育和扶

持一批研发型企业，支持研发型企业参与国家实验室、重点实验室、工程研究中心等建设。

五是锻造巩固工程技术服务长板。重点聚焦丰台轨道交通、昌平能源等领域工程技术优势，发展壮大工程技术服务业集聚区。摸清在京央企工程技术领域底数，主动对接央企发展诉求，并纳入"服务包"机制。支持央企在京保留"白菜心"式高端服务环节，重点鼓励研发、投资、咨询等环节在京发展壮大，抢占价值链高端。

（四）实施专业化和数字化双赶超工程，塑造科技服务新动能

要充分释放数字化、专业化服务的巨大潜力，建立非对称赶超优势，提升科技服务业发展能级。

一是布局一批未来产业领域科技服务企业。鼓励高校院所、国家实验室、科技领军企业等战略科技力量参与建设孵化器，重点面向量子计算、类脑智能、6G通信、基因与干细胞等前沿技术领域，开展项目挖掘、技术概念验证、应用场景探索等早期孵化服务。

二是打造一批标杆型高端品牌服务机构。对标国际，导入领先的孵化服务理念和模式，升级高效技术转移办公室和科研院所技术转移平台，培育一批创新能力强、辐射带动作用强的科技服务龙头企业，支持骨干企业做大做强，形成标杆孵化器梯次培育机制。

三是支持开展全链条科技服务。加强与高校院所及科技企业的互动融合，支持头部科技服务机构整合科技成果转移转化全链条资源，围绕产业发展、成果转化、科技招商、产业投资等需求，构建专业、完整的科技服务产业链。

四是加快推进数字技术赋能科技服务。强化需求牵引和供需对接，围绕生物医药、智能网联汽车等重点产业，将全产业链上的专家、技术、成果、市场、资金、政策等要素整合到平台，提升在京科技服务平台的能级。

五是加强科技数据的集成和开放共享。培育发展科技服务领域专业化数据采集服务企业，支持其与政府部门、用户企业加强合作，参与建设或

共建数据采集体系，推动科技数据交易，公布科学数据开放目录，推动符合条件的数据分级分类开放。

（五）实施国际化和市场化双提升工程，增强科技服务主体竞争力

深度融入国内和国际科技服务网络，吸收优质资源，打造更加市场化、国际化的服务体系。

一是促进科技服务机构国际化发展。鼓励外国投资者与在京创新主体合作共建研发中心，参与北京市重大科技计划。对标国际规范服务标准，鼓励知识产权、法律咨询、技术评估、中试孵化等专业机构提升发展能级。实施全球科技服务精准合作行动，鼓励具备条件的机构在全球设立离岸服务机构，带动人才、技术、项目和企业双向流动。

二是推动体制内服务机构市场化运营。积极探索中介服务机构的市场化运作机制，推动跨层级、跨部门的行业整合和并购重组，重点支持工程技术、创业孵化、科技推广与技术转移等领域第三方服务机构独立法人化运营及转企改制。

三是壮大技术交易服务市场。放大中国技术交易所、北京知识产权交易中心等作用，打造科技服务产品超市，形成世界级的技术服务交易中心。充分发挥中关村论坛、中国（北京）跨国技术转移大会等平台作用，推进科技成果转化与交流合作，营造良好市场环境。

（六）实施人才和市场主体要素优化工程，打造良好产业发展环境

一头抓决定科技服务业发展水平的顶尖人才，另一头抓决定科技服务业发展规模的市场主体，为科技服务业发展创造一流环境。

一是采用超常手段加大人才引进。聚焦集成电路、人工智能等本市紧缺急需领域的专家，探索"推荐制"引进模式、"一人一策"精准引进，对企业引进符合条件的应届毕业生实行计划单列。对北京市依托国家实验室、新型研发机构等主体引进的算法工程师、平台架构师等核心人才，直接办理人才落户。

二是下大力气培养具备国际水平的技术经理人。支持在京高校实施研究生教育改革试点，开设科技成果转化专业，再设立一批技术转移学院，

培养一批成果转移转化人才。支持行业协会牵头开展科技成果转化人才再造计划，不断完善技术经纪专业职称评定办法。

三是支持一批科技服务企业做大做强。遴选一批收入规模大、税收贡献大且稳步增长的企业，支持企业通过并购、重组等方式发展壮大。鼓励科创基金、亦国投、中发展等参与企业的并购，支持银行机构提供相应的贷款优惠。

四是引进一批具有世界影响力的科技服务企业。通过中关村论坛、服贸会、金融街论坛等国际交流平台，引入一批国际知名科技服务龙头企业。支持高校院所、龙头企业与国外知名机构通过成立公司、联合共建等方式，集聚一批科技服务企业。

执笔人：贾　硕　刘作丽　郭　颐　冯　丹　刘　烨　李金亚

刘沛罡（第一节）

李金亚　高　瞻　郑茹怡　周晓娜　孟香君（第二节）

王术华　吕天泽　刘紫星（第三节）

卜建华　孙　婷　唐文豪（第四节）

唐文豪　孙　婷（第五节）

第三章　稳步推进首都社会现代化建设

党的二十大报告指出，必须坚持以人民为中心的发展思想，维护人民的根本利益，增进民生福祉，在发展中保障和改善民生，不断实现人民对美好生活的向往，让现代化建设成果更多更公平地惠及全体人民。稳步推进首都社会现代化建设要深入贯彻落实党的二十大精神，采取更多惠民生、暖民心举措，不断健全基本公共服务体系，不断增强公共服务均衡性和可及性，不断提高人民群众的获得感、幸福感、安全感。

第一节　2022 年首都社会现代化年度评价及路径建议

一、2022 年首都社会现代化年度评价

2022 年，北京冬奥成功举办以及党的二十大胜利闭幕，为首都社会现代化带来了机遇、指明了方向，公共服务发展水平再上新台阶，高品质生活城市建设迈入新阶段，首都社会现代化迈上新征程。同时积极应对青年就业、各学段入学人口"洪峰过境"和新中国成立以来最大退休潮等诸多挑战，首都社会现代化发展表现出较强韧性。

（一）首都社会现代化发展亮彩纷呈

一是公共服务设施建设有序推进。着力应对托育服务不足和中小学学位阶段性缺口，通过幼儿园向前延伸服务提供 2~3 岁托位 3000 个，通过新建改扩建、多方筹集新增中小学学位 3.6 万个。着力完善公共卫生服务体系，新建改建 13 家社区卫生服务中心，推进传染病监测哨点建设和市疾控中心迁建。着力支撑居家社区养老服务体系，新建 3682 张养老家庭照护床位，推动员工制家政服务企业认证。着力提升基层文体服务供给水平，创建全民健身示范街道和体育特色乡镇共计 38 个，新建足球、篮球等体育健身活动场所 100 余处，开展首都市民系列文化活动 1.66 万场，扶持实体书店 310 余家，开展阅读文化活动 1400 余场。

二是体制机制改革深入推进。发展改革委等多部门联合印发实施《北京市基本公共服务实施标准（2021 年版）》，是市级层面首个基本公共服务实施标准，明确了市民所享有的基本公共服务范围和保障标准。出台推进义务教育优质均衡发展、职业教育高质量发展、公共卫生应急管理体系建设、优化生育政策促进人口长期均衡发展四个实施方案，推进党政机关和国有企事业单位培训疗养机构改革，制定全民健身场地设施建设补短板五年行动计划，完成博物馆之城建设发展规划。

三是民生兜底网络织密筑牢。保障重点群体就业，北京生源高校毕业生就业率达 96.1%，帮扶农村劳动力就业 6.5 万名、城乡就业困难人员就业 19.9 万名，持续确保"零就业家庭"动态清零。上调退休人员养老金、城乡居民基础养老金和福利养老金、工伤保险定期待遇，惠及全市 400 余万人。落实社会救助和保障标准与物价上涨挂钩联动机制，发放价格临时补贴 5867.2 万元，惠及困难群众 169.2 万人次。

四是社会产业投融资持续活跃。据监测，全国全年医疗健康、教育培训、文化娱乐、衣食住行四大社会领域行业共发生 1864 起投融资事件，百万美元以上投融资事件共 728 起（其中亿美元以上 38 起），占整体投融资事件数量的 39%。医疗健康成为 2022 年的社会产业投资热门主题，共发生投融资事件 1118 起，占比为 63.5%，以药物与疫苗研发、医疗器械与耗材、医学检测与诊疗、医疗信息化、专科医疗、康复养身等为主。从投融资事件数量地域占比来看，北京共有 316 起占全国的 28.2%，居于前列。

（二）首都社会现代化各项指标持续向好

2022 年，社会现代化指标仍然保持向好态势，以 2035 年目标值倒推年度变化来看，基本达到预期目标。在服务供给维度方面，公共服务支出在公共财政支出占比继续提高，指标增长符合预期，全社会公共服务支出增速与经济发展保持基本同步。在服务水平维度方面，基本公共服务清单项目达标率持续保持 100%，东城、朝阳、密云等区入选国家义务教育优质均衡区，全市基本公共服务供给的均衡性、公平性持续提升。在服务覆盖维度方面，养老、公共文化、社会保险等领域指标保持合理增长，千人托位数增幅仍然较为缓慢。在服务成效维度方面，城镇调查失业率有效控制在 5% 以内，人均健康期望寿命和新增劳动力平均受教育年限均持续增加，与预期目标相符，全市"七有""五性"民生保障指数保持在 108.5，居民幸福感、获得感、安全感稳步提升（见表 3-1）。

表 3-1　首都社会现代化主要指标进展情况

序号	指标维度	具体指标	2020 年	2021 年	2022 年	目标值
1	服务供给维度	公共服务支出占公共财政支出比重（%）	约 50	约 55	高于 55	50~60
2		公共服务支出占国民生产总值的比重（%）	约 10	约 11	11 左右	10~15
3		全社会公共服务支出增长率（%）	与经济发展基本同步	与经济发展基本同步	与经济发展基本同步	与经济发展基本同步
4	服务水平维度	基本公共服务清单项目达标率（%）	100	100	100	100
5		义务教育均衡发展区	以区为单位全面建成	启动国家义务教育优质均衡发展区申报	东城、朝阳、密云等入选 2022 年国家义务教育优质均衡先行创建县（市、区、旗）名单	以市为单位全面建成
6		以区为单位关键衡量指标的方差	—	待评估	待评估	逐步缩小

续表

序号	指标 维度	具体指标	2020 年	2021 年	2022 年	目标值
7	服务 覆盖 维度	每千名常住人口拥有 3 岁以下 婴幼儿照护设施托位（个）	—	1.22	1.8	4.5
8		每千名常住人口养老床位数 （张）	4.78	6.3	7	9.5
9		养老机构护理型床位占比（%）	—	60.5	66	80
10		社区养老服务驿站（个）	915	1112	1202	全覆盖
11		公共文化设施覆盖率（%）	>98	基本全覆盖	基本全覆盖	>98
12		社会保险收缴率（%）	>98	>98	>98	>98
13	服务 成效 维度	人均健康期望寿命（岁）		82.47	82.8	84
14		城镇调查失业率（%）	<5	4.1	4.7	<5
15		新增劳动力平均受教育年限 （年）	15.7	15.7 左右	15.8	15.8 左右
16		"七有""五性"民生保障指数	—	105 以上	108.5 左右	超过 110

（三）首都社会现代化面临的突出矛盾

一是在基础民生保障方面，就业形势压力较大。2023 年北京地区高校毕业生达到 28.5 万人，创历史新高，硕博研究生人数首次超过本科生，青年失业率预计高于全国平均水平。2023 年上半年城镇调查失业率经历小幅波动后稳步回落，前三季度平均为 4.5%，但 1~5 月规模以上第三产业法人单位从业人员同比减少约 22.77 万人，整体失业率稳中有降，但中年裁员现象仍在扩张，中年群体失业后通过就业降级实现再就业，消费能力和消费意愿大幅下降，扩大内需难度加大。

二是在公共服务供需方面，长短周期问题叠加。长周期的少子化、老龄化与短周期的特定年龄段人口暴涨暴跌相叠加。根据历年出生人口推算 2023 年理论上全国退休人口大约为 2872 万人，是新中国成立以来退休人数最多的一年，根据年度统计公报推算的 2023 年北京市退休人口规模约为 40 万人，相当于 2022 年度享受养老待遇人员（指职工基本养老保险和城乡居民养老保障）总规模（419.6 万）的约 10%，人口年龄结构和规模的大幅波动变化将给公共服务资源配置带来挑战。

三是在社会产业发展方面，资源优势亟待释放。医疗健康领域重大投融资事件中，北京更多集中于药物研发，而外省市特别是南方省市则呈现医学检测、医疗器械与耗材、医疗智能等全面开花，医疗卫生资源、信息服务业等方面的优势与医疗健康产业发展缺少有效结合。教育培训领域投融资事件占比较低，校外培训机构在转型中寻求突破，艾瑞咨询认为随着"双减"政策逐步落地，2027 年全国课后服务市场规模有望超过 3500 亿元，但从地区分布来看集中于华南和华东（占比超过 40%），北京所在华北地区占比不超过 10%，整体仍以公办平台和社会组织服务为主。

二、推进首都社会现代化发展的路径建议

一是增加公共服务资源配置的弹性和灵活性。加强政府投入和社会力量投入的有机结合，将社会力量投入作为公共服务资源配置的重要、有益、有效补充，保障非营利性机构与公办机构享有同等权利。延长针对特定年龄群体的公共服务设施向前向后覆盖，如幼儿园向前延伸办托、12 年一贯制学校建设，及时解决公共服务设施综合使用和功能转换中的硬件障碍和软性制度制约问题。

二是大项目与微民生相结合强化公共服务立体覆盖。推动单体式大型公共服务项目建设向街区、片区公共服务功能的整体转变，支持街区、片区整建制开展公共服务项目补齐补足，提高各类大中小型以及便利型公共服务设施协调联动、相互贯通、一体互促。研究打通市级固定资产投资支持非标小微民生设施建设的体制机制堵点、难点，打造一批公共服务立体式、全方位、融通型覆盖的街区、片区。

三是促进事业链创新链产业链融合发展。加快推动教育、科技、人才"三位一体"战略布局在京落地，将医疗健康领域作为率先突破的重点领域，在资源配置上注重统筹医学领域科研机构、高等院校、产业园区和医疗机构在重要交通枢纽所在区域协同布局，共同建设协同创新平台，构建大健康创新发展生态体系。以核心区区属医疗机构为试点，结合新阶段疏解整治促提升行动计划，推动一批既有实力又有意愿的区属医院在大兴临空经济区医疗片区拓展发展空间、组建新型医院、激发创新活力。

四是发挥利用好京津冀协同发展的腹地作用。大力推动北京优质公共服务资源向津冀地区延伸布局，探索"飞地模式""复刻模式""集团模式"等多种公共服务资源延伸覆盖路径，促进公共服务领域率先探索和实现"统一规划、统一政策、统一标准、统一管控"，推动健康、文化、职业教育等社会产业在京津冀地区协同配置，打造中国式社会现代化先行示范区。

第二节　待就业青年群体调查与对策建议

青年就业关乎青年成长成才，也关乎国家未来的发展。为提高青年就业服务靶向度，近期我们面向北京地区待就业青年开展了问卷调查及座谈走访，发现该群体呈现十大特征，就业服务存在"五失"问题，建议精准施策，化总量"堰塞湖"挑战为人才"蓄水池"势能，为首都现代化建设贡献更多青年力量。

一、待就业青年的十大特征

研究从包含 30 万样本的北京地区青年库中进行多轮筛选，最终触及504 位待就业青年。综合问卷及深度访谈结果，发现以下特征：

一是从学历分布来看，非双一流、非"985""211"（以下简称"双非"）本科学历和高中及以下学历占多数。

根据第七次全国人口普查数据，在北京地区 16~24 岁的待就业青年中，本科学历占比为 39.3%（见图 3-1），远高于全国 20.3% 的水平，"知识失业"① 成为青年待就业的典型特征。本次调查显示，"双非"本科占待就业青年比例接近一半（47.6%），成为当前待就业青年主体，高中及以下学历群体占比近三成。根据教育部和北京市教委历年招生情况测算，到 2026 年全国规模预计达 1242 万人，北京预计超过 30 万人，随着高校毕业生规模不断走高，青年就业总量压力将持续。

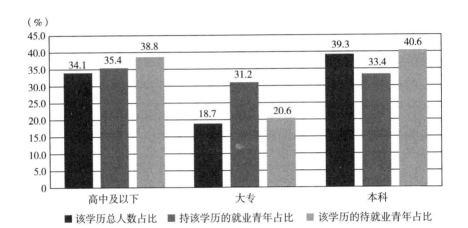

图 3-1　不同学历青年总人数、就业人数及待就业人数占比情况

二是从待业状态来看，高中及以下学历群体就业身段更"软"，大专学历群体就业机会更多，"双非"本科群体就业态度不够务实，"双一流"本科群体就业期望高从而落差最大。

从不同学历待就业青年的主要收入来源看，高中及以下学历群体依靠父母资助的比例相对最低（占比为 34.8%，低于 43% 的整体水平）（见图3-2）；从得到的就业机会来看，大专学历群体就业机会更多（三个月内得到过工作机会的占 65%，高于 44.2% 的整体水平）；从主观归因来看，"双非"本科群体更多归因于"学校名气不大""专业不好"等外部因素（占比为 23.8%，高于 17.4% 的整体水平），处于高不成低不就的境况，

---

① 受过一定程度教育的人的失业，国内外研究表明知识失业者往往具备至少大学以上学历。

态度不够务实；从就业期望来看，"双一流"本科群体就业期望最高，尤其是薪酬期望与市场反馈存在近一倍的落差。

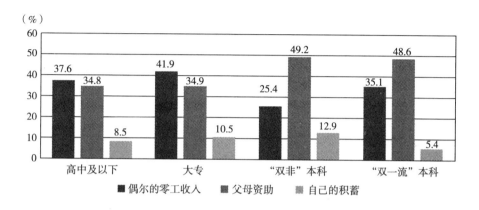

图 3-2　不同学历待就业青年的主要收入来源

三是从收入情况来看，待就业青年一般不存在生存困难问题，超过四成的待就业青年主要靠父母接济，零收入青年中"双非"本科群体占比最大。

待就业青年收入来源主要是父母资助（42.7%）、打零工（32.3%）以及积蓄（10.7%）三种方式。零收入待就业青年占23.5%（见图3-3），其中"双非"本科学历占比最高（45%），"双一流"群体占比最低（2.5%）。

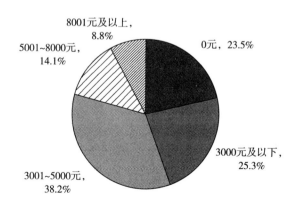

图 3-3　待就业青年收入分布情况

四是从家庭情况来看，大多数待就业青年家庭经济状况良好，"全职儿女"现象开始凸显。

77%的待就业青年来自一线城市（京籍占比68%），67.9%的父母职业集中于国企或事业单位、私营企业主、个体工商户、民营或外资企业从业者等。访谈显示，由于家庭经济较好，约25.4%的待就业青年过着类似于"全职儿女"①的生活，进入就业市场的压力不大、意愿不强。

五是从待就业原因来看，就业期望过高、对就业形势判断不足是主因。

首先，调查发现待就业青年并非"找不到工作"，更多是"找不到满意的工作"。如图3-4所示，待就业青年多属主动，因薪资福利下降或考虑职业发展而不就业的青年占比为58.3%，被公司裁员而失去工作的青年占比仅9.1%。其次，从理想工作要素排序来看，青年将"薪酬福利"排在首要位置，然后是"工作生活能平衡"和"有价值成就感"。

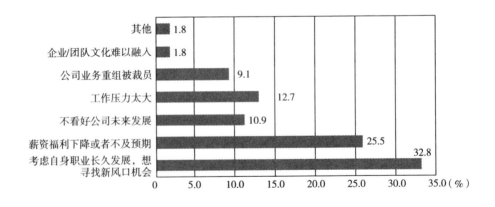

图 3-4　青年待就业原因

六是从薪酬预期来看，大部分待就业青年得到的薪资反馈在 3000～

---

① 该名词来源于创建于 2022 年 12 月的一个豆瓣小组："全职儿女工作交流中心"，其中 2/3 是大学本科毕业生。主要指年轻人脱产寄居父母生活，他们会付出一定劳动换取经济支持，同时保持学习，尝试找到职业目标、考公考研上岸。

7000 元/月，与预期存在 2000~3000 元的落差。

据 58 同城平台数据，北京地区目前的平均招聘薪酬为 7156 元/月，平均期望薪酬为 7848 元/月（主要是蓝领市场）。调查显示待就业青年的薪资期待集中在 7000~9000 元，但 40% 的失业青年实际薪酬在 3000~5000 元，29.5% 在 5000~7000 元，还有 7.4% 在 3000 元以下，实际薪资与预期存在 2000~3000 元落差，75.8% 的待就业青年认为薪资偏低，难以承受一线城市房租等高生活成本。

七是在未来安排来看，近四成青年选择降低就业预期，还有近四成青年选择考研考公。

调查显示，分别有 36.8% 和 35.8% 的待就业青年能够忍受 "6 个月至 1 年" 和 "6 个月" 的待业状态，仅有 8.4% 的待就业青年能够忍受 2 年及以上待业。如果超过该预期仍未找到理想工作，37.9% 的人选择降低期望先找一份糊口的工作，仍有四成青年选择考公考研（见图 3-5）。

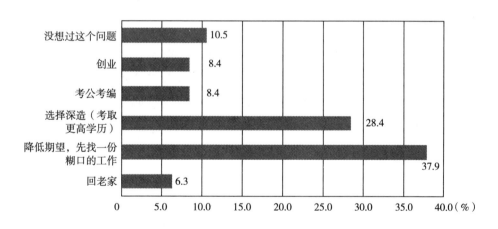

图 3-5　若超过待业预期时间后仍未就业，计划做什么

八是从就业倾向来看，青年就业空间缩减加重求稳心态，青年更向往体制内单位。

前程无忧数据显示，2022 年 100 多家各行业头部企业中 60% 缩减了校招人数，美团校招从 1 万人缩减到 5000 人。智联招聘数据显示，互联网、房地产、教培等为应届生提供岗位数占比从 2021 年的 56% 腰斩至 2022 年的 26%。待就业青年反馈获取的面试机会不多，绝大部分人（92.5%）仅参加过 5 次及以下的面试。在未来更想去的单位类型选择上，党政机关、教育科研卫生类事业单位和其他事业单位的选择比例分别为 38%、36% 和 35%。

九是从帮扶政策来看，失业登记制度尚未发挥促进青年再就业作用。

调查显示，待就业青年中仅有 4.2% 的人进行了失业登记。53.8% 的青年认为办理失业登记没作用，21.2% 的青年认为社区推荐的岗位比较低端。访谈了解到，部分青年担心失业登记影响求职竞争力，认为用人单位会介意档案中的"空白期"，因此不敢冒险去做登记。

十是从社会风险来看，待就业青年心态相对激进，就业风险可能向社会风险传导。

调查显示，待就业青年表达诉求主要通过 12345 或找居委会等常规渠道，未来通过此渠道的参与意愿分别达 77.3% 和 70.9%。但也有 49.6% 的待就业青年未来可能"组织或参与群体性事件"，65.2% 的待就业青年表示未来会"为某项特定理想或事业加入政治性的组织或者团体"。而从实际情况来看，待就业青年曾参与过某项社会活动的比例显著低于其未来参与意愿。另外，通过访谈了解，待就业青年的社会冲突意识整体比较激进，尤其"双一流"群体心理落差较大，心态更为激进。

二、青年就业服务存在"五失"问题

当前就业服务存在的"五失"问题，进一步加大了解决青年就业的难度。

一是青年学生"毕业即失联"，"毕业后三年"情况追踪困难。猎聘、58 同城、奇易企业等多家招聘和劳务派遣平台反馈，曾受一些用人单位委托招录"毕业后三年"青年群体，因为该群体"经受了几年社会历练，又有青春活力"，但招录时却发现"社区台账未覆盖""学校校友无联系"

"平台数据够不着"等现象。

二是人才培养结构"失焦"于市场需求，技能型人才培养不足。为缓解青年就业压力，近年来北京地区硕博学段持续扩大招生规模，不少企业反映高校培养体系无法对接市场需求，技能型人才占就业人口的比重不足30%，与发达经济体存在 10~20 个百分点的差距。

三是灵活就业劳动关系模糊引发劳动力市场"失序"，不利于吸纳更多青年就业。调查发现劳动关系模糊导致保障"缺位"问题突出，有零工经历的青年反馈没有合同或仅有短期临时合同的占80%，显著高于全龄人群的 55.4%[①]。约两成待就业青年曾经遭遇"由于缺乏合同保护""工作内容及强度认定模糊"导致的劳资纠纷，维权艰难。青年普遍反映尝试灵活就业，但"不稳定""工作强度认定模糊""工作和生活界限模糊，觉得身心疲惫"，甚至影响了个人婚恋、产生焦虑情绪等，有的严重影响到正常生活。

四是帮扶政策宣传不够，就业平台信息不完善导致青年"失帮"。六成以上受访待就业青年不知晓"23456 就业平台"以及北京市人社局官方网站的"就业超市"服务，对当前推进的"专精特新"企业吸纳就业工作也不了解。青年择业信赖度较高的双选会、学校就业信息库方面还存在企业覆盖范围有限、对外开放度不够等堵点。

五是职业技能培训不足，职业发展通道不畅导致待就业青年"失教"。调查发现，高中及以下的低学历低技能青年多集中在生活服务业就业，该群体虽渴望"向上"流动，但由于职业教育和技能等级认证等相关机制不完善，青年职业发展通道不畅。"双非"院校对技能提升重视不够，部分"双非"院校毕业生经过职业院校学习后，就业前景转好。

三、促进青年充分就业的建议

一是延续母校对毕业生的就业服务"引力"。完善央地一体、校企联

---

① 资料来源：国务院发展研究中心灵活就业调查分析数据（2022 年 9 月）。

动的毕业生去向登记系统，夯实毕业生就业状态基础数据库，为就业帮扶奠定基础。同时发挥教育"高地"作用，探索在京"双一流"高校率先启动就业质量第三方统计评价工作，推动高校积极主动、合理配置教育资源。整合各高校毕业生去向登记信息，联动企业招聘平台，开展三年、五年或更长时间的校友定期跟踪调查，提高高校就业统计的科学性、公信力。

二是保持人才培养"张力"。在"专精特新"中小企业、科创型中小企业中深挖一批可以提供给青年见习的岗位资源。鼓励企业兴办职业教育，建立一批校企深度融合的"学习工厂"①。借鉴以色列学术"间隔年"计划，发挥北京市四大主导产业的龙头企业示范效应，探索与高校联合导入学术"间隔年"，将企业实习效果关联学分，将实习期限关联学年计划，帮助青年在正式工作前明确职业规划。

三是提高平台经济促就业"效力"。落实平台企业用工主体责任，鼓励其参照家政行业"员工制"改革方向，打造"员工制"平台经济用工模式，更好地保障新就业形态劳动者权益。建议相关部门对接平台企业，将未建立劳动关系但持续为平台提供服务的青年劳动者纳入就业监测和统计，开展劳资纠纷维权、工作强度认定等就业帮扶工作，及时预警和化解新就业青年面临的待业风险。

四是形成就业帮扶"合力"。在中心城区边缘组团及平原新城地区的轨道交通沿线建设青年廉租公寓，降低青年居住成本。借鉴英国"帮助租房计划"经验，探索通过发放租房券、消费券、直接租金补贴或者无息低息的租赁贷款等方式，降低租房成本，从而缩小青年薪资期望与市场薪酬之间的差距。挖潜社区就业资源，以一刻钟便民生活圈生活服务业转型升级为抓手，围绕生活服务业数字化、绿色化转型升级，城市更新等需求与

① 根据2013年《欧洲学习工厂倡议》，学习工厂是指在真实的生产与管理过程中，面向高校、研究机构和企业的具有多种功能整合的实践性学习场所。根据2019年国家发展改革委、教育部发布的《建设产教融合型企业实施办法》，提出破解校企合作"一头热、一头冷""两张皮"等问题，要求以企业为主体，以"厂中校"模式"打造支撑高质量发展的学习工厂"。

在京高校相关专业联合开拓一批社区实践岗位。借鉴上海经验，依托"市—区—街道—社区工会"四级网络，组织就业沙龙、企业参观、家长课堂等活动，引导青年走出家庭"安乐窝"。

五是提升青年干事创业内生"动力"。强化技能培训学习，聚焦工业互联网、物联网、人工智能等大数据产业，引导企业搭建职教资源共享平台。总结大兴区职业培训券试点经验，探索建立以社保卡为载体的劳动者终身职业技能培训电子档案，促进青年提升技能水平和就业竞争力。完善生活性服务业重点行业的技能等级认证体系，打通青年职业上升通道。借鉴德国经验，探索建立失业保险与再就业挂钩的激励机制，奖励标准与再就业时间成反比，或将失业保险金作为青年创业资助资金，扶持创业带动就业。

六是加大党政群团组织对青年的"聚力"。加强青年思想引导，进一步推动北京市"12345"向网络延伸，通过微信、微博、留言板等多种渠道积极回应青年诉求。强化"青春北京"新媒体矩阵辐射，依托社区青年汇等活动阵地打通服务青年的"最后一公里"，降低失业青年可能引发的社会风险。在人大代表、政协委员、青联委员、青年社团成员遴选上，对部分青年例如有较强政治参与意愿的"双一流"毕业青年、有学生干部经历的青年加大吸纳力度。

第三节　坚持以人民为中心　推动高品质
生活城市建设

习近平总书记指出，"努力推动高质量发展、创造高品质生活""要更好推动以人为核心的城镇化，使城市更健康、更安全、更宜居，成为人民群众高品质生活的空间"。步入新发展阶段，北京推动高品质生活城市建设，应从产业、服务和规划等多方面发力，推动生产、生活和生态协同发展，不断增强人民群众的幸福感、获得感和安全感。

一、对高品质生活的理解与认识

（一）习近平总书记有关论述

2018年3月，习近平总书记参加十三届全国人大一次会议重庆代表团审议时，正式提出"高品质生活"的概念，希望重庆广大干部群众"努力推动高质量发展、创造高品质生活"。此后，习近平总书记在多次讲话中提到"高品质生活"，其主要内涵以不断满足群众日益增长的美好生活需要，增强人民群众的获得感、幸福感、安全感为目标，内容涵盖民生"七有"，以及基础设施、生态环境、安全韧性等多个方面。

（二）"十四五"规划和党的二十大报告的有关论述

1. 高品质生活既包括生活性服务业，也包括社会建设

党的十九届五中全会通过的"十四五"规划建议中明确提出，要"破除制约高质量发展、高品质生活的体制机制障碍""推动生活性服务业向高品质和多样化升级""改善人民生活品质，提高社会建设水平"，这是在党的全会文件中第一次表述"高品质生活"。

2. 党的二十大报告在重点任务部分专篇部署"增进民生福祉，提高人民生活品质"

党的二十大报告从完善分配制度、实施就业优先战略、健全社会保障体系、推进健康中国建设四大方面对提高人民生活品质做出了部署。

（三）高品质生活城市的提出

2022年7月，经国务院批准国家发展改革委印发《"十四五"新型城镇化实施方案》，提出"统筹发展生活性服务业，开展高品质生活城市建设行动，打造城市一刻钟便民生活圈"，首次提出要建设高品质生活城市。

（四）对高品质生活城市建设的认识

1. 高品质生活城市建设是提升城市吸引力的重要举措

从国际来看，新加坡、悉尼、纽约等城市规划都将提高居民生活品质置于显著位置。从国内来看，进入人口负增长时代，人的因素对城市发展

愈发重要，"抢人大战"在各大城市纷纷上演。年轻人更希望到有生活的地方去工作，生活是刚需，事业是补充，要吸引人才，既需要发展新兴产业，也需要通过提高生活品质来增强城市吸引力。

2. 高品质生活与高质量发展相辅相成

高质量发展是高品质生活的基础和前提，高品质生活是高质量发展的出发点和落脚点。通过高质量发展丰富产品和服务供给，增加居民收入，实现生活品质不断提高，让人们共享发展成果，不断满足人民美好生活需要。

3. 高品质生活城市建设要紧抓生活性服务业

生活性服务业既是改善民生，提高居民幸福感、获得感的重要途径，也是扩内需、促消费、扩就业的关键一招。要在推动生活性服务业补短板、上水平的基础上，充分发挥市场机制作用，推动生活服务业高质量发展，满足群众多层次多样化需求，让家门口的生活服务更加丰富、便利可及。

4. 高品质生活城市建设的重点是完善多元供给的公共服务，要在"七有五性"上取得新突破

公共服务是高品质生活的有力支撑。高品质生活城市建设要着力解决人民群众最关心最直接最现实的利益问题，完善公共服务体系，保障民生"七有"；应充分调动社会资源，提高"便利性、宜居性、多样性、公正性、安全性"水平，不断满足群众日益增长的美好生活需要。

5. 高品质生活城市建设要优先满足人民群众最迫切的需求，补短板，解难题，量力而行、尽力而为

反映高品质生活既包括客观性指标，也包括主观感受，具有综合性、变动性的特征，在不同的社会发展阶段有不同的内涵。推进高品质生活城市建设应依据社会经济发展水平和财力支撑条件循序渐进，尽力而为，量力而行，优先解决最迫切的需求。

二、北京市高品质生活城市建设存在的短板

北京作为首都，经济发展、就业机会、居民收入、公共服务水平等均

位居全国前列，但也面临生活消费不便、交通拥堵、宜居性不高等短板，高品质生活城市建设还存在诸多薄弱环节。

（一）生活与消费：生活性服务业发展、消费活力需要进一步提升

1. 生活性服务业品质不高

近年来，北京市加大填补便民服务，加快推动生活性服务业发展。然而，由于空间资源有限，可利用空间少，生活性服务业网点布局存在困难。"2022 中国城市便利店发展指数"北京排名第七，落后于厦门、太原、东莞、长沙、深圳、广州等城市①。此外，还存在家政、养老、育幼等生活性服务业标准不足、人才短缺、服务质量难监管等问题。

2. 消费空间分布不均衡，消费活力有待释放

优质消费空间内多外少、北密南疏、东强西弱，社区商业服务能力不足。北京市 CBD、王府井、三里屯等综合排名靠前的商圈，以及朝青、中关村、五道口等受年轻人青睐的商圈都在中心城区。SKP、国贸商城、朝阳大悦城等销售额靠前的商城均分布在东部。从购物出行数据分析可知，海淀、丰台、通州、大兴和门头沟缺少能吸引客流的购物场所②。社区商业服务能力不足，社区消费额占社会零售品消费额比重偏低③，与居民就近就便消费需求不相适应。2023 年 1~7 月，北京实现社会消费品零售总额 8053.6 亿元，同比增长 3.6%，但消费活力尚未恢复到 2019 年的水平。

（二）设施与服务：公共服务水平全国领先，但在民生"七有"方面仍存在短板

1. "一老一小"、医疗健康等领域短板明显

2022 年北京市"七有""五性"监测报告显示，2022 年，本市"七有""五性"监测评价总指数较 2021 年提高 3.7 个百分点，但在学有所教、病有所医、老有所养等领域低于服务供给指数平均水平。

① 中国连锁经营协会自 2014 年起连续 9 年调查并发布"中国城市便利店发展指数"。指数的核心数据为各城市便利店的饱和度、门店总量的增速、24 小时便利店的比例及营商环境情况。
② 张宇，王建光，闫浩强等. 慧眼识城，数研北京：北京城市活力分析之购物出行特征分析. 规划中国公众号，2022-12-29.
③ 北京市社区消费额占社会零售品消费额比重 50% 左右，低于发达国家 70%~80% 的水平。

一是在学有所教方面，既面临人口高峰带来的入学压力，又面临学前教育招生难题。受 2017 年人口出生高峰的影响，北京市基础教育迎来入学高峰，核心区、城市副中心、回天、长阳、生态涵养区的老城区等人口聚集区域学位缺口较为突出。近几年出生人口逐年下降，学前教育面临"招生难"。

二是在病有所医方面，基层医疗服务有待加强。基层康复护理、儿科等健康服务能力不足，社区健康养老服务供给不足、不精准。在线医疗、康复治疗、健康管理、心理咨询、睡眠健康等"新需求"支撑不足，"互联网+医疗"医保支付推进缓慢、健康医疗数据共享互通不够。

三是在老有所养方面，99%的老人倾向于居家养老，但上门医疗、康复护理等居家社区养老服务仍不完善，核心区养老方面 12345 市民热线投诉较为密集。

2. 文化服务丰富多元，但文化活动分布还不均衡

北京市文化资源丰富，文化设施总体水平居全国前列，博物馆、纪念馆、图书馆、美术馆、科技馆和艺术表演场馆等各类文化场馆数量多、分布广。数据显示，青年群体对北京市文化娱乐活动供给的丰富程度满意度较高，达 81.8%[1]。然而，中心城文化活动数量较多，平原新城活动较少。2021 年 1 月至 2022 年 6 月，朝阳区文化活动数量最多，达 9313 场，东城、海淀、西城区文化活动数量都在 1000 场以上。相比之下，大兴、通州文化活动只有 100 多场[2]。

（三）居住与环境：住房多元供给力度加大，但住房成本较高，职住平衡、生态环境仍需加强

1. 住房成本较高，职住平衡亟须改善

北京房价收入比高于其他城市，同时租赁市场供需不匹配。月租金在 3500 元以下的住房数量难以满足需求，不少新市民居住在城中村的非正规

---

① 资料来源：《城市青年群体生活情况调研》。
② 茅明睿．城市象限：青年文化消费视角下的北京文化活力分析．北京日报客户端，2022-10-10.

住房①。从租赁需求来看，国贸 CBD、金融街、东单、亚运村—奥体中心、燕莎—三元桥、望京、中关村产业园、丰台总部基地等地租房需求旺盛，但附近住房供给少、成本高，部分居民不得不以时间换空间，在通勤距离、居住品质和价格之间寻求平衡。

2. 交通拥堵影响居民生活品质

2023 年，北京继续占据通勤高峰拥堵榜首，单程平均通勤时耗 47 分钟，1 小时以上极端通勤人口比重为 28%，比 45 个主要城市平均比重 12% 高 16 个百分点②。路网密度低是其重要原因，截至 2021 年，北京建成区平均道路网密度为 5.7 公里/平方公里，低于深圳（9.7 公里/平方公里）、天津（6.4 公里/平方公里）等城市，在建成区各行政区中，仅西城区道路网密度超过 8 公里/平方公里。

3. 生态环境明显改善，但空气质量与其他一线城市相比仍有差距

2022 年，北京市空气中细颗粒物（PM2.5）年均浓度为 30 微克/立方米，同比下降 9.1%，比 2013 年下降 48.3%，被联合国环境规划署誉为"北京奇迹"③，在京津冀周边城市中最优，但与南方城市相比还存在差距。

受生产、生活、生态短板等多重因素叠加影响，北京市人才吸引力降低。2022 届北京高校毕业生在京求职率仅为 60.26%，低于上海、杭州、重庆、成都、昆明、合肥和广州，排全国第八位，而上海高校毕业生本地求职率在 85% 以上，位居全国榜首。

三、推动北京高品质生活城市建设的建议

（一）推动生活性服务业高质量发展，满足居民多层次多样化生活需求

1. 优化生活性服务业功能布局，补齐生活性服务业短板

大力发展社区便民服务，利用闲置、腾退空间，补充居民急需的生活

---

① 叶裕民. 民租房：公租房、集租房之外的"第三选择"[J]. 探索与争鸣，2023（04）：24-17.

② 资料来源：《2023 年度中国主要城市通勤监测报告》。

③ 资料来源：《2022 年北京市生态环境状况公报》。

服务业态。优化生活性服务业功能布局，提升平原新城服务能级。完善产教融合人才培养模式，强化生活性服务业人力资源支撑。加强生活性服务业财税、投资、金融支持，在"一老一小"等供需矛盾突出的领域，引入社会力量发展质量有保障、价格可承受的服务。

2. 推动生活性服务业标准化、品牌化、品质化发展

充分发挥市场机制作用，调动社会资源和力量，复合利用社区空间和服务资源，满足居民多样性需求，打造一刻钟便民生活圈。以养老、育幼、体育、家政、社区服务为重点打造一批"领跑者"企业，支持建立具有首都特色的生活性服务业品牌。

（二）优化公共服务供给，提升"七有""五性"水平

统筹考虑人口、空间布局和市民需求，完善多元供给、全龄友好、面向基层、布局合理、运行有效的公共服务，让居民享受舒适便捷的服务。

1. 加强"一小"服务

鼓励幼儿园向0~3岁托育服务延伸，加强服务监督管理，让居民安心、放心。在推进普惠性幼儿园建设的同时，鼓励社会力量增加服务供给，满足家长多元化需求。加大优质教育资源布局，结合人口布局和基础教育学位设施实际需求，加快补充学位缺口。加强一贯制学校建设，创新体制机制，促进学段之间和区域之间的教育资源共享，应对教育高峰和波谷。完善生育补贴和产假制度，营造有利于生育的职业发展环境，促进生育水平提升。

2. 完善"一老"服务

以满足老年人医疗健康、助餐、助浴等服务需求为重点，完善居家养老服务。加强老年健康服务，推动部分二级及以下医疗机构转型为老年护理中心，增加老年护理服务供给。鼓励社会力量参与养老助餐、适老化改造、生活照料等居家养老服务。推动更多养老企业的产品和服务在养老服务网上线。

3. 提升基层医疗健康服务

完善分级诊疗服务体系，进一步优化基层医疗资源配置。提升医疗数

字化服务，加强数据互联互通，为群众就医提供更多便利。

（三）优化城市空间形态和居住环境，建设绿色健康人文宜居之城

1. 优化城市空间形态，推动职住平衡

以城市更新为契机，推动产城融合，协同推进产业空间与公服设施，建设宜居宜业园区。推动TOD（以公共交通为导向）发展模式，加强轨道交通场站与周边一体化规划建设及综合利用，打造站城融合综合体，引导城市复合功能向轨道交通周边聚集。

2. 完善城市住房多元供应体系

依托空置楼宇、保障房建设青年友好人才驿站，为留学、外地青年人才来京工作、创业提供低价临时住宿。将低效闲置的厂房、商场、写字楼或酒店等非居住建筑改建为租赁住房，鼓励其改建项目业态混合兼容，促进产业融合和新业态发展。将符合条件的创业青年纳入公租房保障范围，鼓励闲置设施改造集体宿舍、园区配建宿舍，降低创业青年城市生活成本。

3. 打造畅通便捷的交通体系

坚持公交导向、以人为本的交通规划，推动窄马路、密路网建设。优化既有城市轨道交通线网、提升运行效率，推进轨道交通与地面公交融合，打造站城一体化，便捷居民交通出行。加密城市路网，建设适合自行车、步行的道路，打造能留住人流的消费街区。

4. 提升城市空间品质

加强老旧小区改造、公共空间营造、楼宇品质提升，强化市政交通等方面的精细化管控，彰显城市品质和城市活力。依托"家门口"的微更新、微改造、微提升等空间品质提升计划，积极利用闲置空间和边角空间，把公共空间转变为能增进社区交流、激发创新创意的能量场。

5. 着力改善城市生态环境

积极推动污染防治攻坚。深化"一微克"行动，加强区域联防联控联治，推动空气质量持续向好。推动城乡污水、生活垃圾等处理设施建设和改造升级。持续发展科技含量高、资源消耗低、环境污染少的"高精尖"

产业，加快推动经济社会发展绿色低碳转型。建立完善生态产品价值实现机制，积极发展碳市场，建设国家级绿色交易所。

6. 优化城市人文环境

发挥多元主体作用，引入社会力量参与文化服务供给。在青年聚集地提供更多文化服务，让青年更好地融入北京，找到归属。打造更多功能复合型公共文化空间，满足市民高品质、多元化的文化需求。深入发掘首都历史文化资源，兴建和完善一批文化休闲特色街区，打造首都文化休闲品牌。

（四）推动数字赋能，提升城市治理水平和安全韧性

1. 完善数字新基建，加强智慧城市建设

完善数据标准体系和智慧城市数据底座建设，实现标准统一、互联互通和数据共享，夯实智慧城市各项应用的数据基础和底层支撑能力。推动5G技术、云计算、地理信息系统、人工智能的应用，拓展城智慧市应用场景，提升智慧化水平。

2. 把握数字消费新趋势，为居民提供"互联网+"精准服务

加速推进产品和服务创新，培育形成生活性服务业新的增长点。推动社区信息数据共享，依托"互联网+"，探索建设集物业服务、家政餐饮、智慧养老等信息共享和社区服务功能于一体的信息服务平台。针对不同人群精准对接居民需求，开展"零距离""全天候"个性化服务。

3. 增强防灾减灾能力，提升城市安全韧性

健全灾害监测体系，提升风险隐患监测预警感知能力。推动平谷区开展"平急两用"公共设施建设试点，完善全市"平急两用"公共设施布局。加强突发公共卫生事件物资储备，完善应急物资末端配送网络建设，提升公共卫生防控救治能力。加强应急救灾、抢险救援能力建设，做好城市积水内涝防治，开展建筑抗震鉴定及加固改造。

第四节　以核心区区属医院疏解整合为牵引培育构建北京市大健康生态体系

大健康生态体系包括大健康产业与大健康事业，"以健康为中心"涵盖医疗卫生、全民健身、为老服务、生物医药等多个生产服务领域，能够更广泛、更全面、更深层次集成联动各类健康资源，能够促进更高水平、更广范围、更全方位全民健康发展，是国家深化医疗卫生体制改革新形势下，推进首都健康工作的重要主题。核心区央属市属医院疏解初见成效，诊疗强度和外地患者就诊数量有所下降，核心区区属医院疏解整合的必要性和迫切性更加凸显。建议以核心区区属医院疏解整合为牵引，抓住联动和激活两个关键，按照"高位统筹、集成联动、整合实施、分类施策"的工作思路，以及"筑牢区内基底、建设区外载体、链接多维资源"的实施路径，培育构建集成健康管理、康复护理、医疗服务、医学科研、医药研发等内涵不断丰富、外延逐步拓展的大健康生态体系，推动健康北京建设迈向更高水平。

一、核心区健康服务面临新需求，北京市大健康生态体系建设在新形势下要抢先机

（一）医疗资源疏解初见成效，深化疏解、提质增效需要"绣花功夫"和政策创新

北京市自"十三五"启动核心区医疗资源疏解工作以来，市委、市政府下大力气推动天坛医院、积水潭医院和友谊医院等一批大体量、长周期的疏解项目。截至 2022 年底，累计疏解核心区三级医院床位 2200 余张。2021 年核心区诊疗量相比 2019 年减少 644.9 万人次，其中到三级医院就诊的外地患者诊疗量相比 2019 年减少 186 万人次。大项目疏解取得一定

成效，同时也面临疏解难度增大、疏解效能衰减的问题，深化疏解需要在"散小项目"上做"绣花功夫"。

疏解对医疗资源提质增效也提出了更高要求，如天坛医院整体迁建后东城区南部已无三甲医院，区属医院无法快速补位，群众反映医疗保障能力下降。对核心区医疗资源要区分三种服务类型：面向辖区居民的基本医疗和公共卫生服务；可拓展全链条延伸的健康服务；部分面向外地患者、对人口聚集存在强吸引力的优势特色专科服务。医疗资源提质增效需要分层分类、整合资源，服务辖区居民的要整合继续发展，服务外地患者的优势特色专科要疏解做优做强，疏解的优势特色专科通过联动周边优质健康资源培育服务体系、反哺提升核心区大健康服务水平。

（二）核心区经济发展水平高、高净值群体集聚、老龄化程度加深，提升大健康服务水平的需求更为迫切

核心区是党和国家首脑机关的办公所在地，也是中央级企事业单位密集区，经济社会发展水平高，2022年核心区人均地区生产总值超过50万元，是全市平均水平的2.7倍，相当于发达国家前列水平，居民人均可支配收入高居全市榜首。核心区金融业，信息传输、软件和信息技术服务业，科学研究和技术服务业等高收入行业头部企业聚集，高净值人群规模较大，加之离退休中高级领导干部较多，对全方位、多样化、高质量的医疗服务需求旺盛，对前沿创新药物、高端医疗器械的接受程度更高、使用需求更强。

与此相应，核心区老龄化程度高于全市水平，未来数年将进一步加深，据不完全统计，截至2023年，核心区居家老年人超过33万人，伴随家庭结构小型化，空巢老年人、独居老年人数量增多且高龄老年人比例增大，既需要满足保基本的基本诊疗、急诊急救需求，也需要提供适应人口特征变化的全方位、多元化健康服务，通过整合卫生健康服务体系提供全生命周期健康服务的需求十分迫切，将成为提升"四个服务"水平的重要内容。

（三）国家深化推进医药医保和医疗机构改革，将催生大健康领域"三重分化"和"两大重组"

受国家深化医药卫生体制改革推动，大健康领域将面临"三重分化"和"两大重组"，本市要加快培育构建大健康生态体系才能在发展中抢占先机。"三重分化"：一是疾病诊断相关分组①医保付费改革全面铺开，将导致诊疗向医院集中、康复向社区下沉、医联体内部专业分工明确、角色定位分化；二是药品集采和审批时限缩短，将导致药品生产研发"马太效应"深化，仿制药必须做大、创新药必须做强，否则将无法生存；三是支持互联网医院建设，将导致医药分开更加彻底，诊疗活动从以医院为中心向以患者为中心加快转变，医院和医生的诊疗服务量、专业地位和收入水平将更加分化。"两大重组"：一是推进国家医学中心建设，优势专科力量将更加集中于国家医学中心，并以其强大的基础医学研究、高层次医学教学和疑难杂症诊疗带动生物医药、前沿医学和高端药械研发等健康资源重组；二是鼓励社会资本进入医疗健康领域，京东健康、阿里健康和微医等健康平台企业崛起，将牵引全链条大健康服务资源重组。

二、整合疏解核心区区属医院，培育构建大健康生态体系具备五大优势

（一）区属医院体量小、人员少，具备"船小好调头"优势

核心区17家区属医院多数为二甲医院或三级综合、三级中西医结合医院，相比央属、市属医院来说，体量小、人员少、科室配置少。小的医院如崇文口腔医院科室10个，职工60人，无床位；又如丰盛中医骨伤专科医院科室18个，职工284人，床位100张。除复兴医院一家独大外，多数医院职工300~400人，床位300~400张，建筑面积1万~3万平方米。

（二）区属医院地位尴尬，本身存在以疏解谋发展的诉求

核心区区属医院处于名副其实的夹心层，既缺少与区内三甲医院的竞

---

① 疾病诊断相关分组（简称DRG），是用于衡量医疗服务质量效率以及进行医保支付的一个重要工具。即根据年龄、疾病诊断、合并症、并发症、治疗方式、病症严重程度及转归和资源消耗等因素，将患者分入若干诊断组进行打包付费，不再按项目逐项付费。

争优势，也缺少与基层医疗卫生机构的比较优势。这些医院建设时间多数为 20 世纪 50~80 年代，功能建筑和布局跟不上医疗技术革新和优势特色专科发展需要，严重制约医院医疗技术水平继续提升，在过去核心区医疗资源疏解中，因为服务辖区居民的定位，基本仅安排保障就医就诊秩序的任务，未享受区外建设分院区的红利，自身通过优势特色专科疏解拓展发展空间的意愿比较强烈。

（三）区属医院数量众多，资源整合需求迫切

区属医院数量多、同质性强，既不利于资源集约提高效能，也不便于群众就医。2010 年新东城区和新西城区成立后，区属医院数量分别增至 7 家和 10 家，仅二甲综合医院东西城区就各有 2 家，其后一直也未继续整合。东西城区为众多区属医院倾注大量财政投入，大额投入难免"撒芝麻盐"，真正需要用大钱的地方如基础设施更新改造和高端医疗设备引进反而投入不足。

（四）区属医院优势特色专科配置齐全，区外疏解能够打造"全明星阵容"

部分核心区区属医院经过多年发展形成了优势特色专科，如复兴医院的宫腔镜、心内科，肛肠医院的结直肠肛门外科，丰盛中医骨伤专科医院的正骨科等，在业内享有盛誉、颇受患者认可。这些优势特色专科覆盖中西医、内外科、心脑血管和精神科，如果疏解至核心区外集中发展，足够打造一款临床科室"全明星阵容"，既强力引流患者、减少核心区的就医强度，又能为优势专科继续提升和医院更大发展提供空间与可能，并具备足够实力联动周边优质高端健康资源，是多赢共赢的选择。

（五）区属医院服务黏性较强，疏解后有利于加强上下转诊发挥大健康生态体系效用

区属医院存续时间长，经过半个多世纪的发展，在辖区老街坊中积累了大量忠实患者，尤其是一些提供干部保健服务的医院，与退休高干群体建立了深厚的信任关系。如复兴医院、宣武中医医院广受老街坊和老干部喜爱。这些医院疏解整合后，老院区服务辖区居民的医疗服务基本保留，

拥有的患者资源和信任关系有利于其扮演好基层首诊角色，新老院区上下转诊也能够向患者提供更加优质高效的医疗健康服务，真正发挥大健康生态体系的效用。

三、疏解整合核心区区属医院，培育构建大健康生态体系的路径措施

以核心区区属医院为牵引，培育构建北京市大健康生态体系的手段是疏解整合，目标是联动激活。要将基本医疗和公共卫生服务、优势特色专科、全链条健康服务通过疏解整合形成大健康生态体系的基础构架，通过新院区建设联动周边高端健康资源、老院区提升激活周边沉淀健康资源、新老院区互动贯通，发挥大健康生态体系效用，最终实现大健康生态体系的自我"造血"、可持续发展。

（一）整合资源、提升水平，筑牢大健康生态体系区内基底

一是推动区属医院整合。17家区属医院整合到7家左右，与其他区相当，可按照中医、西医、妇儿和精神四类整合；部分疏解腾退空间优先满足公共卫生需求，主要用于补充疾控设施和急救中心缺口；各区属医院在各有侧重的基础上，借力DRG付费改革东风，加强与辖区内三甲医院建设紧密型医联体，建立更加有效的分级诊疗机制。

二是整合构建全链条健康服务体系。整合资源集中做强中、西医综合医院，疏解腾退部分医院（院区）重点转型发展健康管理、康复护理和养老服务，可探索转型康复护理医疗机构、医养康养服务机构和"一老一幼"综合体三种发展模式，为群众提供全方位、全要素健康服务。

（二）向外疏解、传承光大，建设大健康生态体系区外载体

一是核心区外集中优势特色专科建设新院区。集成核心区现有中医全科和西医内外科的优势特色专科，建设2~3所定位鲜明、各具特色的集中办医新院区，为区属医院的优势特色专科继续发展提供足够空间和相互带动。

二是疏解选址优先考虑交通枢纽和大健康资源辐射范围。在五环外省际交通枢纽附近，生物医药产业园、医学院、中医药生产基地和医药医学

博物馆等辐射范围内，选址建设核心区区属医院优势特色专科集中办医院区（如可考虑新机场临空经济区西片区、清河站与昌平生命科学园中间地带、通州东站与经开区中间地带、房山良乡大学城与北京市郊铁路 S6 线中间地带等）。疏解新院区可发挥临近机场、车站的交通便利优势，**能够**更大力度引流外地来京就医患者，仅西城区初步匡算一年即可减少约 7 万人次的外地患者诊疗量。

三是释放改革红利形成疏解示范带动更多资源"走出去"。新院区采取类似于医生集团或者国际医疗的模式建设发展，稳定有效提高医务人员收入水平，为医务人员提供更广阔的发展空间，有利于形成疏解示范效应，带动更多央属市属医院"走出去"。

（三）广泛链接、多元互动，培育构建大健康生态体系

一是新院区联动周边资源构建大健康生态体系。核心区外新院区根据不同选址，着重联动周边生物医药产业园、生命科学园、中医药生产基地和医科院校等高端生物医药、医学教育科研资源，进一步提升自身水平和发展空间，激活大健康生态体系优势。

二是新老院区互动发挥大健康生态服务体系效能。新院区与老院区共同构建健康管理、医疗服务和康复护理等相互支撑、定位明确、衔接紧密的跨区域贯通服务体系。老院区在核心区着重开展社区、居家型健康服务，发挥引流导流的窗口效用。新院区为老院区提供健康配套服务和增值服务，通过上下转诊提升大健康生态服务体系效能。

四、培育构建北京市大健康生态体系的政策建议

结合核心区工作的特殊实际和医院整合疏解中可能面临的问题，建议按照"高位统筹、集成联动、整合实施、分类施策"的工作思路，推动核心区区属医院区外疏解、区内整合，集成区内优势资源构建区内区外贯通连续的全链条健康服务体系，联动区外高端资源培育前沿创新的健康生态支撑体系，逐步培育构建北京市大健康生态体系。

（一）加强市级高位统筹，盘活土地资金要素资源

1. 支持区属医院分院区外选址，联动高端医学科技健康资源

整合核心区优势特色专科，按照中西医各取所长的原则在区外分别建设分院。西医分院可选址大兴新机场临空经济区西片区①建设，利用"两区"支持设立研究型医院的政策，拓宽优势特色专科发展空间，锻造优势特色专科发展长板。中医分院可选址房山良乡大学城至北京市郊铁路 S6 线中间地带，围绕老年病、慢性病诊疗，依托房山区生态资源优势和北京中医药大学的科研能力，打造医康养一体的健康产业链。区属医院分院定位为医学科技创新载体，联动周边医学科技创新资源，争创国家医学中心，成为大健康生态体系节点枢纽。

2. 支持区属医院区内整合，通过市级对接机制协调规划审批事项

提升区属医院整合事权层级，将区属医院整合纳入首规委重点工作计划，北京市规划和自然资源委员会、北京市发展和改革委员会会同东城区、西城区研究整合方案和实施计划。对于核心区项目建设可能面临的央属单位沟通、文物审批、产权变更等困难，通过市级对接机制帮助协调解决。对于整合过程中可能面临的控规调整、容积率变更等问题，按照"总量平衡、结构优化"原则统筹考虑，不局限于一时一地分别设限。

3. 加大市级资金支持力度，按照区内、区外分比例支持

将核心区区属医院整合项目整体纳入市政府投资项目储备库，保障项目进度和投资支持力度，沿用核心区固定资产投资市级支持比例要求。大兴区新院区建设综合考虑社会资本引入 PPP 模式或者结合医疗卫生不动产REITs 模式，市级资金重点提供引导性支持。市财政列支专项资金，支持疏解整合中涉及的大型医疗康复器械设备采购，鼓励疏解整合中推动首台（套）政策在医疗领域落地。发挥疏整促专项资金作用，将疏解整合纳入

---

① 《北京大兴国际机场临空经济区总体规划（2019—2035 年）》于 2019 年由国务院批复设立。北京大兴国际机场临空经济区核心区面积约 150 平方公里，其中北京部分约 50 平方公里，分为东、西两个片区。西片区约 26 平方公里，布局国际生命健康产业、国际科技创新、国际医院、生活配套等功能。

"疏整促"专项任务，予以切块支持。

（二）探索多种集成创新，充分释放改革红利

1. 探索康养集团开展特许经营、承担疏解整合项目

探索核心区部分区属医院由品牌化、连锁化的康养机构托管、开展特许经营，发挥康养机构品牌和管理优势，开展医院转型投资、建设和运营管理。康养机构托管后的固投项目按企业项目实行核准审批，提高疏解整合项目推进效率。落实企业投资项目备案信用分级分类管理要求，在特许经营期内，重点加强对项目建设标准、服务质量、经营效益的事中及事后监管。

2. 探索委托第三方专业力量开展社会化运营

借鉴成都社区综合体、杭州"一老一幼"民生服务综合体运营经验，疏解腾退空间建设"一老一幼"综合体，可交由第三方专业社会力量运营管理。在服务内容上，涵盖婴幼儿照护、成长教育、临时托管，老年人全托护理、日间照料、认知症照护等；在服务方式上，整合优势服务资源，营造老少同乐的幸福生活场景；在收费机制上，可开展公益性免费服务项目和非公益性收费项目，所提供的非公益性收费项目应按照普惠性原则定价，供居民选择购买。

3. 探索新院区采取医生集团模式

区属医院在区外建设分院的，可参考借鉴医生集团模式，由公立医院和民营机构开展办医合作。由医生集团投资运营分院，市级给予特需医疗和国际医疗价格政策，集中优势特色专科增强创新能力，打造医疗技术特色品牌。公立医院医师以个人身份加入医生集团，按照多点执业要求在保证第一执业地点服务要求的前提下，将医生集团投资运营的分院作为第二执业地点，结合专业特长开展远程会诊、机器人手术等创新型诊疗服务，实现医师的自身发展和收入保障。

（三）推动区级整合实施，充分实现联动激活

1. 坚持属地主责，大力推进核心区资源整合

由属地负责推动现有区属医院资源整合，既要全力建设发展区域医疗

中心，又要大力推动专科医院转型康复护理或医养结合机构，还要高效利用疏解腾退空间优先补充公共卫生设施和建设"一老一幼"综合体。要着力转变区属医院"撒芝麻盐"式财政投入方式，加大区级财政资金对优势特色专科的投入力度，重点保障高端医疗设备采购、人才培养等支出。对于转型为康复护理医疗机构和医养康养服务机构的，在转型过渡期确保财政投入强度不降，逐步由全面投入向包干制和引导性支持转变。

2. 坚持对口协作，疏解承接区做好服务配套

区外集中建设的核心区区属医院分院区，由所在区按照属地原则依法履行行业监管职责，统一纳入所在区区属医疗卫生资源管理，在当地享受的政府采购、医保定点、承担的基本医疗和公共卫生职责参照市属医院分院区政策执行。疏解承载区按照自身区属医院应一视同仁做好水电气热和交通等服务配套。

（四）强化各院分类施策，用好用足国家医改政策

1. 夯实国家基本医疗卫生职责要求，强化区域医疗中心作用

对于疏解整合后承担区域医疗中心功能的医院，做好诊疗科目登记、执业变更、基本医疗保险支付等具体工作，确保在科室设置、床位人员配置等方面高标准高质量达到要求，重点提升基本医疗卫生和急诊急救能力，做好与优势特色专科分院的分级诊疗，按照"四个服务"要求，保障干部病房医疗条件，为中央退休干部提供更高水平的医疗服务。

2. 积极利用国家支持的医养结合、康复护理政策，提高全方位全要素健康服务水平

对于疏解整合后发展全链条健康服务的机构，重点用好用足医养结合项目的土地政策和价格政策等，以及普通医疗机构转型康复护理机构的设备采购支持政策、职称评定支持政策等。推动区属医院在政策支持下转换服务范围，拓展健康服务能力，满足群众医养结合、康复护理等多元化健康需求，打造区域特色化健康业态。

3. 顺应国家基本医保改革方向，分层分类推进健康服务专业化发展

区外建设的优势特色专科分院聚焦疑难杂症，应用前沿医学科技和高

端医药器械，着重服务国际医保、商业医保群体及社会医保、公费医疗转诊群体。区内整合建设的区域医疗中心，要承担辖区内人群健康管理，主要做好居民健康素养提升、人群健康水平促进，落实医保改革后的总额预付、结余留用机制。转型医养结合、康复护理机构应争取国家支持，按照国家医保局制定的新增医疗服务价格项目受理审核办法和工作规则，转型后的康复护理机构应抓紧制定新增康复护理治疗项目目录，明确服务收费标准，争取国家医保局将其作为新增康复护理项目纳入基本医保支付范围。

4. 用好国家药品快速审评审批通道，提升健康产业发展效能

在 2020 年新版国家《药品注册管理办法》中建立了突破性治疗药物、附条件批准、优先审评审批和特别审批四项"加快通道"，核心区区属优势特色专科分院可结合药品注册管理要求，联动周边高端生物医药、医学教育科研资源，发挥其作为研究型医院的科研转化优势，开展多中心临床研究合作，提供药品上市的确证性临床试验数据，以健康生态体系助力药品上市进程，用新药研发赋能大健康生态体系建设。

第五节　以高质量发展带动北京共同富裕的路径研究

共同富裕是新时代中国特色社会主义的本质要求，是中国式现代化的重要特征，是全体人民的共同期盼。目前我国已进入扎实推动共同富裕的历史阶段，北京作为全国经济最发达的区域之一，在高质量发展促进共同富裕方面取得了巨大成就，但也存在收入结构待优化、城乡区域差距扩大等问题。未来一段时期，需要全力推动高质量发展，以提升全要素生产率为基础促进经济和就业稳步增长，以完善收入分配制度为核心着力"提低、扩中、调高"，以优化公共服务供给体系为抓手提升人民群众对共同富裕的主观认同，率先探索以高质量发展带动共同富裕的有效路径，在我

国推动共同富裕实践方面走在全国前列、作出北京贡献。

一、率先全面建成小康社会已为北京推动共同富裕奠定了坚实基础

（一）富裕水平位于全国前列，与中东欧国家大体相当

2022 年北京市人均地区生产总值、人均一般公共预算收入、居民人均可支配收入和人均住户存款四项反映财富水平的指标在全国各省份排名分别为第一位、第二位、第二位和第一位，其中人均地区生产总值达 2.83 万美元（见表 3-2），达到发达经济体中等水平，与爱沙尼亚、捷克等中东欧国家大体相当。

表 3-2　北京与上海、浙江财富创造相关指标对比

指标	全国	北京	上海	浙江
人均地区生产总值（万美元）	1.27	2.83	2.67	1.77
人均一般公共预算收入（万元）	1.44	2.61	3.06	1.22
居民人均可支配收入（万元）	3.69	7.74	7.96	6.03
人均住户存款（万元）	8.59	26.84	21.26	12.50

注：①人均地区生产总值指标采用 2022 年平均汇率 6.7261 换算为美元计价。②人均一般公共预算收入指标根据 2022 年一般公共预算收入和 2022 年常住人口计算。

（二）民生保障能力全国领先，公共服务支出力度适中

北京市在全国率先建立城乡统一、覆盖全民的社会保障制度体系，基本公共服务实现人群全覆盖，居民最低生活保障和最低工资标准分别为月人均 1320 元和 2320 元，居全国第二位。2021 年北京市教育、社会保障和就业、卫生健康三项民生支出占一般公共预算支出比重为 39.3%，高于上海、浙江同期水平。2021 年北京市公共服务支出（不含中央级）占 GDP 比重为 10.1%，高于韩国在人均 GDP 2 万美元时 8% 左右的水平。

（三）中等收入群体比重远高于全国平均水平，初步形成橄榄型收入结构

根据国家统计局提出的"三口之家年收入在 10 万~50 万元"的中等

收入群体划分标准，2020年北京市中等收入群体约占七成，远高于全国三成左右的水平，居民收入分布已初步形成"两头小、中间大"的橄榄型结构。

二、北京实现共同富裕还需进一步提升发展水平和发展质量

（一）相比国际大都市经济发展还不够充分，需要依靠新经济加速追赶

2021年北京市经济总量在全球城市中排第七位，分别约合排名前两位城市纽约和东京的55%和60%。人均GDP差距更大，不及纽约的25%和东京的40%。但北京市财富创造保持强劲势头，研发投入强度、重大科技成果数量和全员劳动生产率稳居全国首位，2022年数字经济增加值占地区生产总值比重达41.6%，高精尖产业引领作用持续增强，有望扩大与其他一线城市的优势，加速对老牌世界城市的追赶。

（二）中等收入群体中还有不少脆弱群体，收入结构底部偏大

2020年，北京市户均收入分布在中等收入群体划分标准下限（10万~13万元）附近的群体规模超过220万人，占全部中等收入群体的15%左右，属于存在滑出风险的"脆弱"中等收入群体。脆弱群体中公共管理、居民服务、信息服务行业从业人员较多，户均就业人口1.4人，平均每个就业者负担人数大于1.7人、高于中等收入群体整体1.6人以下的水平，家庭负担相对较重。

（三）城乡、区域、行业收入差距依然较大，是推动共同富裕的最短板

2022年北京市城乡收入比为2.42∶1.00，在东部8省份中最高。2021年居民人均可支配收入前三名区的平均值是后三名的2.2倍，远高于浙江同期1.4倍的水平（见表3-3）。门类行业平均工资极值比为4.93，明显高于欧洲、日本3.0~3.5倍的适中水平。

表 3-3 全国、北京、上海和浙江城乡居民收入相关指标对比

指标	全国	北京	上海	浙江
城乡居民收入比值	2.45	2.42	2.12	1.90
收入五等份组最高和最低组比值	10.30	5.83	—	—
行业平均工资极值比	3.76（非私营） 2.77（私营）	4.93 （法人单位）	—	4.07 （规模以上单位）

注：城乡收入和全国区域收入为 2022 年数据，其他指标数据来自全国及各省市统计年鉴，为 2021 年的情况。

（四）市民对自身所属收入阶层认同感偏低，居民生活品质提升相对滞后

一是"买不起房、租不好房"的问题客观存在，影响中等收入群体的主观感受。诸葛找房监测数据显示，2023 年 10 月北京市二手住宅市场均价为 65054 元/平方米，按年收入 15 万元计算，购买一套 90 平方米的二手住房约需 39 年。二是工作生活节奏快、闲暇时间少。领英报告显示，32%的北京职场人士睡眠时间为 5~6 小时，每周平均工作时长在 60~80 小时的职场人士占 17%，为全国最高。三是健康状况不容乐观。据中国健康学会调查，国内 16 个百万以上人口城市中，北京的亚健康人群占比排名第一，高达 75.3%。

三、以高质量发展带动北京共同富裕的实施路径

以高质量发展带动共同富裕必须要坚持结果导向和目标导向，通过经济高质量发展进一步"做大蛋糕"，推动形成更加完整的产业体系，提高全要素生产率，提升产品和服务质量，更好地满足多样化、个性化的升级需求，为推进共同富裕打下坚实的物质基础。在满足人民对物质、精神、社会、生态等各方面诉求的基础上，更要"分好蛋糕"，增强发展的平衡性、协调性和包容性，促进形成人人享有的合理分配格局，推动效率与公平、发展与共享相统一，最终实现共同富裕。

（一）以提升全要素生产率为基础促进经济和就业稳步增长

一是千方百计创造更多高质量就业岗位。加强就业政策与宏观政策协调联动，在产业结构调整过程中提高就业质量，加快推动数字经济、科技

创新、智能制造、服务贸易等领域高质量发展，巩固提升金融、信息服务、科技服务等行业创造中高收入岗位、稳定吸纳就业的竞争优势①。在养老托幼、医疗健康、家政服务等公共服务领域培育一批创新能力强、经营状况好、连锁化经营的示范性企业，创造更多专业型、技能型就业岗位。推动住宿餐饮、交通物流、生活服务等传统行业转型升级，瞄准细分市场和特殊消费人群拓展服务边界、创造消费需求，带动从业人员就业质量和收入水平提升。清理取消对灵活就业的不合理限制，完善非标准用工制度，支持个体经营、非全日制及新就业形态等多渠道灵活就业。

二是多措并举支持各类人才自主创业。强化创新创业载体支撑，构建孵化器、加速器、产业园区相互接续的创业载体体系。加强补贴资金的绩效管理，加大创贷贴息及奖补政策支持力度，创新企业上市前投融资服务机制。支持重点群体创新创业，实施留学人员回国创业启动支持计划，完善人才到基层创业激励机制，鼓励科技人员兼职创业，精准实施中等收入以下群体技能更新、青年群体创业辅导、乡村振兴人才支持等就业创业培训帮扶。

三是畅通引才聚才用才渠道提升人力资本层级。积极引进优秀人才，吸引打造一批具有国际水平的顶尖科学家集群和创新人才梯队。深化高等教育和职业教育改革，加快构建终身职业技能培训体系，增加普惠性人力资本投入②，加大专业型、紧缺型人才培养力度。健全统一开放、竞争有序的人力资源市场体系，鼓励人力资源服务机构、各类社会组织广泛深入参与就业服务，发展高端人力资源服务业态，提升人力资源开发配置水平。降低就业门槛，推动企事业单位用人由"条件导向"向"技能导向"转变，促进社会人才有效流动。

四是完善劳动报酬的形成和调整机制。加强企业工资宏观调控指导，建立健全职工工资正常增长机制和支付保障机制，稳步提高企事业单位基层职工工资待遇。健全按劳动、知识、技术、管理、数据等生产要素由市

① 陈燕儿，蒋伏心. 新时代扩大中等收入群体的路径研究［J］. 江苏社会科学，2018（01）：77-84.

② 姚烨琳，张海东. 中等收入群体的扩大与橄榄型社会的形成——以北上广特大城市为例［J］. 河北学刊，2017（05）：164-168.

场评价贡献、按贡献决定报酬的机制，促进居民收入与企业利润增长、行业发展势头、经济增长水平相适应。

（二）以完善收入分配制度为核心着力"提低、扩中、调高"

一是提高低收入群体的收入水平和生活质量。完善最低生活保障标准，扩大保障政策受益面，减少低收入群体刚性支出。强化商业保险在社会保障体系中的支撑作用，避免因病致贫、因灾返贫，保障中低收入群体遭遇意外时生活质量不下降。

二是精准施策稳定扩大中等收入群体规模。配合国家完善地方税、直接税体系，更好地发挥税收对收入分配的调节作用。破除劳动要素流动的体制障碍，在促进横向流动的同时搭设社会阶梯，逐步缩小行业收入差距，使更多的中低收入群体在教育水平、职业类型、收入分组、社会身份等方面实现向上流动，加快推动"后备军"进入中等收入群体行列。多渠道增加城乡居民财产性收入，引进内外资财富管理和资产管理机构，鼓励创新财富管理产品，适度扩大地方政府债券面向个人投资者的发行额度。研究制定集体建设用地入市细则，支持集体经济组织将土地使用权通过出租、出让、作价入股等方式与社会资本开展合作，建立公平合理的入市增值收益分享机制①。支持村集体探索通过作价回购、统一租赁、农户委托、股份合作等多种方式整合盘活本村闲置宅基地和住宅资源。

三是遏制市场垄断等非法非正常收入。遏制以垄断和不正当竞争行为获取不合理收入，防范打击非法集资、理财诈骗等行为，保护群众利益。积极发展慈善事业，研究资产进入慈善体系方面的税收优惠政策，搭建慈善资源供需对接平台，适当加大政府采购慈善服务力度，鼓励高收入者和企业家积极回报社会，充分发挥第三次分配作用。

（三）以优化公共服务供给体系为抓手提升人民群众对共同富裕的主观认同

一是加快建立多样化多层次社会公共服务体系。以基本公共服务清单

---

① 张建平，葛扬.土地市场化与城乡收入分配［J］.山西财经大学学报，2020（11）：1-14.

为抓手推进基本公共服务均等化，建立基本公共服务供给的财政保障机制、考核激励机制和清单动态调整机制，逐步探索提高公共服务保障水平。分类推进医疗资源均衡配置，完善疾病预防控制体系、公共卫生应急保障体系，稳步提高覆盖全人群的医疗保障能力。进一步推进优质教育共享扩容，构建灵活开放的终身教育体系，充分满足不同群体的多样化教育需求。完善"三边四级"养老服务体系，提供高质量养老服务，畅通老年消费渠道，为老年群体提供宜居宜游的生活环境。加快建立以公租房、保障性租赁住房和配售型保障房为主体的住房保障体系，支持商品住房更好满足购房者合理住房需求，畅通"先租后买、先小后大、不断改善、合理升级"的住房梯次消费循环。

二是大力提升市民精神文化生活品质。创新实施文化惠民工程和文化精品工程，提升公共文化服务供给效能，丰富市民精神文化生活。进一步完善现行劳动监察法律法规和工时审批制度，保障劳动者享受有效休息和娱乐时间，倡导广大市民积极参与文体艺术、旅游休闲等活动，引导其形成积极向上的生活方式。完善社会心理服务体系，加强社会心理服务和压力疏导。

三是着力构建安心放心宜居环境。大力改善人居环境，提升环境治理能力现代化水平，持续改善生态环境质量，提高市民生态环境满意度。建设更高水平的平安北京，全面提升风险预警和灾害处置应对能力，建设社会矛盾纠纷多元预防化解体系，建立完善安全生产标准化管理体系，夯实首都安全基础，提高市民安全感。

执笔人：刘　烨　潘力嘉（第一节）

　　　　陈思宇　刘　烨　朱跃龙（第二节）

　　　　段婷婷　朱跃龙（第三节）

　　　　陈洪磊　刘　烨（第四节）

　　　　张　萌（第五节）

第四章　以宜居为目标推进首都城市现代化

城市现代化是现代化在城市这个特定空间的集中反映，城市让生活更美好，走向现代化是城市发展的一般规律，北京城市现代化与首都现代化是高度融合统一的。本书立足首都城市功能定位和强国首都建设，从广义角度出发，结合人地房三要素和城市空间载体作用，着眼于城市规划、建设和治理，围绕城市空间布局、基础设施、宜居城市、开放城市、韧性城市等多个维度，对 2022 年度首都城市现代化指标进展情况进行跟踪分析，对城市现代化进行研究。2022 年，北京市加快转变城市发展方式，首都城市现代化取得新进展，有力支撑了首都现代化进程。

第一节　2022 年首都城市现代化年度评价及路径建议

一、2022 年首都城市现代化年度评价

习近平总书记在党的二十大报告中指出"提高城市规划、建设、治理水平"。城市现代化的过程，是城市建设从速度型向质量型转变的过程，不仅包括城市作为空间载体的物质环境现代化，更主要的是城市作为社会

有机体的运行机制现代化。结合中国式现代化的内涵和首都北京的实际情况，我们认为大国首都的城市现代化需具备以下几个特征：一是城市空间布局形态多元化，合理控制城市规模，优化城市内部空间结构，推动多中心发展。二是基础设施现代化，由交通、能源、水利、电力等传统基础设施和5G、物联网、工业互联网新型基础设施共同构成较完善的现代化基础设施体系。三是居住条件的现代化，在住有所居的基础上进一步实现舒适、安全、便利。四是开放性，在开放包容的环境下汇集人流、物流、信息流、资金流等要素，形成城市发展的动力和活力源泉。五是韧性城市，通过硬件设施建设和城市数字化治理水平提升，使城市具备在逆变环境中承受、适应和快速恢复能力。

2022年，首都城市现代化取得新进展。从区域均衡发展来看，中心城区常住人口比2021年减少2.7万人，比"十三五"末减少4万人；城乡居民收入和消费支出差距持续缩小；京津冀协同持续推进，城镇化率小幅提升，比"十三五"末提升1.1个百分点。从基础设施建设来看，以轨道交通为主导的立体化综合交通网基本构建完成，路网支撑服务能力持续提升，京雄津保唐"1小时交通圈"形成；以新基建为抓手，数字城市基础底座加速建设；创新基础设施加快培育，中关村、昌平、怀柔国家实验室全面运行；"一老一小"公共服务基础设施建设持续推进。从宜居城市来看，细颗粒物（PM2.5）年均浓度为30微克/立方米，达到历史同期最优，空气质量连续两年达到国家二级标准；第三个城乡水环境治理三年行动圆满收官，城镇地区断面劣V类水体全面消除；住房保障持续得到改善，居民生活便利度水平不断增强，每百万人口拥有连锁便利店（社区超市）达329个；北京市出台了《北京市城市更新条例》，城市更新得到统筹推进。从韧性城市来看，制定了《北京市推进韧性城市建设协调工作机制》《北京市2022年推进韧性城市建设重点工作方案》，完成第一次全国自然灾害综合风险普查和城市安全风险评估工作。从开放城市来看，成功举办了一届无与伦比的冬奥盛会；雁柏山庄正式运营，栖湖饭店主体封顶，举办重大活动的设施功能进一步增强；中德、中日产业园加快推进，累计入驻外资企业 120 余家（见表 4-1）。

表 4-1 城市现代化评价指标体系及目标值

领域	指标	2020 年	2021 年	2022 年	2025 年	2035 年
城市形态	城市副中心平原新城 GDP 占全市比重（%）	21.8	23.6	22.4	>23.0	—
基础设施	轨道交通运营里程（含市郊铁路，公里）	1092	1148	1172	1600	2683
	中心城区绿色出行比例（%）	73.1	74.0	73.4	76.5	80.0
	全市建成并开通 5G 基站（万个）	3.8	5.2	7.6	6.3	国际领先
	适龄儿童入园率（%）	83	90	93	>90	>90
宜居城市	细颗粒物年均浓度（微克/立方米）	38	33	30	35	达到国家要求
	平均通勤时间（分钟）	47	51	50	45	40
	平均每百万人拥有连锁便利店（社区超市，个）	282	310	329	330	全国领先
韧性城市	单位 GDP 安全事故死亡率（人/百亿元）	1.13	1.15	0.96	<0.90	国际领先
开放城市	接待国际会议数量（个/年）	—	107	95	国内首位	世界前列

注：因相关机构对相关数据发布不连续，为更加动态连续评价好年度进展，将上年度评价中提出的便民网点连锁化率更新为平均每百万人拥有连锁便利店数、将千兆宽带接入端口占比更新为全市建成并开通 5G 基站数，变更不影响定性结论。

（一）首都城市空间布局持续优化

中心城区常住人口数量延续下降趋势。2022 年中心城区常住人口比 2021 年减少 2.7 万人，比"十三五"末减少 4 万人，占北京市常住人口的比重为 50.1%，与 2021 年持平，比"十三五"末降低 0.1 个百分点。45 分钟通勤出行比例自 2018 年以来稳定在 51%~52%，2020 年、2022 年增至 54%。全年中心城平均通勤时耗 50 分钟，较 2021 年有所缩短①。平原

---

① 资料来源：北京交通发展研究院《2023 年北京市交通发展年度报告》。

新城对全市经济贡献基本稳定。2022 年城市副中心和平原新城（昌平、顺义、大兴、房山及北京经济技术开发区）GDP 合计 9335.1 亿元，占北京市的 22.4%，较 2021 年下降 1.2 个百分点，比"十三五"末上升 0.6 个百分点。城乡居民收入和消费支出差距持续缩小。2022 年城乡居民人均可支配收入比从 2021 年的 2.45∶1.00 降至 2.23∶1.00，人均消费支出比从 2021 年的 1.98∶1.00 降至 1.92∶1.00。京津冀协同发展持续推进。2022 年京雄高速公路（北京段）通车，京唐城际铁路开通运营，北三县至国贸定制快巴使燕郊进入北京 1 小时通勤圈[①]。京津冀整体城镇化率（按城镇人口占常住人口比重计算）达 69.7%，比 2021 年提升 0.4 个百分点，比"十三五"末提升 1.1 个百分点，与长三角地区差距从 2020 年的 6.6 个百分点缩小至 6.4 个百分点。

（二）基础设施建设持续推进

交通基础设施建设取得新进展。北京以轨道交通为主导的立体化综合交通网基本构建完成[②]。2022 年轨道运营总里程达 1172 公里（含市郊铁路），比上年增加 24 公里，比 2020 年增加 80 公里，重点功能区基本实现轨道全覆盖；路网支撑服务能力大幅提升，年末全市公路里程 22362.8 公里，比上年末增加 42.9 公里，"棋盘+环路+放射线"的城市骨干道路网基本形成；市域内规划的干线铁路和城际铁路基本建成，京雄津保唐"1 小时交通圈"形成；深化超大城市交通治理，完成市级疏堵工程 20 项，新增有偿错时共享车位约 8000 个，北京成为首批全国"绿色出行创建城市"。以新基建为抓手，数字城市基础底座加速建设。5G 基站达 7.6 万个，比上年增加 2.4 万个，比 2020 年底增加 3.9 万个，提前完成"十四五"规划 6.3 万个的目标，实现五环内全覆盖、五环外重点区域和典型场景精准覆盖，智慧城市"七通一平"[③] 基础设施建设初见成效；创新基础

---

① 资料来源：北京交通发展研究院《2023 年北京市交通发展年度报告》。
② 2023 年 7 月 14 日，北京青年报北青网官方账号：北京市交通委主办、北京交通发展研究院承办的第七届世界大城市交通发展论坛（北京）上发布。
③ "七通一平"：一网、一图、一云、一码、一感、一库、一算以及大数据平台。

设施加快培育，中关村、昌平、怀柔国家实验室全面运行，12家在京国家重点实验室重组为首批标杆全国重点实验室。持续推进"一老一小"公共服务基础设施建设。新建养老家庭照护床位3682张，累计建成9000余张；机构养老床位达11.3万张，比上年新增0.44万张；幼儿园提供2~3岁托位新增3000个。

（三）城市宜居环境不断改善

空气质量达到国家二级标准。2022年北京市细颗粒物（PM2.5）年均浓度为30微克/立方米，同比下降9.1%，达到历史同期最优，比"十三五"末下降8微克/立方米；可吸入颗粒物（PM10）、二氧化氮（NO_2）和二氧化硫（SO_2）年均浓度分别为54微克/立方米、23微克/立方米和3微克/立方米，总体保持下降趋势；北京市累计优良天数两年间从276天增加到286天，连续两年达到国家空气质量二级标准。水环境治理和水生态保护取得显著成效。第三个城乡水环境治理三年行动圆满收官，全市污水处理率从"十三五"末的95%提升至97%，中心城区达99.7%，城镇地区基本实现污水全收集、全处理，断面劣V类水体全面消除；水生态环境修复持续推进，制定出台《永定河平原段生态空间优化调整实施方案》，完善密云水库上游京冀水源涵养区横向生态补偿机制，首创密云水库水资源战略储备补偿机制，水质始终保持在地表水Ⅱ类以上；北京市河湖健康水体比例从"十三五"末的73.0%提升到87.2%，永定河、潮白河、北运河、拒马河、泃河五大河流时隔26年全部重现"流动的河"并贯通入海，再现水清岸绿、安全宜人的景象。住房保障持续得到改善。2022年北京市坚持落实"房子是用来住的，不是用来炒的"定位，全年住房保障支出31.4亿元[①]，支持建设15.15万套保障性租赁住房，竣工各类保障房9.28万套。居民生活便利度不断增强。2022年北京市印发《北京市商圈改造提升行动计划（2022-2025）》，项目化清单化推进商圈建设；居民一刻钟生活圈不断完善，2022年9月正式上线一刻钟便民生活圈动态地图2.0

[①]　资料来源：《关于北京市2022年预算执行情况和2023年预算的报告》。

版，收录了北京市 11 类①便民商业网点 11.4 万余个；全市社区基本便民商业服务功能实现全覆盖，每百万人口拥有连锁便利店（社区超市）达329 个。城市更新得到统筹推进。2022 年，北京市出台了《北京市城市更新条例》；全年启动危旧房改造（含简易楼腾退）20.86 万平方米，完成棚改 2657 户；老旧小区综合整治新开工 330 个、新完工 205 个②；申请式退租实现签约 2200 户，同比增长 9.5%，修缮 1200 户；完成王府井等 22个传统商圈改造，南中轴国际文化科技园、中坤广场字节跳动总部、鼎好大厦等楼宇改造项目已陆续投入使用。

（四）韧性城市建设稳步推进

积极推进韧性城市规划和机制建设，先后制定了《北京市 2022 年推进韧性城市建设重点工作方案》等。完成第一次全国自然灾害综合风险普查和城市安全风险评估工作，北京市 10 个重点行业领域共有 18 万余家企业完成风险评估工作，辨识风险源 62 余万项。加强城市生命线工程保障，推进电网调峰储能项目建设、提高城市区域供气供热供水保障能力、推进地铁设施防倒灌防渗漏治理、城市地下管线隐患治理和安全管理，其中完成地下供热保障隐患消隐项目 373 项、着手施工 513 项。加强灾害防御工程建设，推进病险水库和积水点工程治理、实现海绵城市年度建设目标、完成中心城区洪涝灾害和公路防汛风险情景构建。加强应急能力建设，推进基层消防应急能力建设、全市应急物资保障体系建设、推广 AED（自动体外除颤器）等急救设施设备、推进应急志愿者队伍和心理服务站点建设等。织密城乡消防站网络，2022 年，已建成自防自救力量微型消防站、志愿消防队 21874 个。

（五）城市开放承载能力不断增强

举办重大活动的设施功能进一步增强。成功举办了一届无与伦比的冬奥盛会，北京成为全球首个也是目前唯一的"双奥之城"，冬奥场馆后续

---

① 类别分别为蔬菜零售、便利店、早餐、家政、美容美发、末端配送、洗染、便民维修、鲜花、咖啡、药店。

② 资料来源：http：//solution.yktchina.com/zx/2023/0727/81877.html。

利用为推动提升城市开放水平提供了新机遇，国家游泳中心"水立方"华丽变身"冰立方"，国家速滑馆"冰丝带"转变为具备体育赛事、群众健身等多种功能的冰雪运动中心，国家高山滑雪中心和雪车雪橇中心改造完成，延庆奥林匹克园区正式营业。强化国际交往重大设施服务保障。雁柏山庄正式运营，栖湖饭店主体封顶，推进第四使馆区周边地区交通基础设施建设和站城一体设计；强化国际交往设施辐射带动，开工建设中关村论坛永久会址，大兴国际机场临空经济区发展服务中心实现竣工。国际生活化空间承载水平进一步提高。截至2022年9月，北京共推动1.1万套国际人才公寓、23所国际学校、8家国际医院、18个外国人服务站点建设，海淀已初步建成具有超过600套精美人才公寓的翠湖国际人才社区，北京亦庄国际人才社区一期主体封顶，顺义区加快推进"海创城"和国际人才社区规划建设。国际化的产业园区承载能力不断增强。中德产业园南区规划设计了中德大厦二期建设空间，北区正加快中德国际学校、国际医院等配套建设，并同步规划设计南区、北区连接带。中日产业园全面建成投运北京大兴国际氢能示范区北区，建成了包括产业区、办公商务、生活配套、人才公寓等多元化的产业园，北京中德产业园集聚重点德资企业70余家，北京中日创新合作示范区累计入驻外资企业46家。

二、首都城市现代化进展中的关键问题

（一）城市内部各类空间融合发展不足

一是需关注京津冀城市群常住人口整体下降。2022年京津冀常住人口总量10764万人，比2021年减少246万人，其中北京减少5万人，天津、河北分别减少213万人和28万人，仅石家庄、唐山、沧州等少数城市常住人口增加。同年江浙沪总人口增加33万人，其中上海减少14万人，江苏、浙江分别增加10万人和37万人。二是商业布局与人口布局匹配度和消费活力有待提高。中心城区常住人口占全市的比重已经降至50.1%，大型商业设施集中在核心区和朝阳、海淀，各区人均商业面积差距明显。大型商业综合体同质化程度较高，公园、景区配套消费设施普遍难以满足品质消费需求，城市商业活力不足。三是城中村改造、城乡接合部整治任务依然艰巨。城乡接合部总面积约 1220 平方公里，主要位于绿化隔离地区，面临人口疏解、产业转型、环境治理等多重问题，过去大拆大建提高开发强度的改造方式已不符合减量发展要求，亟须探索新模式。

（二）城市公共基础设施供给依然存在短板

一是交通设施现代化水平仍需加速提升。2022 年市郊铁路运营里程400 公里，仅比 2020 年增加 35 公里，与"十四五"规划目标 600 公里差距较大，规划项目处于前期和在建较多；绿色出行需继续提升，2022 年北京绿色出行比例达 73.4%，比上年降低 0.6 个百分点，比 2020 年仅提高0.3 个百分点，与"十四五"规划目标 76.5%差距较大。二是智慧城市和数据原生等新型基础设施建设需继续加快建设。6G 技术等需超前布局，重大场景应用领域需继续拓宽；瞄准主平台研发目标，配套转化平台应加大提前研究布局力度。三是"一老一小"基本公共服务设施仍然紧缺。2022 年每千名常住人口养老床位数为 5.2 张，与"十四五"规划目标 7 张差距较大；全市托育服务机构托位总数约 3 万个，千人口托位数为 1.33个，距离"十四五"规划千人口托位数 4.5 个的目标还有 3.17 个的缺口。

（三）宜居城市建设面临多方面问题

一是雾霾天气时有发生。2022 年北京 PM2.5 下降至 30 微克/立方米，达到历史同期最优，但空气质量改善成效仍不稳固，秋冬季节重度污染天气时有发生。同时，与国际大都市相比，PM2.5 浓度仍远高于纽约、伦敦、东京等 10 微克/立方米左右的水平，大气质量治理仍需持续加强。二是水生态环境治理短板依然存在。整个排水系统雨污分流不完全，城乡面源污染防治不足，中心城区存在大量雨污合流设施。北京市河湖健康水体需要持续改善。部分河道水生动植物种类相对单一，生态系统功能有待修复。三是居住成本过高。根据中指研究院数据，2022 年北京二手住宅样本平均价格为 62837 元/平方米，平均租金为 90.3 元/平方米/月，居住成本整体过高，影响居民幸福指数。四是生活便利度有待提升。北京生活性服务业供给未能适应消费升级趋势，对中高端供给不足。便民生活服务供给质量参差不齐，规模化、标准化、信息化程度低，与数字经济融合发展不够。五是城市更新进度缓慢，20 年以上的存量老旧小区超过 5000 个，因资金平衡问题难以吸引社会资本参与，更新速度较慢。老旧厂房、传统楼宇更新利用不足，智能化改造尚未全面铺开，滞后于新兴产业发展需求。

（四）韧性城市建设及治理有待完善提升

一是韧性城市顶层设计和机制建设需完善优化。北京市尚无韧性城市相关规划，应急体制建设有待完善健全，缺乏韧性城市评估评价机制。二是城市运行安全韧性需要持续提升。城市生态网络和防灾网络发展融合不足，应急通道和应急空中廊道建设需持续推进。能源供应"紧平衡、缺弹性"。部分城市公共基础设施处于重负荷运转状态。三是城市智能化水平需加快推进。"城市运行一网统管"亟须加快建立，缺少城市运行数据采集、汇聚、融合、管理、共享和共用管理基础台账。数字孪生、仿真模拟等新技术在预警防控体系建设中应用不足。四是多元共治水平有待提高。城市治理统筹力度需要进一步加大，城市治理的孤岛效应明显，政府部门之间信息沟通不畅、多头治理问题依然存在，社会救助和风险分担机制有待提高。

（五）开放城市建设还存在若干挑战

一是重大国际活动场馆和设施的高效利用还存在挑战。冬奥会赛后社会资源支持力度缩减，大众冰雪运动的热情需要持续巩固，场馆利用存在公众参与度较低、利用率不足等问题，如国家高山滑雪中心的酒店入住率远低于崇礼同类酒店入住率。二是外向型产业园区的服务保障能力还需提升。自贸区作为承载北京市外向型产业的重要载体之一，全市三片区七组团中尤其是大兴临空经济区的建设推动速度较为缓慢，大兴国际会展中心和国际消费枢纽等重大牵引性项目仍未确定实施主体。中德、中日产业园还处于建设起步期，园区各项配套设施建设还不能够匹配外资企业的实际需求，中德产业园配套的国际学校、国际医院等设施仍然在建设中，南区电力增容、北区标准厂房建设等项目因资金压力大推进速度还较慢；中日产业园周边轨道交通、住房、医院等设施建设尚处于起步阶段，待开发土地多为集体经营性建设用地，还存在一些拆迁安置问题。三是面向国际人才的生活便利化程度还不足。嘉会国际医院等项目还处于开工阶段，距离建成和运营还需一定时间。规划布局的国际学校超过 100 余所，但在国际上知名的少。开放创新的国际化城市环境还有欠缺，北京市公共场所外语标识管理规定已实施近三年，但部分领域还存在标识错误的问题，根据 EF《2022 英语熟练度指标报告》，2022 年北京得分为 549 分，低于荷兰（661 分）、新加坡（642 分）、克罗地亚（612 分）等英语极高熟练度城市。

三、推进首都城市现代化的路径建议

（一）紧紧围绕"四个中心""四个服务"，推动城市空间布局优化和功能融合，助力京津冀协同发展和共同富裕

落实深入推进京津冀协同发展要求，提升北京及京津冀城市群整体吸引力。加强京津冀产业协同，围绕集成电路、网络安全、生物医药、电力装备、安全应急装备等战略性新兴产业加快建设北京国际科技创新中心和高水平人才高地，推动配套项目落户津冀，提升科技成果区域内转化效率和比重。推进养老、医疗、教育等领域公共服务共建共享，缩小区域差距，着力构建现代化首都都市圈。

以城市更新为契机，推动商业布局随人口布局和消费需求变化趋势调整，更好地扩内需和提升城市消费活力。探索商业与生态空间融合，利用园博园、世博园等大型公园内的存量建筑，适当布局高品质消费场所，改善游园体验。探索依托南海子公园、城市绿心森林公园、温榆河绿道、三山五园绿道等生态空间，打造与景观融为一体的开放式商业综合体。借鉴东城、朝阳、上海等地经验，探索将公共图书馆、博物馆、科技馆等公共文化资源与引入商业空间，提升商圈文化业态含量并实现相互引流。

发挥城中村和城乡结合部集体土地资源优势，积极改造和转型发展新模式。推进拆违腾退土地高效集约利用，优先用于绿色开敞空间、基础设施和公共服务设施建设，补齐民生短板。以集体土地租赁住房建设试点为契机，推广温泉镇中关村创客小镇经验，鼓励集体经济组织利用自有土地

建设集居住和创业功能于一体的"创客社区",解决青年人、新市民居住问题的同时逐步培育特色产业生态。总结借鉴大兴区西红门镇金星庄村经验,鼓励引入专业化企业对村、镇闲置宅基地住房、安置房进行提质改造和规范管理,合理控制改造后的租金涨幅。

(二)加强基础设施承载能力建设,完善现代化城市基础设施体系,提供更加优质服务供给

继续加快构建综合、绿色、安全、智能的立体化现代化城市交通系统。坚持轨道引领城市发展,加快推进轨道交通"四网融合",统筹干线铁路、城际铁路运能资源,推动利用市域范围内线站资源高质量服务城市通勤;高水平发展市郊铁路,加快推动城市副中心线、东北环线等项目建设,推动实现市郊列车公交化开行,加快构建"一干多支、对角交叉"的市郊铁路网主骨架;锚固换乘枢纽,实现运营管理和服务"一张网",提升轨道交通网络整体效能。以"站城融合"推进城市职住平衡,加快推动实施轨道微中心建设,打造新活力中心;推广城市副中心站等交通枢纽一体化开发模式,同步配置站点周边便民服务功能,打造轨道上的都市生活。构建绿色低碳道路交通体系,不断优化城市慢行系统;持续完善城市路网,提升城市道路通达能力和承载能力。持续提升交通现代治理水平,结合城市更新,推进智慧停车建设;加快建设充电桩、氢储能设施。

加快智慧城市等新型基础设施建设。完善高品质通信基础设施体系,推进双千兆计划,争取建设国家新型互联网交换中心,超前布局6G未来网络;提升算力资源统筹供给能力,统筹各类政务云、公有云、私有云等算力中心资源;统筹推进人工智能、区块链、大数据、隐私计算、城市空间操作系统等新技术基础设施建设。拓宽重大场景应用领域,加快布局智慧城市共性基础设施,建立智慧城市感知设施"一套台账",加快打造"码链一体"城市码服务平台,夯实智慧城市数字底座。继续建强建优战略科技力量,全力保障国家实验室高标准高水平实现在轨运行,服务国家实验室体系化发展;支持新型研发机构在人工智能、区块链、量子信息、生命科学等领域承担国家战略任务;打造一批跨领域、大协作的创新

平台。

继续加强"一老一小"公共服务基础设施建设。优化基本养老服务体系建设，完善"物业服务+养老服务"支持政策，提升普惠性养老服务，加强居家老年人家庭适老化改造，进一步优化养老机构运营补贴方式，支持大型国企在京外建设养老服务基地。丰富多元托育供给设施，鼓励和支持有条件的幼儿园开设托班招收 2~3 岁的婴幼儿；通过新建、改扩建或整合利用现有资源，建设区托育综合服务中心，根据实际需要设置相应的托位，为辖区托育服务高质量发展提供支撑；支持党政机关、企事业单位、社会组织、大型园区建设服务员工的托育设施；鼓励以适当的方式将老旧小区中的国有闲置房屋和设施改造用于发展托育服务，采取"一事一议"机制，在处置存量房屋和设施改造手续办理等方面给予支持。

（三）集中发力解决焦点问题，建设高品质宜居城市

持续改善大气环境质量。以细颗粒物（PM2.5）治理为重点，强化臭氧协同控制，精准、科学治理大气污染。加强对移动源领域的污染控制，大力发展公共交通和新能源车，优化交通出行结构。加快推进重点货物运输"公转铁"，大力推广新能源货车使用。推广使用风电、光伏、氢能等新能源，加快促进清洁能源重大项目落地，优化调整能源消费结构。深化京津冀区域大气污染联防联控机制，推动统一标准、统一监测、联合执法和共同治理。

着力加强水污染治理和水生态保护。加强水污染治理，通过新建污水收集管线、改造雨污合流管线等完善中心城区、城市副中心、平原新城等重点区域污水收集处理设施，进一步提高污水处理能力。加快推进海绵城市建设，提高建成区降雨的就地消纳能力。加强跨区域水生态保护和治理，持续推进河流、水库综合治理与生态修复，重点推动永定河综合治理和生态修复工作，推进潮河流域生态清洁小流域和湿地建设。实施官厅水库水环境改善工程。推动潮白河、永定河滨岸生态廊道建设，打造更加美好的亲水环境。

着力完善住房保障体系。支持利用集体经营性建设用地、企事业单位

自有闲置土地、产业园区配套用地、"非改租"等途径筹集保障性租赁住房。探索在商办用地中按一定比例配建宿舍、公寓型保障性租赁住房机制。研究定向安置房转化为保障房相关政策。研究试点推出"租赁住房用地",政府让渡一部分土地收入,根据市场承受能力确定土地出让价格,以市场化方式提供租赁住房。

着力提高居民生活便利度。针对居民生活实际需求,梳理完善一刻钟生活圈,优先利用疏解腾退空间补建便民服务商业网点,补充服务业态,提高居民生活便利度。鼓励支持规范化、连锁化、便利化便民商业服务网点建设发展。充分运用互联网、人工智能等信息技术,推进便民服务数字化发展,促进生活服务业企业发展"线上+线下"融合的营销服务方式。通过大数据来满足消费者的个性化、定制化需求,通过数字赋能提高生活便利化水平。积极引入文化、健康、教育等消费业态,支持社区打造多功能的生活休闲中心推动社区公共服务与商业服务相结合,更好地满足消费需求。

统筹推进城市有机更新。关注老年人的居住安全和舒适性,结合二孩和三孩家庭住房消费需求,探索老旧小区住房改造时区域分割、空间分割的支持政策,以高品质生活为牵引推动老旧小区改造。推动传统办公楼宇升级改造,打造全天候、无时差、生态智能型楼宇,为高精尖产业发展提供高品质空间支撑。因地制宜推动老旧厂房向多功能新空间转化。总结朝外片区以公共空间系统改造带动整体更新经验,将城市更新与功能业态提升有机结合,探索从平面规划向立体化规划转变,统筹商、办、住、娱等空间布局,补齐功能短板。

(四)落实首都城市战略定位,增强城市安全韧性

推动完善顶层设计和整体统筹。牢牢把握首都城市战略定位,坚持"让""防""避"相结合的原则,综合判断多灾种耦合性风险,按照平灾结合、复合化利用原则,强化资源集约统筹利用,开展前瞻治理统筹规划设计,推动"平急两用"基础设施建设,提供韧性城市空间、应急避难场所等全方位规划指引和实施路径,强化城市韧性在各领域各行业的刚性

约束。

加快应急产业体系建设。落实国家层面《安全应急装备重点领域发展行动计划》要求，按照应用牵引、重点推进的原则，面向重大自然灾害与生产安全事故场景需要，发展需求急、技术新、市场广的安全应急装备。通过科技重大专项、重点研发计划、揭榜挂帅等方式推动应急装备技术创新，加快推进应急产业延链、补链、强链。

加强风险防控，继续提升工程韧性。加强生命线系统抵御灾害风险能力。着眼于管线隐患"及时发现、及时消除"，加强供水供电供气供热等生命线系统监测评估工作。建立重要目标、重要设施、重要区域安全状况和风险防控能力评估机制。

加强智能预警平台、数据库建设。将韧性城市和智慧城市有机结合、融合发展，建立常态管理和应急管理相结合的治理体系，加强数据收集、整理、计算能力，综合运用数字孪生等新技术，形成实时监控、模拟仿真、事故预警决策支持等功能，促进城市管理的现代化、数字化、智能化、规范化，实现城市的可持续健康发展。

鼓励各类社会群体共同参与韧性城市建设和运营管理。整合统筹全社会主体推进韧性城市建设标准。依托社会组织提供专业咨询、人员培训与志愿服务，提升社区自治水平。依托各类私营部门、企业围绕智慧城市、海绵城市、粮食、应急物资等关键领域，结合自身资源能力开展布局。依托各类社团组织进行韧性城市建设的宣传推广。韧性城市建设的社会机构作为链接基层政府与实施主体等更广泛社会群体之间不可或缺的社会力量，将各级政府、社区组织和公众协同起来，增强社会韧性。

（五）以"重大活动场馆—产业园区—国际人才社区"为抓手，建设更加开放的现代化城市

"一馆一策"因地制宜推动冬奥场馆多元化发展。适当增加场馆改造、土地性质变更、周围商业配套等政策的灵活性，鼓励冬奥场馆通过旅游服务、大型活动、商业开发等合理拓展业务范畴。借鉴多伦多 Natrel Rink 提供滑冰课程、举办特殊节日、与附近商企合作等，广泛开展大众冰雪运

动，提高大众型场馆利用率。协助承接国内外相关赛事、会议、组织以及各级运动队训练，推动专业性强的场馆向竞赛化方向发展，在成功申办2024~2027年9项国际滑联赛历赛事的基础上，持续申办国际冰雪赛事，力争更多的国际冰雪赛历赛事落户中国。

继续深入推进国际交往中心功能建设。促进雁栖湖国际会都整体功能提升，完善国家会议中心二期主场外交活动空间承载和服务保障功能，推进新国展二三期、大兴国际机场会展设施规划建设。大力引聚国际组织落户，向科技、金融、环保等领域重点国际组织提供定制化服务。优化国际化环境和服务，推进国际人才出入境、停居留和生活便利化服务，加强涉外政务服务信息供给，优化国际化学术环境，提升国际教育、国际医疗、国际人才居住服务设施品质。

持续推进中德、中日产业园建设。中德产业园要抢抓北京"两区"优势，积极融入国家对德合作的主渠道，推动产业园成为中德合作国家中心园区；紧扣对德合作发展形势，分析德企落地特点，研究项目落地需求和承载保障，加快建设具有较强国际影响力、产业竞争力和创新辐射力的国际经济技术合作引领区。中日产业园要围绕医药健康、先进制造、数字经济等产业方向，健全完善国际创新设施生态体系；建设RCEP商品展示大厅和线上交易平台，提供集中展示、交易日本等国的优质消费品和先进机械设备等服务。要依法依规妥善处置好开发和建设园区过程中的拆迁安置问题，健全民生基础设施保障。

加快推进高品质国际化人才社区建设。瞄准国际人才需求导向，全面搭建创新创业的平台载体，完善提升国际化商务配套，做好国际人才社区双语标识规范工作，加紧建设经开区、未来科学城等地国际化人才社区重点项目，如期完成国际人才社区既定规划任务。对于资源禀赋、发展阶段、承接能力不同的地区，要因地制宜、循序渐进推进和完善国际人才社区基础设施。优化国际化人才社区的政务环境和社会环境，提升国际人才工作生活的便利化程度。

第二节　加大人才公寓支持力度　助力高精尖
产业发展

习近平总书记指出，科技是第一生产力、人才是第一资源、创新是第一动力。北京作为国际科技创新中心，肩负着建设全球人才高地、实现高水平科技自立自强的艰巨使命。发展人才公寓是解决新市民、青年人等群体住房问题的重要措施，是支撑高精尖产业发展的要求，也是缓解当前人才流失、城市活力下降问题的有效举措①。

一、北京市人才公寓基本情况

（一）实行以区为主、全市统筹的管理机制

《北京市关于优化住房支持政策服务保障人才发展的意见》（京建法〔2018〕13号）明确了"以区为主，全市统筹"的基本原则。各区和产业园区负责房源筹集、分配和管理，市级层面进行政策指导和统筹调配。每年各区、园区负责制订本区的建设筹集计划，根据房源情况按批次组织申请和分配，综合考虑房源情况、政策导向等确定申请条件和方式。各区土地资源、人才规模、产业结构等方面的差异导致分配方式、结果差异明显。如海淀区人才公租房需通过企业申请，对申请人要求较低，但对企业属性要求较高②。通州区则要求人才公寓申请人必须符合《通州区高层次

---

① 本节中的人才公寓指政府从土地、政策、资金等方面给予支持的人才租赁住房，不包括完全市场化的租赁住房。

② 《海淀区人才公共租赁住房管理暂行办法》规定，申请人所在单位需在海淀区注册并纳税，属于高新技术企业、重点企业、新型研发机构、重点引进企业、支持中关村科学城创新的第三方服务机构以及为海淀做出特别贡献且具有公共管理服务性质的企业事业单位、社会团体等单位。申请人应具有大学以上学历，或具有中级以上职称、高级技师资格，所在单位认定的特需人才可依单位申请适当放宽条件。

人才认定标准》①。

（二）以公租房为主多渠道筹集，租金普遍低于市场价

按照"租购并举，以租为主"和"尽力而为、量力而行"的原则，北京市人才住房政策以配租公共租赁住房为主，配售共有产权住房、发放人才租房补贴为辅。针对国际人才住房需求，北京市2016年提出建设国际人才社区，截至2022年，已推动1.1万套国际人才公寓建设。针对青年人才需求，在2022年和2023年推出面向大学毕业生的保障性租赁住房青年公寓试点，两年共推出房源4000间。各区、产业园区积极探索通过存量改造、市场收购（收租）等方式多渠道筹集房源。人才公租房租金一般为同区域市场租金的三至七成②。保租房转化的青年公寓租金一般为同区域市场价的八至九成。个别项目因周边高品质房源稀缺，租金略高于周边市场均价。

（三）对申请人专业水平要求较高，向高精尖企业倾斜

与一般保障性住房不同，各地对人才公寓申请资格一般不设户籍和收入门槛，对房产持有情况的限定也相对宽松③，但会对申请人的学历、专业技术资格或申请人所在单位的属性进行限定。横向比较，北京市人才密度高、住房资源有限，总体来看，人才公寓申请难度较大，需要有较强的专业实力。人才公寓申请有个人申请和企业申请两种渠道，以企业申请为主，将有限资源向重点产业、龙头企业倾斜。

二、调研发现人才公寓面临房源不足、供需错位、职住平衡难、配套不完善问题

（一）房源筹集渠道不足，人才公寓整体供不应求

近年来，全市公租房建设规模大幅缩减。保障性租赁住房部分可以作

---

① 《通州区高层次人才认定标准》将高层次人才分为六个层级，其中第一层级包括诺贝尔奖、图灵奖、菲尔兹奖等国际大奖获得者；中国科学院院士和中国工程院院士等，第六层级包括省部级科学技术奖二等奖第一完成人、省部级特级教师、学科带头人、省技术能手、高级技师、博士等。

② 资料来源：中指研究院，同区域租金按照项目所在板块2023年6月平均租金计算。

③ 《北京市关于优化住房支持政策服务保障人才发展的意见》规定，申请人才公租房要求在北京市无房，或在北京市有住房但距离工作单位超过一定距离。各区一般规定在本区无房即可申请。

为人才公寓房源，但建设运营模式尚不成熟，且对高收入人才在环境、配套方面缺乏吸引力。市场化建设土地成本高，如大兴瀛海国际人才社区一期用地为集体土地出让试点地块，成交楼面价为 1.4 万元/平方米。利用城市更新政策将闲置非居住用房改造为人才公寓对闲置资产所在位置、建筑结构等有要求，实施规模有限。

（二）供需存在错位，未能满足不同层次需求

一方面是高层次人才看不上。北京市公租房面积为 30~60 平方米，保租房以 70 平方米以下的小户型为主，作为人才公寓面积、小区环境、服务配套等方面都很难满足改善性需求。另一方面是青年人才、技能型人才租不到。2022 年北京市面向大学毕业生推出约 1000 间保租房房源，累计登记人数达 2983 人，人房比为 3：1。技能型人才获得人才公寓保障的机会更少。

（三）与产业布局匹配度不高，职住平衡难度大

受房源筹集渠道限制，现有人才公寓布局较为分散，仅少部分产业园区配套的人才公寓能实现职住平衡。就业人口集中的东城、西城、海淀公租房、保租房少（见图 4-1），人才公寓资源紧张。公共交通设施不足加大通勤压力。如位于海淀温泉镇的中关村创客小镇距最近的地铁站 3 公里，最近的公交车站只有 1 条公交线路经过。大型企业集中的后厂村路 3.3 公里平均驾车通行时间需要 20 余分钟。

（四）配套设施量、质均有待提升

与纯市场化运营的长租公寓项目相比，人才公寓周边配套数量偏少（见图 4-2）。租房的非京籍人才在教育方面不能保证就近入学，更难享受到优质教育资源。符合高层次人才需求的国际教育资源分布不均，朝阳、海淀、顺义三区合计占比超过 2/3[①]。品质医疗服务设施普遍短缺。如距朝阳繁星社区最近的综合性医院在 10 公里之外。顺义国际人才社区内国际医疗服务机构目前只有小诊所。

---

① 据京领研究院统计，截至 2021 年 8 月，北京国际学校约 33% 的学校坐落在朝阳区，约 22% 的学校位于海淀区，约 12% 的学校分布在顺义区，约 8.7% 的学校分布在大兴区。

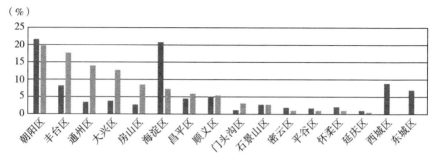

图 4-1　各区从业人员和公租、保租房套数占全市的比重

注：公、保租房规模数据来源为中指研究院，各区占比按套数计算。从业人员数据来源于《北京市第四次全国经济普查主要数据公报（第5号）》。

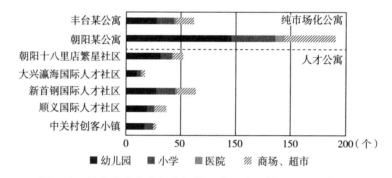

图 4-2　部分人才公寓与市场化公寓配套比较（3公里半径）

资料来源：高德地图。

三、完善多渠道、多元化、多层次、分类别的人才公寓供给体系

充分发挥政策"四两拨千斤"的作用，推动参与主体多元化，扩大民间投资，发挥市场灵活性优势，使供给更加贴近需求。坚持以租为主，向重点产业、紧缺人才倾斜，向有住房困难的人才倾斜，更好地支撑国际科创中心建设。

（一）多渠道、多元化：调动市场主体积极性参与人才公寓建设和运营，激发民间投资活力

试点推出"租赁住房用地"。根据市场承受能力确定土地出让价格，

建议楼面地价控制在 1 万元/平方米以下[①]，以实现租金略低于同品质公寓市场价且可持续运营。探索将存量商品房项目中配建的自持租赁住房转化为人才公寓[②]。用好集体建设用地租赁住房试点政策，结合各区特色小镇建设集居住空间和创业空间于一体的"创客社区"。探索将农村闲置住房提升为乡村人才公寓。

（二）多层次、分类别：针对不同类型人才需求确定保障方式和租金水平

可根据住房需求特点，北京市人才可分为三类：一是国际人才、领军人才等高层次人才，收入较高，主要是改善性需求。应在政府让渡部分土地收益的基础上以市场化建设运营为主，租金实行优质优价。二是以大学毕业生为代表的青年人才，收入不高但未来有增长潜力，主要需求是在可负担范围内（月租不超过 3000 元）拥有稳定、独立、便利的居住空间。应以单间租金 2000～3000 元/月的保障性租赁住房为主。三是紧缺技能型人才，主要需求是稳定、便利、高性价比居住空间，部分人需要靠政策解决家庭的长期租房需求。应统筹公租房、集体土地租赁住房等低成本房源，将月租金控制在 1000 元/间以下（见表 4-2）。

表 4-2　不同类型人才住房保障方式建议

人才类型	主要保障途径	平均年收入	建议租金水平
高层次人才	国际人才社区、市场化运营公寓+过渡性补贴	30 万元左右	市场价，过渡期可 7～9 折优惠
青年人才	保障性租赁住房、青年公寓、创客社区、租赁置换房源	12 万元左右	2000～3000 元/间·月

① 据市人力社保局数据，北京市管理类高精尖人才年薪中位值在 30 万元左右，按住房支出占收入 30% 计算，每年最高可承受约 10 万元。按照住房面积 100 平方米计算，租金上限可控制在80 元/平方米·月左右（全市市场租金平均在 100 元/平方米·月左右），每平方米每年租金收入1000 元。如果楼面地价为 1 万元/平方米，不考虑贴现率，10 年可收回土地成本。参考北京市场上的类似项目，优质地段以这样的租金和地价水平可实现企业微利运营。

② 北京市有 32 个商品房地块含有自持租赁住房，集中成交于 2016～2018 年，自持部分总建筑面积超过 170 万平方米，绝大部分尚未找到有效去化途径，处于空置状态。

续表

人才类型	主要保障途径	平均年收入	建议租金水平
紧缺技能型人才	公租房、产业园区配套、集体土地租赁住房、农村闲置住房	低于10万元	1000元/间/月以下

注：年收入数据参考北京市人力资源和社会保障局《2022年北京市人力资源市场薪酬大数据报告》。

（三）优布局、促平衡：补齐就业集中区居住空间短板

挖存量增加就业集中区人才公寓供给。梳理中关村、CBD等就业人口密集的区域低效楼宇资源，发挥专业化租赁企业积极性将其改造为人才公寓。借鉴北京西城真武庙"租赁置换模式"，探索中心城区老旧小区转化为人才公寓。利用好产业园区配套用地比重上限从7%提高到15%的政策，探索跨区、跨园区统筹。支持企事业单位利用自有土地建设公、保租房，满足本单位及周边区域人才居住需求。推动新建人才公寓项目向轨道交通站点周边集中布局。

（四）增配套、提品质：根据各类人才需求特点补齐配套短板

完善人才公寓周边交通设施。通过优化公交线路、开通定制班车等方式解决好通勤问题。根据市场需求确定国际人才社区车位配比，满足自驾车通勤需求。针对高层次人才青睐室外运动、希望子女接受国际化教育、文化消费需求多元化、对室外环境品质要求较高等需求特点完善国际人才社区配套。针对青年人重"食住行"基本生活配套的特点，加强餐饮、公共交通等配套。持续提升乡村基础设施完备度、公共服务便利度、人居环境舒适度，提高集体土地租赁住房吸引力。

第三节 推进空间拓展与跨界融合
打造多元消费目的地

一、数字经济时代实体商业跨界融合成趋势，互相引流有效带动消费

进入数字经济时代，消费者日常基本消费更多通过线上实现，对商场、购物中心等实体商业空间的需求在改变，更加希望能"一站式"满足沉浸式体验和社交、健康、休闲等各类需求。调查显示"00后"中仅一成的消费者选择逛百货①。在新消费趋势引领下，越来越多的商业综合体主动寻求"跨界"，从购物休闲场所进一步拓展为"多元消费目的地"，各类功能之间的关系不是简单地依附，而是互相引流，实现共生共赢。

一是与生态空间有机融合。基于消费者对自然、健康的需求，越来越多的商业设施从封闭空间走向开放，实现"公园即商圈，商圈即公园"。如杭州在西溪湿地打造汇聚品质住宿、餐饮、零售店及多家非遗体验场所的"慢生活区"。成都 REGULAR 源野在公园地下空间打造潮流群体的消费地和社交场。

二是与文化、艺术融合。通过商业空间与展览空间合二为一，变商场为"秀场"，形成"策展型商业"新空间。如北京"美克洞学馆"将家具店和艺术馆合二为一、上海闵行区"海梦一方"将海洋馆放进了购物中心里、日本福冈"玩具美术馆"集玩具博物馆与零售于一体。或利用现有自然和历史文化资源"借流"，如南京"秦淮·戏院里"在秦淮河畔复原明朝《上元灯彩图》场景。

三是利用非商业空间改造为"非标商业"。结合城市更新，越来越多

---

① 资料来源：未来迹 Future Beauty。

的城市新商业空间在常人意想不到的地方诞生。如重庆主题乐园改造而成的"金源 C-PARK"，广州废弃小学改造成集零售、展览、社交、体验等功能为一体的城市青年聚集地"未来社"，苏州将高速服务区升级为苏式园林、恐龙、山水等多个主题特色商圈。

四是利用屋顶和地下空间丰富业态。随着城市发展进入寸土寸金的存量时代，屋顶不受立柱、层高限制，更加贴近自然，营业时间上更灵活的优势逐渐被发掘出来。越来越多的购物中心利用屋顶引入室内无法承载的业态，变低效空间为引流空间。空中跑道、儿童乐园、花园成为较常见的做法。还有一些商场利用地下空间成本低、不受自然条件干扰的优势，从传统的"快餐+商超"向体验业态拓展。北京王府井百货大楼 B2 层"和平菓局"、上海北外滩来福士 B2 层"城市市集·里弄"城市风情主题街区开业即成爆款。

跨界融合让消费者的体验更丰富，从而激发潜在的消费可能性。重庆近年来大力推动商圈创新升级，将传统业态比例由 70%～80% 缩减为 30%～40%，2022 年社零额超过北京。江苏高速服务区本身已成为"景区"，其中阳澄湖服务区变身园林式综合体后其日均营收增长了 90%。通过塑造创新、富有活力的城市形象还有效带动旅游等消费。成都推动特色商圈与青年文化、生活美学、潮流时尚、艺术空间等元素融合，2023 年"五一"旅游收入 150.6 亿元，比北京高 15.9%，中秋及国庆假期旅游收入 237.8 亿元，是北京的 1.5 倍[①]。

二、商业空间跨界创新不足，难以适应多元消费需求

北京市人均存量商业面积已经和东京、纽约水平相近[②]，但存量商业综合体中传统百货商场约占 50%。商场内大规模引入生态、艺术等空间的"跨界"项目数量较少，大型商业综合体同质化的较多，城市商业活力不足。

---

① 根据成都市文旅局、北京市文旅局数据计算所得。
② 根据北京市商务局数据，北京市人均商业面积约 2 平方米，东京人均商业面积约 1.85 平方米，纽约人均商业面积约 2 平方米。

商业创新力不足的原因主要有：

一是传统百货商场升级面临空间制约。北京市 2000 年以前开业的商业综合体零售业态占 66%，娱乐休闲业态不足（见图 4-3）。传统商场建筑面积偏小，一般只有 2 万~3 万平方米，但具有休闲娱乐功能的首店需要上千平方米，大型室内主题游乐空间需要上万平方米。更新改造时普遍面临层高不足、空间狭小等制约。

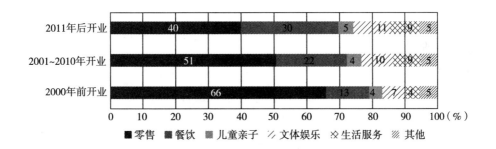

图 4-3 北京市不同时间段开业的商业综合体业态构成

资料来源：上上参谋。根据北京市 172 个百货商场、购物中心数据计算，数据抓取时间为 2022 年 9~11 月。

二是创新意识不强、积极性不高。北京市大型商业项目 60% 为国企背景，靠着低成本和优越的地理位置当"房东"获利，缺乏主动创新的动力。客流量较大的博物馆、公园等多是事业单位，市场意识不足，与其他业态融合的意愿不强。低效楼宇产权方多是国有企业，出于担心国有资产流失、完不成考核任务等顾虑，盘活利用的积极性不高。

三是涉及转变用途、混合用途的政策有待进一步完善。《北京市城市更新条例》明确"公共管理与公共服务类建筑用途之间可以相互转换；商业服务业类建筑用途之间可以相互转换；工业以及仓储类建筑可以转换为其他用途"，但对于工业以外的其他用途转为商业用途尚无明确支持政策。在办公楼、公园等非商业空间内增配商业设施，面临审批难度大、成本高、建筑面积制约等问题。

四是商业用地成本较高不利于创新。北京市 2018~2022 年共出让商业地块 20 宗①，成交楼面均价为 1.8 万元/平方米，其中低于 5000 元/平方米的仅延庆有 1 宗。同期上海成交 190 宗，成交均价 1.4 万元/平方米，有 80 宗楼面均价在 5000 元/平方米以下。2022 年北京市商场首层平均租金达 2300 元/平方米/月，上海为 1944 元，重庆、武汉、南京等城市仅为 500~600 元②。创新业态前景不确定、收入波动大，商业企业难以承受高用地（租金）成本，更倾向于选择二线城市。

三、顺应消费趋势，推动跨界融合，打造多元消费目的地，激发商业活力，促进国际消费中心城市建设

当前，北京市商业设施整体传统有余，活力不足，在消费总量、商圈人气等方面逐步被其他城市赶超。建议立足国际消费中心城市建设，准确把握消费新潮流新趋势，通过"培育一批、提升一批、转型一批"的方式，积极推动商业空间与其他空间跨界融合，打造"供需适配、多元体验、互相引流"的消费目的地，促进消费稳增长与扩内需。

（一）培育一批：结合城市更新，以存量低效空间为载体，培育新型商业空间

推进城市更新数据开放共享。政府掌握政策导向、规划信息等数据，市场更擅长发现空间利用价值。建议借鉴新加坡经验③，以城市总体规划、"十四五"规划、街区控规等为依据编制城市更新电子地图。同步发布项目申报指南，鼓励专业的规划、设计、开发企业主动寻找潜力点，积极申报商业更新项目，补足区域商业设施短板。

探索商业与生态空间融合。利用园博园、世博园等大型公园内的存量

---

① 统计范围包括商业用地（B1）和带有商业的混合用地（B4）。
② 资料来源：戴德梁行，为 2022 年上半年数据。
③ 新加坡将城市规划信息以电子地图方式呈现，在市区重建局（URA）的网站上向公众公开。通过电子地图不仅可看到每一个地块的规划用途变化、容积率上限变化等规划信息，还可看到人口统计信息、近期租金和售价走势、产业发展导向、待售地块、更新地块、更新支持政策等内容。

建筑，适当布局价位适中的品质餐厅、咖啡厅、茶馆、书店等消费场所，改善游园体验。依托南海子公园、城市绿心森林公园、温榆河绿道、三山五园绿道等生态空间，打造与景观融为一体的开放式商业综合体。

探索利用农村废弃校园丰富休闲消费设施。由于生源减少、学校撤并，2001~2021 年北京市小学数量减少了 1123 所，大量农村地区的小学校园处于闲置状态。建议结合郊区"微度假"目的地建设，支持农村地区闲置校园改造为集餐饮、特色活动、民宿于一体的休闲空间。

推动高速公路服务区升级。北京市境内有 13 个高速服务区，重大节假日高速公路日均车流量超 200 万辆，如果 25% 的车辆入服务区消费，车均消费 200 元，每天可消费 1 亿元。建议借鉴江苏经验，推动高速公路服务站提质升级。支持百葛服务区、密云服务区等流量较大、位于旅游交通干线上的高速服务区丰富商业供给，并适当增加休闲娱乐设施，逐步升级为功能完备的商业综合体，变车流为客流。

（二）升级一批：支持在存量商业综合体中引入其他空间

支持利用屋顶增加绿色、休闲、运动空间。明确商场屋顶改造审批流程、验收标准等，支持购物中心合理利用屋顶空间，发挥屋顶层高、间距、营业时间等限制较少的优势，改造为空中花园、空中运动场、空中游乐园、夜间市集等，满足居民对户外休闲和社交空间的需求。

向商场内引入图书馆等文化类设施。推广望京小街"晓书馆"、美克洞学馆等经验，推动公共或公益性文化艺术场所与商业在空间上融合共生。借鉴东城、朝阳经验，推动公共图书馆资源与实体书店共同走进商场。

丰富策展型商业。结合当前的博物馆热、科技热，推动首都博物馆、自然博物馆、北京科学中心等与商业企业对接合作，在商业综合体内开办临时展、主题展等，实现相互引流。

（三）转型一批：支持传统百货等存量低效商业空间转为办公、租赁住房、公共服务等用途

支持低效商业空间"商改办""商改租"。部分区域增加新型商业空间

的同时，需要将一部分低效运营、转型升级困难的存量商业设施转变用途。结合经济可行性，支持具备条件的传统百货商场以市场化方式改造为智能办公楼宇、租赁公寓等，并保留一定规模的便利性商业空间和生活服务空间。

完善混合用途支持政策。加快研究城市更新中用途转换和兼容使用的正负面清单、比例管控、审批流程等政策细则。对于改造后兼具生态、公共服务功能的项目，在补交地价方面给予适当优惠，降低企业创新成本。

执笔人：于国庆　张晓敏　雷来国　滕秋洁　高　航（第一节）

滕秋洁　贾君欢（第二节）

滕秋洁（第三节）

第五章　加快推进首都农业农村现代化

习近平总书记在 2022 年中央农村工作会议上指出"加快建设农业强国，推进农业农村现代化"。北京要率先基本实现社会主义现代化，最薄弱的环节和最大的短板是农业农村现代化。应以新时代首都发展为统领，坚持大城市带动大京郊、大京郊服务大城市，推进北京率先基本实现农业农村现代化，努力走出一条具有首都特点的乡村振兴之路，为建设农业强国作出北京贡献。

第一节　2022 年首都农业农村现代化年度评价及路径建议

2022 年，北京"三农"工作深入贯彻习近平新时代中国特色社会主义思想，紧紧围绕党的二十大，出台率先基本实现农业农村现代化行动方案，扎实推动了首都农业农村现代化迈出新步伐、取得了新突破。

一、农业农村现代化的内涵

（一）农业农村现代化的核心要义

习近平总书记在 2020 年底召开的中央农村工作会议上指出，举全党全社会之力推动乡村振兴，促进农业高质高效、乡村宜居宜业、农民富裕富足。这一重要论断深刻阐释了新时代中国特色农业农村现代化的核心要义，鲜明地提出了农业农村发展的方向目标，既体现"三农"发展规律，又符合农业农村实际，既准确科学，又形象生动。农业农村现代化是中国式现代化的重要组成部分，是建设农业强国的必要条件，是粮食与重要农产品稳定安全供给、满足人民美好生活需要的保障，是农业低碳绿色发展的基础，也是实施乡村振兴战略的总目标。

（二）农业农村现代化的丰富内涵

农业农村现代化既包括"物"的现代化，也包括"人"的现代化，还包括乡村治理体系和治理能力的现代化，它是农村产业现代化、农村生态现代化、农村文化现代化、乡村治理现代化和农民生活现代化的有机整体，与乡村振兴战略的总要求"产业兴旺、生态宜居、乡风文明、治理有效、生活富裕"息息相关。

二、北京农业农村现代化年度评价

（一）农业综合生产能力切实增强

1. 以"田长制"牢牢守住耕地保护红线

2022 年，北京耕地数量恢复到 166 万亩[①]以上，150 万亩永久基本农田全部落图落地；完成了 6.3 万亩高标准农田建设，耕地质量平均等级较 2021 年有所提高；农业灌溉水有效利用系数达 0.751，居全国首位。

2. 农产品播种面积连续较快增长

2022 年，北京超额完成国家下达的农业生产任务，粮食播种面积 115.1 万亩，同比增长 25.9%；蔬菜播种面积 79.7 万亩，同比增长 14.5%，粮食蔬菜面积、产量创 5 年来新高。产能调控成效显著，能繁母猪存栏 5.6 万头，猪肉产量增长 5.7%。

---

① 本节数据主要来源于北京市农业相关部门。

3. 京津冀农业协同发展不断深化

开展新一轮环京蔬菜生产基地建设，首批 70 个基地建成运行。

（二）乡村产业质量稳步提升

1. 坚持绿色发展和品牌引领

2022 年，北京规模化畜禽养殖场粪污处理设施实现全覆盖，绿色有机农产品总量增长 21%、达 33.7 万吨，农产品质量安全水平位居全国前列；推出 155 个"北京优农"品牌，实施地理标志农产品保护工程和"北京鸭"全产业链标准化提升项目，实现具有自主知识产权的"黑六"种猪回归北京、落户延庆。

2. 强化农业科技创新驱动

2021 年 10 月，北京与农业农村部签署协议，部市合作共建"农业中关村"，自协议签署以来，持续推进农业中关村建设，2022 年建成京瓦中心果业示范园等一批重点项目，组织实施地方农业关键核心技术攻关。通州等 8 个区入选全国率先基本实现主要农作物生产全程机械化示范县。

3. 大力推动产业融合

开展农产品冷链设施、美丽休闲乡村等项目建设，有力促进农村三产融合发展。2022 年，休闲农业和乡村旅游接待 1787.8 万人次，带动 10 万户农户增收，实现总收入 32.1 亿元，人均消费达 179.7 元，同比增长 39.0%，比 2019 年增长 65.3%。

（三）农村环境持续改善

2022 年，北京深入推进"百村示范、千村整治"工程，实施第三批 860 余个村美丽乡村基础设施建设任务，生活垃圾有效处理、无害化卫生户厕基本实现行政村全覆盖，生活污水处理率达 79%；创建美丽乡村路 313 公里，基本实现乡镇、行政村 5G 网络覆盖，光纤宽带接入通达的行政村达 100%；启动山区 700 户农户搬迁工程，完成 14 个农房改善类试点建设；新增 2.1 万户农户"煤改电"，90% 的村庄、95% 的农户实现了清洁取暖。新一轮百万亩造林顺利收官，7 个区创建"国家森林城市"成功，森林覆盖率达 44.8%。

（四）农民收入水平持续提高

1. 城乡居民收入差距逐年缩小

2022年，农村居民人均可支配收入为34754元，同比增长4.4%，增速比城镇居民高1.3个百分点，农村居民收入增速连续五年快于城镇居民，城乡收入比缩小到2.42∶1.00，同比降低0.03，完成"十四五"目标的80%。

2. 农村集体经济不断壮大

截至2022年9月，全市农村集体资产总额达9914亿元，1410个村的135.9万农民股东获得人均4000元的集体分红，集体经济薄弱村帮扶专项行动持续推进，提前三年完成598个集体经济薄弱村"消薄"任务。

3. 农民社会保障水平不断提升

2022年，北京新增5.3万名本地农民参与农村基础设施建设管护、5.9万名农村劳动力参加城镇职工保险，农村劳动力就业参保比例达76.3%；城乡居民基本养老金、最低生活保障标准分别提高40元和75元。

（五）乡村振兴要素活力持续增强

1. 农村"三块地"改革深入推进

2022年，北京全面落实"村地区管"机制，完成农村涉地合同和集体资产资源核查，开展全国土地承包到期后再延长30年试点，宅基地制度改革试点、集体经营性建设用地入市试点取得新进展。

2. 农村金融服务体系不断健全

2022年，北京农业信贷担保体系实现涉农区全覆盖，在保规模达50亿元，信贷直通车为农业经营主体办理贷款8.7亿元，政策性农业保险参保主体达10.5万户次，产品品类数量和保障水平在全国领先。

3. 创新农业组织方式

持续开展农民合作社质量提升试点和家庭农场示范区创建，2022年，培训高素质农民1.3万人次，培养100名乡村产业振兴带头人。

三、北京农业农村现代化面临的形势、基本判断和问题

（一）生态涵养区生态功能建设和作用发挥良好，但生态产品价值实现路径尚未有效打通

近年来，生态涵养区围绕"两山三库五河"实施高水平生态涵养保护，实施百万亩造林绿化、京津风沙源治理等重大生态建设工程，生态文明建设取得突出成效。2021年生态涵养区森林覆盖率达66%，高于北京市21.4个百分点；PM2.5平均浓度为31.3微克/立方米，低于北京市1.7微克/立方米。与此同时，生态涵养区生态产品价值实现路径尚未有效打通，部分区域出现产业和人口"空心化"现象。2018~2021年，生态涵养区中关村分园工业总产值占中关村自主创新示范区的比重从7.41%下降到5.60%；乡村民宿、森林康养、休闲农业、田园综合体等新产业新业态发展面临供地、安全监管、污染防治等诸多因素制约，近年来总体出现下滑。由于缺乏容纳年轻人就地就近就业的产业和就业岗位，老龄化、"空心化"社会问题突出，从事农业、林业、服务岗位的大多为"三八六零"人员，农业、林业、生态涵养接班人问题显现。

（二）都市型现代农业市场潜力巨大，但本地农产品供给不足、休闲旅游发展不充分

1. 重要农产品供给尚不能有效满足超大城市庞大消费需求

据不完全统计，北京市每年消费粮食约580万吨、蔬菜约880万吨、猪肉约90万吨，但粮食、蔬菜自给率不高。第一产业增加值由2014年的160亿元减少至2022年的113亿元，占GDP比重已下降至0.3%。北京农业生产空间紧张，耕地面积由1978年的42.9万公顷缩减至2019年的21万多公顷，40余年来耕地由于城镇化占地等原因减少了一半。

2. 休闲旅游不能充分满足市民多元化、品质化消费升级需求

历经20年的发展，北京农村景区景点以及品牌节庆活动对乡村旅游带动力逐渐降低，休闲农业和乡村旅游供给现状与市民旅游消费升级需求之间匹配错位。2019年，北京市观光园和乡村旅游收入为37.6亿元，接

待 3458.1 万人次，比 2014 年分别增长 4.1% 和下降 9.6%，2020~2022 年在 2019 年基础上有所下降。叠加产业融合度低、土地利用限制、资源要素流动不畅、经营主体竞争力差等因素，实现休闲农业与乡村旅游的高质量发展仍面临挑战。

（三）农村集体经济发展不平衡，产业发展受限制，农民经营性收入相对较低

1. 集体经济发展不平衡，产业发展受限

北京存在大量集体经济薄弱村，农村集体资产地区分布极不均衡，近郊村依靠"瓦片经济"，早已实现致富目标，远郊村仍以第一产业为主。如朝阳、海淀、丰台 3 个区的集体资产均在千亿元以上，平谷、怀柔、密云 3 个区的集体资产都不足百亿元，平谷、怀柔、密云、延庆 4 个区集体经济资产规模在全市总规模中总占比不足 5%。"村地区管"制度将用地审批权上收到区级层面，虽然规范了乡村用地，但也客观增加了社会资本和产业资金进入农村的制度性交易成本和时间成本，在一定程度上限制了农村产业发展。

2. 农村居民经营性收入相比浙江等仍有差距

2022 年，北京、上海和浙江农村居民经营净收入分别为 1850 元、2212 元和 9149 元，2020~2022 年年均增速分别为 -6.5%、-2.1% 和 7.8%，北京降幅最大；北京、上海和浙江农村居民经营净收入占总收入来源比重分别为 5.3%、5.6% 和 24.4%，北京占比最低。从内部结构来看，北京农村居民经营净收入来源相对单一，稳定性不及浙江。2022 年，北京农村居民经营净收入以第三产业为主，占比为 66.9%；浙江以第一产业、第三产业为主，占比分别为 31.9%、47.7%。

（四）农村公共服务发展取得长足进步，但与城市相比差距较大

1. 农村基础设施建设水平低于城镇

北京尚有近一半的村庄没有配套农村污水处理设施，生活污水处理率比北京市平均水平低 34 个百分点。乡村部分排水、灌溉和电力等配套设施承载力不足。已建成的基础设施缺乏有效管理维护，乡村新基建还不够

完善，智慧农业、农村电商、农业数字化的现代农业配套服务设施设备建设还处于起步阶段。

2. 农村公共服务水平低于城镇

每千常住人口实有床位数、执业（助理）医师数及护士数，农村远低于北京市平均水平；村卫生室卫生技术人员占比比社区卫生服务中心低65个百分点。北京城乡社区养老设施覆盖面差异明显，北京社科院的一项调查显示，在调查的城镇社区中，有养老服务设施的社区占比达45.7%；而在调查的农村社区中，有养老服务设施的社区占比为35.9%，低于北京市社区养老服务设施覆盖程度（40.3%）。

四、下一步推进农业农村现代化的重点路径

面对首都农业农村现代化面临的新形势、新任务、新要求，需坚持系统观念和问题导向，有效整合利用大城市、大京郊各种资源，畅通城乡要素对接、流通，以农民增收为目标，以产业振兴为导向，按照规划引领、镇级统筹、改革突破、因地制宜的发展路径，谋划一批功能节点标志性项目和特色产业，带动北京市率先基本实现农业农村现代化，推动首都乡村振兴取得新的更大成效。

（一）规划引领，完善顶层设计

以区为单位完善顶层规划设计，打破村与村之间各自为战的发展模式。以区为单位，在有效集成国民经济与社会发展规划、城乡发展规划、土地利用规划、环境保护规划的基础上，集中区内资金、土地等各类资源，对各村乡村振兴的目标、任务、措施作出总体安排，推动建立城乡融合、区域一体、多规合一的规划体系，引导各村错位竞争、避免各自为战。

（二）镇级统筹，提高建设用地使用效率

以镇为单位强化集体经营性建设用地统筹利用，整合各村集体经营性建设用地，在保持土地所有权不变的前提下，以土地使用权作价入股等方式注入镇级联营公司，将土地资源在镇级层面进行统筹规划调整。以镇级

联营公司为运营主体，支持通过挂牌出让、协议出让、作价入股、二次转让等方式与社会资本合作，实现对土地资产的市场化管理和运作。确保建设用地用在带动乡村振兴的"刀刃"上，建立镇域统一的分配机制，切实保障农民收益。

（三）改革突破，完善城乡融合发展机制

优化完善用地、人才等城乡融合发展机制，推动新型集体经济快速发展。鼓励通过点状供地方式解决乡村产业用地难题，结合门头沟区等地点状供地实施经验，尽快明确北京市点状供地的范围、标准和实施路径，建立区别于国有建设用地的审批程序，缩短点状供地审批周期，综合考虑区位、社会效益等因素，科学合理制定供地价格，降低乡村产业用地成本。加大对返乡入乡干事创业人才激励力度，将管理层报酬与集体经济运营效益挂钩，支持集体经济组织探索人才加入机制，在集体经济组织成员股的基础上创新设置资金股、管理股等允许外来人才持有的新股种，外来人才可享受一定范围内的集体经济组织成员待遇。

（四）因地制宜，振兴产业带动乡村振兴

依托区内特色资源和主导产业，谋划一批功能型、节点型标志性项目或特色产业，按照延长产业链、提升价值链的原则，结合各地资源优势，明确各村一二三产业融合发展的方向，制定重点任务，带动乡村振兴。

第二节　以供给侧结构性改革推动农业农村投资增量提效

深化供给侧结构性改革，以改革促进乡村振兴投资增量提效，是补齐农业农村短板、扎实推进农业农村现代化的有效手段。当前北京市农业农村投资呈现"一多三少"特征，面临通道不畅、效益不高等问题，投资有效赋能乡村振兴不足。亟须从育主体、畅渠道、提效益等维度推动投资领域供给侧结构性改革，推动首都农业农村现代化从"一张蓝图"到"一幅实景"。

一、北京农业农村投资呈现"一多三少"特征

我国农业农村投资主要有政府、金融、社会、村集体（含农户）四大渠道，北京市农业农村投资以政府为主，呈现"一多三少"特征。

（一）政府投资多

按照 OECD 国家政府支农投资口径，2016～2021 年，北京市政府每年平均支持农业农村发展相关投资约 600 亿元（见表 5-1），约相当于北京市 GDP 的 1.5%，比美国、日本、欧盟分别高 1.0 个、0.6 个和 0.8 个百分点。

表 5-1　2016～2021 年北京与发达国家政府年均支农水平比较

	北京	美国	日本	欧盟
政府支农总量（亿元/亿美元）	607.4	1136.8	476.6	1167.5
政府支农总量/GDP（%）	1.5	0.5	0.9	0.7

注：北京市政府支农总量单位为亿元，数据根据一般公共预算中的农林水支出和土地出让收入中用于农业农村支出估算；美国、日本、欧盟政府支农总量单位为亿美元。

资料来源：OECD《2022 年农业政策监测和评估》。

（二）金融支持少

调研发现，受农业农村项目信贷资产质量低等所限，金融机构对涉农贷款存在"慎贷""惜贷"现象；受"等、靠、要"惯性影响，北京市农户存在"不愿贷"倾向，两种因素叠加导致金融对农业农村支撑偏弱。2022 年末北京市涉农贷款余额占全市各项贷款余额比重为 4.2%，远低于全国约 20.0% 的平均水平。

（三）社会投资少

市场主体普遍反映社会资本下乡难。以固定资产投资为例，尽管近年来不再公布分行业民间固投数据，但在此之前，北京市第一产业固定资产投资中民间投资占比从 2014 年的 10.3%下降至 2017 年的 3.6%，与全国约 75%水平相比差距巨大。

（四）村集体和农户投资少

调研发现，北京市农村集体经济组织尚未树立起以市场为导向的发展意识，经营效益普遍偏低，北京市仅有不到四成村集体经济组织实现了分红，另有四成以上面临收不抵支。农户固定资产投资九成以上用于住房，用于乡村产业的比例仅 1%左右，远低于全国约 20%的平均水平。

二、北京农业农村投资面临的主要问题

随着乡村振兴战略的全面推开，农业农村正成为投资的"蓝海"，但存在政策创设思路不够开阔、投资力度跟不上发展要求、项目监管和绩效管理仍需加强等问题。调研发现，北京市农业农村投资主要面临通道不畅、效益不高难题。

（一）通道不畅：社会投资面临三重制约

社会资本在乡村投资缺乏在城乡之间互通的有效平台、要素和政策。

1. 平台制约

北京市农村产业组织化程度低，合作社等能够把农户组织起来的平台发育不够成熟。调研时有企业表示，企业获取土地流转、扶持政策等信息存在困难，而农村有大量闲置土地和房屋不知道该如何运营，企业和农户之间缺乏有效对接的平台；民宿客源拓展推广慢效果差，在区、乡镇及村层面均缺乏能够整合区域内相关资源进行统筹宣传的平台；城乡间互动考虑不充分，缺乏农村农产品与城市居民需求之间快速、有效的对接通道。

2. 要素制约

北京市乡村地区仍然存在人才引不进、留不住，科技研发与农业发展脱节等要素集聚能力不强的问题，制约社会资本落地。调研时有企业表示，当前多数在京科研院所和高校与在京种业企业依然未建立有效的分工协作机制；退休干部、想回归田园的新农人等在推动农业农村发展方面具有显著优势，但目前缺乏引导他们参与乡村振兴的有效机制。

3. 政策制约

当前，部分政策存在与企业诉求、与乡村发展不匹配现象，在一定程度上制约了社会资本投资。调研时有企业表示，目前北京仅支持建设第五代以上的砖墙或玻璃墙温室大棚，而在现实中更实用的土墙大棚由于担心造成土地浪费已被禁止，虽然政策初衷是好的，但现实中五代以上大棚并不比土墙大棚更节约土地，建议涉农政策更加务实。

（二）效益不高：政府投资综合效益有待挖潜

1. 政府支农投资直接"输血"比例高，"造血"机制尚未形成

通过梳理市、区两级政府决算报告相关数据，发现北京市支农投资补贴高、农业科技投入低。近年来北京市农业各类补贴约占农业农村总投入的35%，远高于全国26%左右的平均水平，在一定程度上形成了"等、靠、要"惯性；农业科技投入占比不足1%，低于全国2.3%的平均水平（见图5-1）。

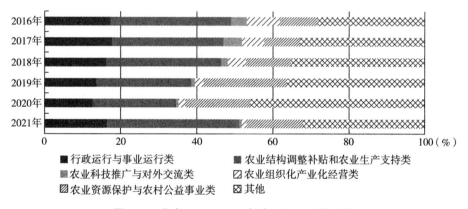

图 5-1　北京 2016~2021 年农业投入结构变化

2. 政府支农投资促增收效果依然不高

调研时有专家表示，北京市林业投资取得了很高的生态效益，未来要重点思考将生态效益转化为带动林区农民增收的有效路径；而且大部分农业农村项目承包给城镇甚至外地企业建设，本地村民难有直接参与机会，使项目效益外溢；多数乡村集体经济组织缺乏运营能力，乡村振兴项目通

常直接支持市场主体，导致政府支持资金沉淀为个体企业私有财产，未能发挥振兴乡村、促进农民增收的最大效应。

三、以深化改革促进首都乡村振兴投资提质增效

立足北京"大城市小农业""大京郊小城区"的市情农情，通过培育主体、畅通渠道、提高效益等多维度推动投资领域供给侧结构性改革走深走实，助力乡村振兴投资提质增效，为实现首都农业农村现代化提供坚实基础和有效支撑，努力为建设农业强国作出北京贡献。

（一）培育多元经营主体，搭建资本参与乡村振兴的平台和机制

1. 探索搭建上接市区政策、下接农村农民的乡镇为农服务综合对接平台

整合基层供销合作社等现有资源，因地制宜搭建新型乡镇为农服务平台，将外来人才导入农村，各类资金引入农村，各类项目带到农村，所需农资农具送进农村，各类农产品卖到市区，促进资源下乡、农业进城。

2. 因地制宜探索农村新型经济合作组织，提升农村农民对接综合为农服务平台的能力

选择若干试点村庄，引入"党支部领办合作社"模式，牵头普查各类资源资产及闲置情况，有效推动农业发展、农户经营；通过合作社与新农人等群体沟通对接，探索合作空间，培育共同开发、利益共享、风险共担的农业农村发展新模式。

3. 引导国企、平台企业等积极参与乡村振兴

积极发挥国企在助力乡村振兴中的作用，发挥首农集团等涉农国企带动作用，强化在育种、种植养殖、产品加工、商品流通、终端销售等多环节对集体经济薄弱村的帮扶。积极发挥平台企业在农产品流通中的赋能作用，充分发挥京东、抖音等平台企业在直播电商、订单农业、社区团购等新业态新模式方面的优势，助力农业相关主体拓宽销售渠道、减少中间环节、提升供需精准匹配能力，让农民更多分享产业链上的利润。

4. 鼓励各类涉农企业整合资源，立足首都特点探索融合发展新模式

顺应三次产业融合发展趋势，依托首都超大城市消费市场优势，积极

探索"农业+"业态，提高农业附加值。探索城乡更为便捷高效对接渠道促进城乡融合，可结合一刻钟便民生活圈建设，在城市社区周边设立定期销售本土农产品的直销站、社区小铺等，拓展本土高品质有机农产品销售渠道。

（二）破解科技、人才、土地等要素制约，畅通社会资本参与乡村振兴的有效渠道

1. 立足实际需求强化农业科技创新和推广能力，释放科技赋能乡村振兴潜力

科技是农业农村发展最重要的驱动力，要加快推进涉农科技创新从"一农"向"三农"转变。建议加快推动"农业中关村"建设，促进科技在生产生活生态全领域、产供销全链条持续发力；加快构建"政府+企业+科研机构"深度融合的发展模式，打通农业科技成果入企下乡通道。

2. 完善新农人参与乡村建设机制，培育乡村振兴多元主体

推动乡村振兴离不开各类人才尤其是新农人的有效支撑，借鉴兄弟省份"万名干部人才下乡村"和阿里巴巴"乡村振兴特派员""乡村振兴技术官"等经验，根据北京市乡村实际需求完善第一书记、"百师进百村"等选派帮扶机制，更加突出针对性和匹配度，引导退出领导岗位干部、企事业单位适用人才等多类人才以多种方式到农村干事创业、大施所能。强化人才入乡返乡干事创业激励机制，研究财政奖补、项目落地等就业创业支持政策。

3. 持续深化农村"三块地"改革，畅通土地赋能乡村振兴路径

农村土地制度改革的核心是要让资源资产活起来。调研时多家企业呼吁，要强化产业融合发展用地保障。建议在严守耕地保护红线、加强用途管制前提下，结合超大城市农村发展特点，顺应产业融合发展趋势，稳妥探索"农业+"发展所需旅游休闲、仓储、分拣、包装等用地路径。

（三）统筹整合多来源支农资金，提高政府投资参与乡村振兴的综合效益

1. 落实《北京市农业农村改革发展资金管理办法》要求，推进涉农资金统筹管理使用

借鉴平谷区农村管理信息化平台建设经验，用数字化手段规范管理农

村"人、财、物"。通过搭建涉农项目管理平台，组建涉农政策法规库、涉农项目储备库、决策咨询专家库，开展常态化涉农项目立项申报、资金使用决策、项目跟踪及监督、项目评价，从全视角来管理涉农资金，提高资金使用效益。

2. 鼓励金融机构创新涉农金融产品，把更多金融资源配置到农业农村

针对农业经营实际情况创新农村金融产品供给。建议深入推动温室大棚、养殖圈舍、大型农机等农业设施抵押贷款；推进农业商标、种业知识产权等质押贷款；鼓励农民合作社组建农村合作金融组织，围绕合作社内部进行资金互助。

3. 落实国家把农业农村作为财政优先保障领域的要求，推动固定资产投资、政府专项债等进一步向农业农村倾斜

建议借鉴农村污水管网建设投资经验，在北京市其他市级固定资产投资进村领域，采取专项行动计划或"一事一议"等方式，破解市级固定资产投资进村难题。建议借鉴江苏、四川等地方政府乡村振兴专项债发行经验，尝试将高标准农田、农产品仓储冷链物流等打捆包装，探索以农业土地整理、产业经营等多元综合收益为来源发行乡村振兴专项债。

第三节 以引育锻造新农人为突破口 加快构建城乡融合发展体制机制

新农人是新型农业经营主体的带头人、具有示范引领作用。2023年全国"两会"期间，习近平总书记强调，知识、优质劳动力怎么到农村去，国家和各级政府要有一些政策和导向支持。浙江"千万工程"的成功经验之一就是开展"十万农创客培育"①，有效引领乡村产业发展。深入访谈调

---

① 农创客是指年龄在45周岁以下，拥有高校大专及以上学历，在农业领域创业创新，担任农民专业合作社、农业企业、家庭农场等农业生产经营主体负责人或拥有股权的人员，属于新农人。

研北京 46 个新农人典型案例，并与浙江、上海等进行政策比较发现，亟须加快推进"新农人"相关工作，支撑首都农业农村现代化和乡村全面振兴。

一、北京"新农人"群体特点

北京新农人在农产品研发生产、流通、休闲旅游领域开展大量实践探索，具有带动增收效果佳、品牌意识强、科技和数字技术应用较为领先等特点，有效推动了"大城市带动大京郊、大京郊服务大城市"。

（一）捕捉多种商机，发展模式多元

主要包括产业链延伸模式（种养＋农产品精深加工）、业态融合模式（农产品种植与农耕体验、采摘、研学等休闲内容相融合的"农业＋休闲旅游"）、绿色低碳发展模式（社区支持农业 CSA）、技术创新驱动模式（设施农业、智慧农业）、营销创新驱动模式（农产品电商、直播电商）。

（二）组织形式灵活，带动农民增收效果佳

从组织形式来看，"合作社＋村集体＋农户""合作社＋农户""企业＋合作社＋农户""乡镇＋村集体＋村民＋企业"等模式较为灵活，能有效地联结各方利益，实现土地流转整合、争取惠农政策，共促乡村振兴。从带动性来看，房山区一位种植专业合作社领办人通过发展"香椿种植＋文旅休闲"产业带动 150 多人就业创业、农户平均年增收 2 万~10 万元；密云区某农产品产销专业合作社领办人通过发展"特色西红柿＋电商"，累计带动本村及周边 1590 位农民增收 700 万元；平谷区农业技术推广站副站长通过为 230 户农户的 1500 亩地提供果园托管服务，促使每亩年增收约 1100 元。

（三）产品特色意识较强，注重塑造品牌

依托北京多样的地理环境和丰饶的农业文化遗产形成的"京味儿"特色，新农人创建了优质特色品牌。例如，"密农人家"、圣水太行、大美安定古树、老栗树、延庆葡萄等。

（四）注重科技引领，数字赋能农业新发展

截至 2021 年底，北京 60 余家"科技小院"带动了 300 多个村、解决了 2000 多人的就业问题，其中新农人发挥了重要作用。截至 2022 年 9 月，平谷区 44 个"博士"农场在增产增收方面取得较大成效，比如熊儿寨乡博士农场节省人工 20%，每亩增收 8000 元。

二、北京"新农人"发展面临的三重难题

（一）"头雁"队伍引育不够，新农人培训提升不足

"头雁"是新农人中的标杆，北京共 3784 个行政村，目前乡村产业振兴带头人"头雁"项目已完成第一批 100 名头雁的培训，与实际需求差距较大。此外，部分蔬菜种植专业合作社领办人、生物技术企业经营者、特色农作物种植产业基地经营者、休闲农业园经营者反映，北京市高端农业技术培训不足、经营管理能力培训不足、跟踪指导培训不足。

（二）新农人扎根发展的政策机制不健全，营农务农环境需改善

部分蔬菜种植农场场长、休闲农业创业女庄主等反映，新农人安居支持政策不足、部分农村公共基础设施建设还存在短板、山区信息基础设施覆盖率较低，以及惠农强农政策落地仍存在"最后一公里"问题，对接政策较困难。

（三）对新农人创业创新的资源要素供给不够，部分产业发展受限较大

一些果蔬家庭农场主、粮食产销专业合作社领办人反映，连片农用地块面积偏小，制约规模化生产经营；建设用地指标存在"城与农争地"现象，制约新建配套种养设施和休闲农业设施；贷款贴息政策惠及面有限；农业保险产品尚不能满足实际需求；种子是制约农业效益提升的重要短板。

三、推动"新农人"变"兴农人"，助力乡村全面振兴的建议

（一）壮大高素质"新农人"队伍

1. 加强引进、储备青年创业"头雁"

组织大学生下乡实习、就业，推动纳入本地人才工作体系。针对青年

及军转干部返乡创业项目，建立结对跟踪和帮扶机制。

2. 壮大乡村振兴"适配型"新农人队伍

引导各类专业技术人才入乡回乡，建立乡村"点单"与人才"接单"精准对接机制，增强选派干部的适用性和主动性。

3. 加强培育、培训新农人

借鉴浙江"农创客"基地建设、上海新农人产教融合共同体成立的经验，建立北京新农人产教融合共同体。依托"北京科技小院"等，共建示范、实训基地，加强新农人"传帮带"。

（二）改革创新"新农人"扎根农村的机制政策

1. 实施公费农科生定向培养计划

鼓励北京市属院校与中央部属院校合作培养公费农科生，根据农业农村现代化实际需要科学制定人才培养方案，引导其扎根农村从事乡村振兴事业。

2. 创新完善居住政策、集体经济组织准入机制

近期、中期、远期分步推动"探索建设新农人公寓、改革突破宅基地使用权转让范围限制、逐步向原籍以外符合条件的其他入乡人员开放集体经济组织成员权"。

3. 完善社保、职业发展和乡村基础设施等软硬发展环境

支持北京户籍新农人，参加城镇职工基本养老保险。持续优化职称评审和职业技能等级认定标准及相关服务。加强休闲农业综合体公厕改造提升、信息通信基础设施建设、偏远山区道路建设养护等。搭建土地流转、项目对接、技术推广等乡村振兴大数据平台。

（三）增加乡村产业要素供给

1. 创新土地供给

加强完善、落实点状配套设施用地相关政策，完善都市型现代农业集约高效发展的必要设施。

2. 加大新农人创业创新资金支持

探索将符合条件的新农人纳入乡村振兴基金项目以及各类财政支农项

目扶持范围。探索向新农人牵头开展的投资较大、带动能力强的乡村文旅、特色种植项目倾斜。创新信贷、保险服务，探索优先以土地经营权、林权、农房等作为抵质押物；指导保险公司加强水果等气象指数保险产品的开发。

3. 依托农业中关村建设等提升科技支农水平

加强跨学科研发成果在设施农业领域落地应用，加快构建自主可控的设施农业技术产业链。依托"头雁"建设运营的 CSA 农场等，提升农业绿色生产技术水平。加快高标准农田建设，推动农业高科技本地转化应用。加强适合新农人生产经营需求的种业创新。

（四）深度挖潜"土特产"

1. 开发盘活"土"的丰富资源

加强对本地生产果品精深加工项目的财政支持。支持必要初加工设施建设，补齐"地头预冷"等农产品销售中的缺失环节。

2. 引导形成"特"的竞争优势

鼓励新农人走差异化特色种养路径。加强"环境+优农+文化"体验型产品的设计。注重承接重点景区溢出效应，支持其在景区周边加强布局"农业+休闲观光+民宿"综合体。

3. 数字赋能提高"产"的质量效益

鼓励新农人搭建电商新媒体平台，发展农产品电商直采、定制生产等模式，促进北京市都市型现代农业加快发展。加强推广针对新农人和小农户开发的深度垂直的全产业链数智服务平台，精准对接供销，同时提升农产品可溯源性。

执笔人：马国鑫（第一节）

王术华　刘作丽　贾君欢（第二节）

高　瞻　李金亚　周晓娜（第三节）

第六章　深入推进首都治理现代化

　　治理现代化是首都现代化的重要组成部分。2022 年，北京市深入贯彻党的二十大精神，充分发挥党的领导作用和治理效能，在持续推进全过程人民民主实践、健全完善首都法治体系、不断优化营商环境等方面提高精治共治法治水平。结合新形势新任务，本章进一步聚焦动员社会力量参与韧性城市建设、精细化治理推进供热计量改革等重点领域，深入调研形成报告，以期为提升首都治理体系和治理能力现代化水平献计献策。

第一节　2022 年首都治理现代化年度评价与路径建议

一、治理现代化指标年度评价

　　针对治理现代化我们构建了人民民主、法治建设、党的领导和营商环境 4 个一级指标和 6 个二级指标，指标实现情况如表 6-1 所示。

表 6-1　首都治理体系和治理能力现代化指标体系

一级维度	二级指标	现状	2035 年目标值
人民民主	人大议案立案数量	262 件（第十五届人大任期期间）	>300 件

续表

一级维度	二级指标	现状	2035年目标值
法治建设	每万人刑事立案数量	53.4起/万人（截至2022年底）	<55起/万人
	民事诉讼调解率	15.7%（截至2022年底）	20%左右
党的领导	基层党组织数量	11.7万个（截至2022年底）	16万个
	查处违反中央八项规定精神问题处分人数	481人（截至2023年11月底）	<540人
营商环境	全球城市营商环境指数排名	第五位（2023年科尔尼全球城市指数报告）	全球前10位

注：本章中的"民事诉讼调解率"指婚姻家庭、继承纠纷、合同纠纷、侵权纠纷等民事案件的调解数与结案数的比值。

资料来源：《北京统计年鉴2023》、北京市纪检监察官方网站。

在人民民主方面，北京市第十五届人民代表大会议案立案数量为262件，议案立案内容涉及民之所忧、民之所盼的各个方面。另外，社区居委会换届选举等基层民主实践不断完善。在法治建设方面，首都法治体系进一步完善，地方性法规与部门规章持续出台、发布。2022年每万人刑事立案数量53.4起/万人，较2021年下降约20%，人民生命财产安全得到进一步保障。在党的领导方面，党的建设和组织工作高质量推进，基层党组织数量达11.7万个（截至2022年底），党风廉政建设提前达标，党建引领基层治理取得实质成效。在营商环境方面，6.0版营商环境改革方案助力营造一流营商环境，重点推广"一业一证"改革、全面推行纳税缴费"网上办"以及推进600多个服务项目实现"一件事一次办"，为北京经济社会高质量发展注入新动能。科尔尼发布的《2023全球城市综合指数报告》显示北京位居全球第五，在商业活动维度"全球财富500强企业"这一指标中，北京位居全球第一。2023年由国家发展改革委、商务部、工信部等部委联合发布的《城市营商环境评估报告》中显示北京位居全国第二。

二、人民民主——全过程人民民主持续推进

党的二十大报告对"发展全过程人民民主，保障人民当家作主"作出全面部署。报告指出，"全过程人民民主是社会主义民主政治的本质属性，是最广泛、最真实、最管用的民主"。北京市积极推动全过程人民民主在首都落地生根，探索构建广泛、真实、管用的民主体系。

（一）人大议案立案内容聚焦人民所思所盼

北京市人大议案紧跟党中央重大决策部署，内容涵盖人民所思所盼的各个方面。在北京市第十五届人民代表大会第五次会议提案中，议案审查委员会共收到代表提出的议案144件，其中代表团提出的议案6件，10名以上代表联名提出的议案138件。按照议案内容分类，最受关注的首先是教科文卫方面，共收到相关提案36件；其次是社会建设方面与农业农村方面的议案，各26件；再次是城市建设方面议案，共19件。另外，财政经济、民宗侨外以及监察和司法方面分别收到议案18件、13件和6件①。其中，"修订《北京市非机动车管理条例》""修订《北京市审计条例》""研究制定《北京市终身学习促进条例》""修订《北京市物业管理条例》""加快推动北京市老旧小（街）区更新立法""北京市聚焦促进农业科技创新""加快制定北京市生态产品价值实现机制相关法规"7件议案交市人大有关专门委员会审议。

（二）居民参与基层治理渠道进一步畅通

社区居委会换届选举是我国人民民主在城市基层的生动实践，是实行自我管理、自我服务、自我教育与自我监督的基础，能够集中体现居民群众的民主权利与利益诉求，对实现基层民主具有重要意义。按照党中央和市委、市政府的统一部署，依据《北京市居民委员会选举办法》《北京市第十一届社区居民委员会选举工作指导规程》相关规定，北京市第十一届社区居民委员会于2021年完成换届选举。部分社区由于居委会成员工作

---

① 资料来源：http://epaper.ynet.com/html/2022-01/11/content_390820.htm? div=-1。

职位变动，2022 年陆续进行补选工作，完善居民委员会的班子建设。社区居民委员会的换届选举经成立选举工作指导小组、选民登记、候选人产生、召开选举大会以及罢免、补选等程序逐步完成。同时，为保证选举工作的公平性，防止拉票贿选问题出现，各级纪检监察机关紧盯换届工作，推动监督下沉与落地，对选举过程中的违纪违规行为进行通报，促进换届选举环境风清气正。

为进一步保障居民民主权利、促进居民参与基层治理，2022 年北京市已实现城市社区居民议事厅 100% 全覆盖，同时确定社区议事厅示范点 150 个、楼门院治理示范点 350 个，旨在促进示范点用议事协商的方式解决社区难点问题，用楼门院协商治理解决老百姓身边的事，实现问计于民、问效于民。

三、法治建设——首都法治体系进一步完善

（一）持续修订与发布地方性法规，提升首都法治化水平

2022 年，北京市共颁布条例、规则等相关地方性法规 13 条。法规内容涉及促进数字经济、优化营商环境、建设自贸试验区、加大公共服务供给、城市治理、生态环境与资源保护、文化保护等多个方面。相较于 2021 年（颁布法规 29 条，内容涉及人口与生育、接诉即办、金融管理监督、人大代表选举、生态保护与文化保护、道路运输、国家安全等），2022 年北京市立法在公共服务供给、恢复市场与消费活力、城市精细化治理等方面有所加强。这是北京市委市政府在三重压力下对促进复工复产、提振市场活力的积极应对，也是对"人民城市人民建，人民城市为人民"城市建设理念的深刻诠释。

（二）行政执法的规范性与灵活性有机结合，维护社会公正与稳定

近两年来，为进一步强化依法行政，北京市卫生健康委员会、应急管理局、医疗保障局、城市管理综合行政执法局、人力资源和社会保障局等多个行政执法部门陆续发布行政处罚裁量基准与行政处罚自由裁量权的相关通知，即在法定行政处罚权限范围以及法律、法规、规章规定的行政处

罚种类和幅度内，综合考量违法行为的事实、性质、手段、后果、情节和改正措施等因素，正确、适当地确定行政处罚的种类、幅度或作出不予行政处罚决定的选择适用权限。这些通知的发布在提高行政执法准确性的同时，又有效增强了行政执法部门执法办案的灵活性，保障各部门在行政处罚幅度、事实性质认定、情节轻重认定等方面的自由选择权以适应社会环境变化，持续提高行政效率。行政执法准确性与灵活性是首都法治建设过程中需要同时兼顾的两个方面，两者的有机结合有助于促进公正执法，维护首都社会稳定和法治的权威。

四、党的领导——首都高质量发展的坚强政治保证

（一）党的领导为首都承办重大活动、落实国家战略领航

北京市作为我国政治中心、文化中心、科技创新中心和国际交往中心，在党中央的领导下与北京市委市政府的统筹下积极承担一系列国际国内重大活动服务保障任务。例如，北京市作为第二十四届冬奥运动会以及冬残奥会等重大国际赛事举办的阵地，在赛事组织、赛会服务、指挥调度等阶段精心筹备，为世界奉献出精彩非凡的奥运盛会。同时，北京市积极履行国家政治任务与政治责任，以首善标准为党的二十大胜利召开扎实做好各项服务保障工作。

在市级层面，北京市持续不断落实首都城市战略地位、优化首都功能。2022年6月胜利召开中国共产党北京市第十三次代表大会，大会肯定五年以来首都在社会主义民主法治建设、爱国统一战线建设、基层群众自治制度完善、法治中国首善之区建设、政法领域深化改革与政法队伍教育整顿、军政军民团结巩固等方面取得的明显成效，同时为今后五年首都的发展指明方向，即实现"7个显著提升"①。2023年6月，中共北京市第十三届委员会第三次全体会议审议通过《中共北京市委关于贯彻落实习近平总书记在深入推进京津冀协同发展座谈会上重要讲话精神的意见》，强调

---

① 7个显著提升：首都功能显著提升、经济发展质量显著提升、京津冀协同发展显著提升、民生福祉显著提升、生态文明显著提升、首都治理能力显著提升、党的建设水平显著提升。

要深刻把握京津冀协同发展的新成效、新形式、新目标和新要求，进一步增强推动京津冀协同发展的使命担当。

（二）党建引领基层治理不断深化

党建引领"吹哨报道""接诉即办"是北京市基层治理的重大创新。2022 年北京市人大、市政务服务局、市委组织部等部门持续深化"接诉即办"改革、加码落实"每月一题"工作机制，不断推动"接诉即办"向"未诉先办""主动治理"转变，同时探索街乡镇一级治理体系，提高城市精细化治理水平。在此背景下，北京市各街道乡镇与基层社区探索出系列创新实践。例如，西城区陶然亭街道在深入了解"两新"群体需求的基础上，构建"党建+服务+共治"基层治理格局，在陶然亭快递物流分拣中心成立党支部、推出"陶然小哥乐陶然"十项行动，旨在服务好、组织好"两新"群体的同时，通过提升该群体的技能素养与应急能力、建立积分回馈机制等方式引导该群体融入社区基层治理，变"管理变量"为"治理增量"。丰台区石榴庄街道则探索出"社区党组织+公益+志愿服务"模式，通过党员志愿服务、多方协同共治等方式破解平房区治理难题，将平房区细化为四个网格，并将治理主体纳入网格之中，整合辖区资源，对平房区基础设施、安全卫生等方面加大投入，改善居民群众生活环境。

五、营商环境——多措并举持续优化营商环境

（一）6.0 改革方案持续优化首都营商环境

2023 年 4 月 7 日，北京市人民政府办公厅印发《北京市全面优化营商环境助力企业高质量发展实施方案》的通知，助力营造市场化、法治化、国际化一流营商环境，更大力度激发各类市场主体活力和创造力，筑牢经济运行整体好转坚实基础，为首都经济高质量发展提供有力支撑。这是北京市继以往 1000 余项改革措施后推出的 6.0 版营商环境改革方案，本次新一轮改革囊括 237 项改革任务，优化五大环境（公平竞争的市场环境、良法善治的法治环境、开放包容的投资贸易环境、便利高效的政务环境以及京津冀一流营商环境），数字赋能推动"整体政府"建设，推动重点领域改革实现从"量变"到"质变"，助力各类经营主体更好更快发展。

（二）北京市各部门与地区积极响应，在营商环境改革重点领域先试先行

2023年4月25日，北京市市场监管局印发《北京市市场监督管理局进一步优化营商环境降低市场主体制度性交易成本工作方案》指明推动降低市场主体准入成本、营造规范精准高效的监管环境、维护公平有序竞争环境、帮扶市场主体高质量发展、提供优质高效政务服务五项重点任务及可行性操作方式，为各市场与社会主体指明方向。

北京市各区依据本区发展方向落实市级改革任务，持续不断探索优化营商环境创新性举措，并取得显著成效。例如，在6.0版改革方案中，经开区被确定为营商环境综合改革创新示范区，这为经开区在金融支持实体经济、产业项目落地保障、区域协调创新发展以及国际化水平提升等方面持续发力提供了政策能源。通州区自2022年以来，已围绕数字经济、商务服务、文旅等领域出台《关于加快北京城市副中心元宇宙创新引领发展若干措施》等多项惠企政策。2023年4月，通州区人民政府办公室印发《通州区全面优化营商环境助力企业高质量发展实施方案》形成84项具体任务以解决企业诉求、助力企业发展，方便市场主体办事，"花最少的时间、跑最少的路、交最少的材料、找最少的部门"。亦庄则搭乘"两区"建设的快车，积极出台吸引外资的相关政策提升国际化营商环境，一批重点项目陆续落地亦庄。2023年1~5月，亦庄"两区"重点入库项目467个，同比增长328%；外资不断加码，入库外资项目数量同比增长超4倍，落地出库外资项目数量同比增长超5倍。

六、治理现代化存在的主要问题与路径建议

首都治理现代化仍然存在短板问题。主要表现为：一是城市治理体系缺乏韧性，极端情况下城市应急保障能力还需要进一步提升。例如雨季来临时，山区山洪沟道、采空区、尾矿库、涉山涉水景点景区等地质灾害易发生区域的防洪排涝体系建设不完善，洪涝灾害发生时难以快速广泛动

员。二是智慧城市建设有待深化，一体化信息平台与服务终端设备建设不够完善。政府、企业之间信息整合力度不够，各部门间服务协同性不足，数据资源利用不够充分，群众办事出现"慢、繁、难"等问题。三是全过程人民民主实践还有薄弱环节，民意表达渠道与群众期待还有差距，部分新兴领域立法滞后于实际需要，人大履职的专业性有待进一步加强。四是基层治理中，权力与责任、秩序与活力、"痕迹"与"实绩"3 对关系的平衡有待进一步加强。针对以上问题，提出如下建议：

一是推动韧性城市建设。首先，构建城市感知体系、完善风险防控体系，健全隐患排查整改与救灾重建工作机制，形成全天候、系统性、现代化的城市运行安全保障体系。其次，扎实推进城市综合防灾工程，建设"平急两用"公共基础设施，推动各区加强综合减灾示范社区创建。最后，充分发挥基层党组织的战斗堡垒作用，发动群团组织、社会组织等社会力量参与防汛救灾与恢复重建工作，织密织牢基层防灾救灾网络。

二是加快智慧城市建设。首先，加快建设从市到社区的多级联动智慧平台，建立动态更新的数据台账，深入推进"一网通办""一网统管"，统筹各类公众服务、政务服务和决策服务，提升跨系统、跨部门、跨业务的服务和管理水平。其次，以智慧医疗、智慧交通、智慧供暖、新基建等重大民生项目建设领域为重点，以智慧化手段带动改良的变革提升，提高城市基础设施运行效率，助力节能减碳。最后，加大数字技术"从 0 到 1"基础研究投资力度，超前布局 6G 等前沿技术，培育数字产业、打造民生领域多种应用场景创新开放。

三是深入践行全过程人民民主。首先，拓展深化"万名代表下基层"机制，发挥基层立法联系点和代表"家站"的制度宣传、民意反馈作用，落实代表"月进站、季回家、年述职"制度，做好立法协商工作。其次，提高地方立法工作的质量和效率，坚持党委领导、人大主导、政府依托、各方参与的立法格局，推动立法决策与改革发展决策、高质量发展需求相结合，统筹推进立法项目。最后，加强代表工作能力建设，抓好代表专业学习培训，丰富代表联系群众的内容形式、规范代表议案建议程序，提高履职本领。

四是提升基层治理效能。首先,持续推进党建引领基层治理改革,在落实《北京市接诉即办工作条例》的基础上,继续探索优化接诉即办改革。加大对治理类街乡镇的帮扶力度,补齐基层治理短板。其次,坚持"一核多元",以党建引领为核心,有效动员多元主体共同发力,激发主体活力,创新居民议事、互助平台,凝聚首都基层治理的"最大公约数"。最后,优化考评机制与纠错容错机制,简化、合并相关的考核项目,减少不必要的监督考核次数,让基层干部卸下"思想包袱",将宝贵的时间与精力用于切实有效服务人民群众。

第二节 动员社会力量共建韧性城市研究

建设韧性城市是首都超大城市治理的应有之义。"23·7"流域性特大洪水进一步凸显了韧性城市建设对首都发展的战略性、基础性作用。加强社会韧性建设,从依赖政府主导转向重视社会参与,是完善韧性城市建设长效机制的一个着力点。北京市发展改革政策研究中心调研认为,应以灾后重建为契机,把慈善力量、企业资源、社会组织与公众等社会力量统筹起来,合力提升北京市应对各类风险的"免疫力"与"复原力"。

一、社会韧性在应急救灾中发挥独特优势

社会韧性是韧性城市建设的重要方面,主要体现在社会组织、企业和群众在承受灾难冲击、阻止风险扩散、实现系统调整和恢复重建中的能动作用。面对北京突发暴雨灾害,各界社会力量及时响应,发挥了资源筹集、主体动员和专业救灾的独特优势。

(一)资源筹集能力强

慈善组织第一时间启动应急预案,开设线上、线下募捐渠道。据不完

全统计，截至2023年底，市慈善协会募集善款超过1.6亿元，接收物资10万余件。截至2024年1月底，门头沟区慈善协会接收善款近1.1亿元，接收物资31万余件。中华慈善总会、中国乡村发展基金会等全国慈善组织为北京防汛抗灾募集上千万元善款。保险机构快速响应，10日内理赔1.2万件，赔款金额超过3.8亿元。

（二）社会动员主体广

企业及企业基金会成为大额捐赠的主要来源，理想汽车、宝马中国、美团公益基金会、小米公益基金会等捐赠善款均以千万元计，腾讯基金会、字节跳动公益基金会均宣布捐赠1亿元。对口援建地区也伸出援手，什邡市慈善会捐赠437万元善款及物资，玉树州人民政府捐赠400万元。落坡岭社区400多名居民无私救援K396次列车近千名受困乘客。此外还有数十万共产党员及各界群众参与捐款捐物。

（三）专业性、灵活性优势突出

北京蓝天救援队集结出动1794人、车辆836辆、救援舟艇252艘，帮助房山区、门头沟区转移人员13758人，有力支持了属地政府应急救援工作。全市保险行业集结1020名查勘定损工作人员和327台清障救援车辆，投入车辆清运。慈济慈善事业基金会发挥全球应急救灾与灾后重建专业经验，为受灾群众提供应急物资、清淤消杀、安置保障、房屋受损评估及补助金发放等全链条救助。门头沟区、房山区探索政社协同机制，发挥慈善资金快速到位、使用灵活的优势，率先资助生活服务设施和养老院等公共服务设施修缮，促进了灾区快速恢复生产生活秩序。

二、加强社会韧性仍面临突出短板

社会韧性在风险应对中发挥不可替代作用，显现巨大潜力。但从调研来看，北京市社会力量参与韧性城市建设还存在诸多瓶颈。

（一）韧性城市系统谋划不完善

在北京市国土空间规划体系中，对于韧性城市建设、应对重大突发事件能力、城乡一体化韧性水平等内容涉及较少。在平急结合的规划理念基础上，充分调动社会力量参与灾害应急处置的制度性安排还不充分，需要进一步强化"社会韧性"在韧性城市治理方面的地位和作用，来应对超大城市"自适应复杂系统"安全发展要求。

（二）政社协同长效机制不健全

北京市把社会力量纳入灾害救援体系的体制机制尚不明确，"一事一议"的多，按规则流程参与的少。尚未建立具有权威性的政社协同平台，信息发布及行动机制不健全，社会舆情风险高。民间慈善力量参与渠道不够顺畅，公众可选择的公信力强的募捐机构较少，没有形成成熟的募捐竞争环境，影响资源筹集规模。

（三）社会资源供需对接不畅通

救灾过程中，由于灾区内外信息不对称，缺少精细化的救援物资需求清单和依时序开展救援的工作指引，缺乏科学、灵活的工作分配机制以及专业化团队运作，造成捐赠物资供需对接存在"堰塞湖"和"空白点"现象，影响灾害响应效率和效果。除捐款捐物以外，专业服务和公益项目较少，专业力量和相关企业在灾后重建中的作用仍有待挖掘。

（四）社会力量深度参与不到位

社会力量参与救灾工作可以在常态减灾、紧急救援、过渡安置、恢复重建等各个阶段。在救灾工作中，社会力量主要参与了救援工作，参与心理干预、市场恢复、社区重建等工作相对较少。救灾过程中出现部分群众不愿意撤离现象，也反映出公众安全意识、防灾应急常识及自救互救能力欠缺，安全应急教育亟待加强。

三、以灾后重建为契机，加强社会韧性的建议

在当前灾后重建的重要阶段，应把社会韧性与空间韧性、工程韧性统筹规划实施，有序吸纳社会力量参与防灾减灾及灾后重建，进一步健全首都大安全大应急体系，补齐韧性城市治理短板。

一是健全政社协同机制，引导社会力量有序参与。建议完善市、区、街镇各级政府应急指挥体系，设置社会资源对接工作组或责任人，明确建

立政府与社会组织之间的沟通渠道与合作机制。建立应急处突慈善组织"白名单"制度，根据风险类型筛选具有专业优势、公信力高的慈善组织、志愿团体，"平"时提供应急培训、设施维护、能力储备，"急"时快速响应，高效协同政府抗灾救援。

二是建立供需对接平台，变"盲捐"为"明捐"。完善突发事件信息分级管理、归口处置及发布机制。归口部门应有针对性地建立救援需求信息收集和发布制度，明确不同灾种、不同人群、不同受灾阶段的物资需求清单，引导慈善资源与灾民需求的精准匹配。市区慈善协会应进一步发挥枢纽型组织作用，用好基层慈善协会信息收集渠道，引导社会捐赠直接惠及受灾群众。

三是强化在京慈善资源在地利用，为灾后重建筹集更多资源。首都慈善资源可达千亿元规模，但外溢特征明显，在地利用不足。在灾后重建阶段，应充分引导社会力量继续为灾后重建项目捐款。梳理公布适合慈善力量资助的灾后重建项目。加强与民政部登记社会组织的对接合作，完善境外捐赠账户设立流程，争取更多慈善资源为我所用。

四是发挥企业和公众在灾后重建中的能动作用。引导市属国企结合ESG实践承担社会责任，发挥企业资源、管理、人才优势，协助政府开展灾后重建工作。鼓励保险公司在应赔尽赔的基础上，为受灾群众发放保险产品消费券。合理引导群众灾后重建预期，用好以工代赈政策、开展参与式规划、学好用活"千万工程"经验，带领灾区群众共建、共治、共享美好新家园。

五是规范细节管控，做好信息公开，防范舆情风险。民政部门加强指导慈善机构接收捐赠及使用信息披露，严格规范资金使用标准及流程，做好捐赠人信息反馈工作。对纳入政府统筹执行的慈善资金，完善制度、规范使用，做好舆论引导预案。对主动承担社会责任支援灾后重建项目的企业、捐赠人加大正面宣传力度。

六是吸纳社会力量共建城市感知和监测体系。通过开放更多监测预警、应急指挥需求场景，引导培育智慧应急企业参与构建协同综合、灵敏可靠的城市感知体系。加强极端天气、破坏性地震、超标准洪水和城市积水内涝监测预报，提高预报预警精准度和时效性。鼓励应用市民科技实践①，发动志愿者、研究机构等组织，借助传感器、移动互联网等现代信息技术，为城市风险监测预警提供补充。

七是强化跨区域联动，完善京津冀协同治理机制。健全京津冀三地政府部门协调、专业部门对接、全方位配合的协同机制。针对社会应急力量建立京津冀社会协同动员机制，在监测预警、风险评估、应急值守、会商研判、工作抢险、应急救援、社会救助等各个环节，充分调动政府部门、企业单位、社会组织等多元力量，形成信息互通、资源共享、工作协同的防灾减灾救灾合力。

八是及时复盘总结，固化创新成果，形成提升首都风险应对能力的长效机制。建议市区防汛抗灾协调机制组织相关政府部门、社会组织、企事业单位及专家学者，提炼监测预警、物资调配、捐赠统计、资金使用、灾后重建等环节的创新做法，并固化为制度、清单、手册、平台等，完善北京应急管理体系，提升韧性城市建设水平。

第三节　北京市供热计量改革路径研究

城市的精细化治理，是治理现代化的重要体现。推进供热计量改革既是城市运行精细化治理的重要内容之一，也是北京落实"双碳"目标、实现绿色发展的必然要求。面对供热行业管理宽松、供热企业管理粗放、居民用户供热计量收费封顶等影响供热计量推广的难题，应完善供热计量改

---

① 市民科技是指由社区志愿者、非营利组织、咨询公司团队等利用现代信息技术，通过构建软件、平台或其他应用为政府提供信息和决策支持。其起源于美国"地震捕手"项目，研究者通过将基于电脑的震动传感器接入到全球1000多位公众的电脑上，来感知不同地区的地震情况，形成了一个全球的民间地震监测网络。随着移动互联网的兴起和数字化、智能化技术的应用，出现了越来越多的市民科技实践。比如借助市民的移动互联网终端上报和监测城市内涝。

革顶层设计，加快供热立法，逐步取消居民用户供热计量收费封顶政策，扎实推进供热计量改革，促进供热行业节能降碳，助力碳达峰、碳中和目标实现。

一、北京市已实现清洁供热，但化石能源消耗多、降碳压力大

一是北京市集中供热面积居国内城市之首。2022/2023年采暖季，北京市集中供热面积有7.84亿平方米，占全市供热总面积的71.3%，集中供热规模稳居国内城市第一位，是第二位天津的1.4倍。二是北京市近七成天然气消耗用于供热。2021年，北京市天然气消费总量近190亿立方米，其中，直接供热、热电联产中的供热部分、居民壁挂炉分户自采暖等直接用气，以及农村煤改电供热间接用气合计约占70%。三是供热碳排放约占全市直接碳排放量的三成。据《中国能源报》相关报道，2020年度北京市供热行业二氧化碳总排放量约为1203万吨，碳排放约占全市直接碳排放量的30%。四是供热财政补贴负担重。2020~2022年，北京市对供热企业发放的补贴分别达63.14亿元、57.24亿元和60.39亿元，供热成为北京市第二大财政补贴公共服务事项。

二、实现供热领域节能降碳，推动供热计量势在必行

一是推动供热计量改革有利于培养正确的用热习惯，提高用户舒适度，助力供热降碳。对北京热力集团执行供热计量收费的12个住宅小区调研发现，2018~2022年，10个小区有退费，其中4个小区每年都有退费，平均节能在15%~30%。二是推动供热计量改革有利于供热企业降本增效，提供更好的服务。推动供热计量改革，实行分户供热计量后，供暖质量将直接影响供暖企业的经济效益，为取得更好的经济效益，供热企业应用先进供暖技术的积极性会更高。

三、推动供热计量改革遇到的问题

作为第一批供热计量改革试点城市，2006年至今，北京市推动供热计量改革已有十余年的历史。从效果来看，公共建筑供热计量推广程度较高，居民住宅进展缓慢①。供热计量推广乏力、供热计量改革基础条件不完备、供热企业参与积极性不高等都是影响居民住宅供热计量推广的重要原因。

（一）供热行业管理宽松，供热计量推广乏力

一是北京市供热行业管理宽松，供热项目底数不清。北京市规定供热单位实行备案制，然而截至 2022 年底，北京市供暖企业超 2200 家，备案的仅有 1139 家。由于大量企业失管，行业主管部门难以准确掌握全市供热项目底数。二是居民住宅供热计量改革滞留在建议层面，已安装的供热计量装置形同虚设。北京市新建居民住宅普遍安装了供热计量装置，但由于安装不规范或质量问题，绝大多数新建住宅供热仍按面积收费。

（二）供热企业管理粗放，用户节热企业未必节能

当前，北京市绝大多数供热企业仍停留在依赖人工经验的传统供热阶段，即使是最大供热企业北京热力集团，截至 2022 年底，其完成智能供热改造 2704.5 万平方米，也仅占集团供热面积的 7.8%，这意味着北京市绝大多数供热企业无法根据用户用热行为实时调节锅炉用气量、热源供热量。

（三）建筑节能参差不齐，热计量装置权属不清

建筑节能达标是推行供热计量的基础，对节能不达标的建筑推行供热计量毫无意义。一是北京市现有建筑由于建成时间不同，执行的节能标准不同，节能状况参差不齐，客观上影响供热计量推广。二是供热计量装置权属不清，维护更新困难。北京市安装的第一批供热计量表已超过 10 年，读数不准、管路堵塞等问题频发。

（四）供热价格尚未理顺，企业不愿参与热计量改革

一是"多退，少不补"政策②浇灭了供热企业参与居民住宅供热计量

---

① 从北京热力集团供热计量推广情况来看，截至 2022 年底，公建执行供热计量占比达 63.4%，居民用户执行供热计量占比仅有 4.5%。

② 在采暖期开始前，先按面积收费方式一次性收取，采暖期结束后清算，如供热计量热费低于按面积收费，则供热企业将用户多交的热费返还用户，或在下一个采暖期予以抵扣；若高于按面积收费，则按照面积费收取。

改革的热情。在实际推广中，在节能达标的住宅小区，供热企业普遍需要退费；在节能不达标①的小区，按热量计费普遍超过按面积计费，由于收费封顶，企业无法收取超出部分。二是北京市供热存在"同热不同价"（热力大网供热单价为 24 元/平方米/月，区域管网单价为 30 元/平方米/月）等问题，供热企业怨言大。

（五）全方位补贴负担重，企业改革动力受抑制

一是燃料价格补贴。针对天然气价格持续上涨、热价与燃料成本倒挂、同热不同价等问题，市财政对集中供热企业给予燃料补贴。二是管道更新、设备维护改造补贴。为保障供热运行安全，市财政对供热管道更新改造给予 30%～50%不等的补贴。全方位的补贴导致企业形成躺在补贴上过日子的心态，改革动力匮乏。

四、理顺关系打通堵点，扎实推进供热计量改革

供热计量改革是一项复杂的系统工程，需要政府、供热企业和用户共同配合和努力，从优化顶层设计，加快供热行业立法，稳步推进供热价格改革，提升建筑节能水平，优化供热补贴政策等多方面齐抓共管。

（一）优化供热顶层设计，有序推进供热计量改革

一是优先在经济技术开发区、行政副中心等地开展供热改革示范区建设。重点抓牢公建和新建住宅供热计量推广，加大新能源和可再生能源耦合供热支持力度。二是坚持先"新建"后"既有"推进原则。强化新建建筑节能达标和供热计量装置规范安装监管，确保供热计量行得通、办得到。三是探索引入集智能供热、供热计量改造等多种服务于一体的第三方运营商负责试点区域供热系统智能升级、管道改造和供热计量改造等，对节省的燃料成本、节省的取暖费约定比例分成；期满后，节省的燃料成本

---

① 2021 年 1 月 1 日北京市正式实施的《居住建筑节能设计标准》规定居住建筑节能率标准在 80%以上。北京市 2000 年前建成的老旧小区共 1.6 亿平方米，其中，1990 年以前的小区建筑能耗大约是现行居住建筑能耗的 4 倍多；2000 年左右的小区建筑能耗约是现行居住建筑能耗的 2.0～2.9 倍。

全部归供热企业，节省的热费全部归用户。

（二）完善供热法律法规，规范供热行业秩序

一是加快供热行业立法，统筹协调相关各方责任。加快出台《北京市供热采暖管理条例》，将供热经营许可制度、供热计量改革等内容纳入该条例，实现供热计量推广有法可依。二是严格落实《节约能源法》《民用建筑供热计量管理办法》等建筑节能和供热计量相关法律法规，提高供热计量改革力度。

（三）推动供热价格改革，打通供热计量改革堵点

一是完善供热价格形成机制。逐步建立供热价格与上游燃料价格挂钩的动态调整机制，力争2035年前后基本实现供热价格覆盖上游成本。二是逐步取消居民用户供热计量收费封顶政策。设置9年的过渡期，将封顶上限逐步提高至110%、130%、150%，最终实施阶梯热价。

（四）加快供热前端改造，提升供热计量推广基础条件

一是应着力提高建筑节能水平。开展建筑能耗等级评价，强化建筑节能水平与供热计量改造挂钩的管理机制，重点推动新建节能建筑供热计量改革，严禁对未进行节能改造的老旧小区安装供热计量装置。二是厘清热计量表具权责关系。理顺热计量表具产权归属、维修更新责任、资金来源，确保热计量表具正常使用。

（五）优化供热补贴政策，向应用新技术、新能源倾斜

一是优化调整现行供热补贴政策。配合供热价格改革，逐步将现阶段对供热企业的燃料成本补贴调整为按家庭人口对居民热费进行补贴。二是研究制定可持续的新能源供热补贴政策。支持地热、空气能、再生水和余热等新能源和可再生能源供热，新能源和可再生能源耦合供热，助力实现新能源供热消耗的燃料成本不高于传统供热。

执笔人：于晓静　严彩萧（第一节）

　　　　于晓静　蔡健平（第二节）

　　　　马晓春　吴伯男（第三节）

第七章　持续推进首都文化现代化建设

党的二十大报告提出，必须坚持中国特色社会主义文化发展道路，健全现代公共文化服务体系，创新实施文化惠民工程。文化既是凝聚民族力量的精神纽带，又直接关系民生福祉和人的全面发展。发展公共文化服务，是保障人民文化权益、改善人民生活品质、补齐文化发展短板的重要途径。北京正推动公共文化服务的高质量发展，助力全国文化中心建设迈出坚定步伐，不断增强市民的文化获得感和幸福感。

第一节　2022年首都文化现代化年度评价及路径建议

一、2022年首都文化现代化发展取得的成绩与存在的短板

北京市坚持以习近平新时代中国特色社会主义思想为指导，坚持稳中求进、守正创新，坚持加强文化服务硬件建设，拓展更多优质公共文化空间；不断丰富优质文化供给，实施文化精品工程，打造"大戏看北京"文化名片，积极推动新时代首都文化高质量发展。

（一）取得的成绩

1. 服务保障重大活动任务圆满完成

顺利保障北京冬奥会、冬残奥会，全力以赴完成冬奥村运行、赛事综合服务、开闭幕式组织、外国政要接待等各项工作。建成16个冬奥文化广场，开展冬奥城市文化活动2.31万场，编创推广冬奥广场舞《一起向未来》，组织冬奥城市志愿服务1.8万人次①。联合津冀成功举办第十三届中国艺术节，北京市承办的开幕式等多项活动精彩纷呈。北京市选送的1件作品荣获第十七届文华奖，实现了文华奖四连冠，群星奖获奖作品（班组）3件，创历届之最，获奖数量在全国名列前茅。举办北京文化论坛——文化交流与合作分论坛。圆满完成党的二十大服务保障工作。

2. 持续繁荣首都文艺舞台

印发实施《关于推动重大主题艺术创作三年行动计划（2022–2024）的工作方案》《北京市演艺服务平台项目资助管理办法》。市属文艺院团及国家大剧院推出新创剧目24台、复排剧目57台；全市共举办营业性演出20315场，票房收入6.3亿元②。创新搭建北京市剧本创作及选题孵化平台，55部入选项目储备孵化库。创排京剧《石评梅》、昆剧《曹雪芹》、交响曲《祖国颂》等一大批优秀剧目，6件作品分别入选文旅部创作项目、重点扶持剧目和创作扶持计划。成功举办第九届"圆梦中国——春苗行动"北京市优秀少儿题材舞台剧目展演、第六届中国戏曲文化周。百年戏楼正乙祠重张启幕，以会馆为代表的历史建筑重新焕发艺术光彩。

3. 显著增强文化公共服务效能

出台《北京市公共文化服务保障条例》，修订《北京市图书馆条例》实施办法，以优质供给为目标，开展首都市民系列文化活动1.66万场③。朝阳区和东城区国家公共文化服务体系示范区复核优秀，顺义区、密云

① 资料来源：《关于北京市2022年国民经济和社会发展计划执行情况与2023年国民经济和社会发展计划的报告》。

② 资料来源：《北京市文化和旅游局召开2023年全市文化和旅游工作会议》。

③ 资料来源：北京：打造演艺之都，推动创作首钢、中轴线题材作品，https：//baijiahao. baidu. com/s？id＝1758081908633871766&wfr＝spider&for＝pc。

区、延庆区公共文化服务体系示范区建设取得了明显成效，北京市文化馆获得全国"最佳志愿服务机构"奖项，北昆国际文化艺术中心项目有序推进，北京交响乐团入驻台湖工作进展顺利，副中心图书馆二次结构基本完成，北京文化中心大楼移交市文化馆代为管理。

4. 持续推进文化产业提质增效

出台《北京市扩大文化和旅游新消费奖励办法》。持续打造"漫步北京"品牌，创新推出"北京微度假"目的地品牌。推出 100 个新晋北京网红打卡地和 100 个提名推荐打卡地，发布 21 条文旅骑行线路①。持续推进三条文化带建设，北运河（京冀段）全线 62 公里实现游船通航；在全国率先推出 400 公里"京畿长城"国家风景道主线②。

5. 文化遗产保护利用工作再上新水平

据《2022 年北京市文化和旅游统计公报》报道，作为中国 2024 年申报世界文化遗产的"北京中轴线"各项准备工作稳步推进，考古发掘和清理工作已"驶入快车道"。琉璃河遗址考古入选 2022 年北京文化论坛全国文化中心建设十件大事。创建"博物馆之城"显新气象，比 2021 年新增 11 家博物馆。创新传承非物质文化遗产水平不断提升，现有国家级非遗代表性传承人 90 名，入选国家级非遗代表性项目 144 个③。

6. 持续深化文化交流合作

成功举办首届北京文化论坛——文化交流与合作分论坛、2022 年芬兰等 5 国线上欢乐春节和 2022 年服贸会文旅专题旅游服务展。积极推进雅典中国文化中心筹建工作。推进京津冀文化旅游协同发展，延庆海陀滑雪旅游度假地获评全国滑雪旅游度假地，推进京张体育文化旅游带建设。

---

① 资料来源：2022 北京网红打卡地推荐榜单发布，200 个打卡地崭新出炉！京报网，2022 年 12 月 13 日，https：//baijiahao. baidu. com/s？id＝1752085396021643616&wfr＝spider&for＝pc。

② 资料来源：奋进新征程　建功新时代——聚焦全国文化中心建设　保护与发展兼顾"三条文化带"建设提升北京软实力，《北京商报》，2022 年 7 月 21 日，https：//baijiahao. baidu. com/s？id＝1738955946287876184&wfr＝spider&for＝pc。

③ 资料来源：北京市文物局 2022 年工作总结，北京市文物局官网，2022 年 12 月 30 日，http：//wwj. beijing. gov. cn/bjww/362679/362680/482911/326009945/index. html。

（二）存在的短板

1. 文化供给有待进一步丰富

以 2022 年国庆期间的文化需求为例，首都文艺舞台以"大戏看北京"为主线，精心准备了 220 台 1222 场文艺演出。热点演出剧目有《山海情》（国家大剧院民族歌剧），《红色娘子军》（中央芭蕾舞团），《抗战文艺》（中国国家话剧院），《七平方》（开心麻花），国庆经典京剧《穆桂英挂帅》、《三娘教子》等。同期，上海市举办了国庆音乐节、文博艺术节等，热点演出剧目有《惊梦》（上海大剧院大剧场），《只此青绿》（上海文艺广场），《梁山伯与祝英台》（上海越剧院），BBC Earth 纪录片视听音乐会《地球脉动Ⅱ》（上海儿童艺术剧场中心剧）、《动画王国家庭音乐会》（young 剧场），交响舞曲《大圣传奇》（上海交响乐音乐厅）等。从热点演出剧目的受众人群来看，上海有儿童专场演出，音乐会的表演形式也更受青年人喜爱。

2. 文化设施布局有待进一步优化

目前，北京市文化设施分布呈现"北城密、南城疏""三环内密、三环外疏""核心区密、郊区疏""新区密、集中连片老旧小区疏"的特点。天通苑和回龙观等区域人员密集，但缺乏相关公共文化设施。

3. 文化服务的便捷性、可及性有待进一步提升

老城区中有不少文化设施由于建成年代久远，存在空间狭窄、场地破旧、功能单一、设施老化的问题，场地空间不足、功能少、活动舒适度不够、实用性不符合周边居民需求的情况普遍存在。

4. 城乡文化一体化有待进一步提升

以旅游文化资源为例，城区主要有皇家园林、博物馆、展览馆等资源，乡村主要靠当地特色的民俗文化及生态环境。目前北京旅游文化的吸引力主要来自皇家园林、历史文化遗迹等旅游资源，缺少乡村文化项目的知名度和吸引力，尤其难以吸引外地、外籍游客。亟待开发代表北京现代化发展成果的新型城乡文化资源，对北京现代发展成就与传统文化资源进行提炼融合，找到新型文化符号，打破传统发展方式的枷锁。

二、推进首都文化现代化的建议

推进首都文化现代化，持续健全文化体系，优化重大文化设施空间布局，织密基层文化设施网络，提升首都文化服务水平和吸引力，达到以文化人、以文育人的目的。

（一）持续丰富文化供给

加强扶持引导，持续发挥艺术基金引导作用。发挥北京演艺服务平台的集聚优势，盘活演艺新空间资源。以"赓续红色基因，传承优良文化遗产"为指引，为首都儿童、青少年提供更丰富的原创剧本和文化服务。提升中国戏曲文化周活动、"北京故事"优秀小剧场剧目展演的品牌影响力，持续打造"大戏看北京"文化名片。弘扬奥运精神和北京冬奥精神，开展"双奥之城"艺术周活动。

（二）持续优化文化设施空间布局

利用新理念新技术，制定科学的、体现不同城区和地区文化特征和艺术审美的文化设施布局，坚持"美观"与"实用"并重、"新建"与"改建"并举、"传承"与"创新"并行。结合居民意见和空间利用规划，对街区文化设施进行升级改造，打造更多"小而美"、老百姓"触手可及"的微型文化设施。加强联动规划，在人口密集的老社区通过改造闲置建筑、社区边缘空间、地下室空间的方式，增加社区图书角、艺术角、特色博物展示角等供给，特别是结合北京国际科技创新中心定位，建设更多能体现科技的文化展示空间。加快副中心剧场、图书馆等文旅重大项目建设，推进北京交响乐团入驻台湖演艺小镇、北昆国际文化艺术中心建设、广和剧院恢复重建等工作，进一步提升文化设施的空间质量和服务效能，不断丰富群众文化生活，促进供需两端精准对接。

（三）持续强化新型文化形式的发展

着力新型文化空间建设，根据文化设施的功能、特点以及服务对象的需求，合理确定开放时间，鼓励延时开放、错时开放、夜间开放。推进文化服务的多样性、趣味性、年轻化、适老化建设。大力发展线上线下融合的数字文化新体验，积极利用数字技术激发文化内生活力，开发数字文化消费新场景，拓展文化供给方式和便利性。

（四）持续强化北京文化品牌建设

推进文旅合作，组织北京文旅消费直通车走进社区、广场、景区、商圈。推进京津冀文旅协同发展，加快建设京张体育文化旅游带。开展城乡文化资源一体化建设，鼓励各区因地制宜、差异化发展。加大郊区文化设施投入，优化文化配套设施和服务质量，打造一批融休闲、度假、文化体验于一体的京郊文化新品牌。打造一支高素质、专业化的农村文化队伍，采取政府购买服务、柔性引进人才等多种形式，健全农村文化人才补充机制，聚集和培养一批懂农村、敢创新的文化领军人才。

第二节 北京市公共文化服务体系研究

党的二十大报告提出，健全现代公共文化服务体系。发展公共文化服务，是保障人民文化权益、改善人民生活品质、补齐文化发展短板的重要途径。北京市公共文化服务将在实现保基本促公平的基础上，由"基本化、均等化"向"优质化、数字化、智能化、身边化"的高质量上迈进，推动实现公共文化服务的首都发展。

一、北京市公共文化服务体系的总目标及任务举措

公共文化服务体系，是指由政府主导、各种社会力量参与，以保障人民群众基本文化需求为目的，提供的公共文化设施、文化产品、文化活动以及其他相关服务。

（一）总目标

依据文化和旅游部发布的《"十四五"公共文化服务体系建设规划》，市委宣传部、市发展改革委等部门发布的《北京市推进全国文化中心建设

中长期规划（2019 年-2035 年）》，市发展改革委发布的《北京市"十四五"时期社会公共服务发展规划》，市文化和旅游局发布的《北京市"十四五"时期文化和旅游发展规划》，对"公共文化服务体系"相关内容的论述，我们将北京市公共文化服务体系的总目标归纳为：

到 2025 年，率先实现文化高质量发展，服务保障国家对外工作大局和重大国事活动的能力和水平显著提升，服务首都城市战略定位、助力全国文化中心建设的作用持续增强，世界文化名城建设取得重大进展。人均公共文化设施建筑面积达到 0.39 平方米，每 10 万人拥有博物馆数量 1.2 处，人均体育场地面积大于等于 2.82 平方米，经常参加体育锻炼人数比例大于 53%，全市四级文化设施达到 6844 个，平均覆盖率达 99%，行政村农民体育建设工程和城市社区"15 分钟健身圈"均实现 100%覆盖。文化产业提质增速，支柱地位日益巩固，文化产业增加值占地区生产总值比重保持在 10%以上，高精尖文化产业体系基本形成，高质量发展引领全国。

到 2035 年，率先建成与社会主义文化强国相适应的现代公共文化服务体系，推动公共文化服务设施覆盖身边化、服务内容品质化、供给主体多元化、服务方式智能化，建成完备、便捷、高效、优质的现代公共文化服务体系，充分满足人民群众日益增长的公共文化需求。完善人民文化权益保障制度，全面建成公共文化服务体系示范区，在全国发挥示范引领作用，公共文化促进城市经济社会发展能力显著增强。

（二）任务举措

1. 建制度：不断完善顶层设计

一是北京市出台了《北京市公共文化服务保障条例》（以下简称《条例》）。《条例》于 2022 年 9 月 23 日经北京市第十五届人大常委会第四十三次会议审议通过，共八章 67 条，于 2023 年 1 月 1 日起施行。其出台是深入贯彻落实党的二十大精神的重要举措，是推动实现公共文化服务高质量发展的重要保障。《条例》依据首都"四个中心"的城市战略定位要求，坚持首善标准，突出背景特色，聚焦全国文化中心建设，构建首都完善的现代公共文化服务体系，促进人民精神生活共同富裕。明确市、区政府和相关部门，尤其是乡镇街道在保障公共文化服务方面的主体作用。鼓励社会力量参与公共文化供给，为人民群众提供多样化的优质的公共文化服务和产品。

二是各区陆续出台《推进北京市公共文化服务体系示范区建设的实施方案》。平谷区明确将公共文化服务体系示范区建设纳入各级党委重要议事日程，纳入国民经济和社会发展总体规划、年度政府工作报告，纳入各级政府的绩效考核指标体系、财政预算，以及城乡建设整体规划与建设。怀柔区设立专班，确定了公共文化服务与科技融合发展、公共文化服务改革和制度建设等7个方面84项具体任务。

2. 优布局：加强公共文化设施建设

一是建设一批标志性公共文化设施。构建全国文化中心新标识，统筹推进大运河、长城、西山永定河三条文化带建设，推进建设市文化中心、国际戏剧中心、国家大剧院舞美基地，以及城市副中心博物馆、图书馆、剧院等一批重大公共设施。明确中轴线申遗时间表路线图，确定保护范围和对象，加快中轴线沿线文物腾退和环境整治。促进区域分布均等化，在城市副中心、城市南部地区、新首钢地区等重要功能承载区建设一批标志性公共文化设施。推动国家"文化重器"落户北京，充分发挥中国国家美术馆新馆、国家工艺美术馆等国字号设施的公共文化服务功能。重点推动城市副中心图书馆、剧院、博物馆等重大文化设施建设，加快建设北京市文化中心、北京人艺国际戏剧中心、北昆国际文化艺术中心、北京歌剧舞剧院、南部演艺中心、亦庄文化演艺中心等重点项目。依托北京世园会园区、冬奥森林公园等重大赛会活动拓展公共文化服务。加强区级标志性公共文化设施规划建设。

二是优化基层公共文化设施布局。聚焦城乡均衡发展，优化全市标志性公共文化设施空间布局，加强区级公共文化设施规划建设。织密基层公共文化设施网络，推动广覆盖、强适用、融合型、智能化、标准化的基层综合性文化设施建设。高标准规划建设区域性综合文化中心，建设图书馆、文化馆、博物馆等惠民文化设施。按照便捷、普惠、实用的原则，全面提升街道（乡镇）、社区（行政村）基层综合文化设施标准化、信息化建设水平，完善居住区公共文化设施配套指标实施机制，编实织密基层公共文化设施网络。优化全市公共文化设施布局，提升多点新城公共文化服务承载力，引导新建大型文化设施向回龙观、天通苑等人口密集地区及文化设施薄弱地区布局，提升城市副中心公共服务品质，高质量完成城市副中心剧院、图书馆、博物馆等文化体育设施建设。健全全民覆盖、城乡一体的基本公共服务体系，补齐生态涵养区公共文化服务短板。到2035年，人均公共文化服务设施建筑面积提高到0.45平方米，公共文化服务设施网络在全面实现一刻钟文化服务圈基础上，更好实现全地域覆盖。

三是统筹扩展公共文化服务空间。立足新时代文明实践中心、所、站建设，统筹调配志愿服务力量，全面整合基层公共文化服务资源。提升国有博物馆策展能力和公共文化服务水平，用好民间博物馆、私人博物馆，打造布局合理、展陈丰富、特色鲜明的博物馆之城。结合疏解整治腾退空间再利用，采取盘活存量、调整置换、集中利用等多种方式，打造多样化公共文化空间。探索在大型社区引入创意元素、文化力量改善社区治理，推动公共文化设施向传承展示、知识服务、创意辅导等综合功能提升。依托城市商业综合体、综合交通枢纽等建设项目，合理布局公共文化设施，增加城市公共文化空间供给。鼓励和引导党政机关、国有企事业单位和学校的各类文化设施向公众开放。

四是推动京津冀区域公共文化服务协同发展。京津冀三地加强顶层设计，签署了《京津冀三地文化领域协同发展战略框架协议》等合作文件，成立了京津冀图书馆、艺术职业教育、文化产业、文化旅游等行业发展联盟。截至2023年6月，京津冀文化产业协同中心已促成近381个文旅合作项目，"魅力京津冀"品牌活动覆盖近2000余家文旅企业①。三地依托各类合作平台，培育出"京津冀精品剧目展演""京津冀戏曲院团新春演出

---

① 资料来源：京津冀共奏文化协同发展交响曲，2023年6月4日，https：//baijiahao. baidu. com/s? id＝1767732122744803240&wfr＝spider&for＝pc。

季""京津冀京评梆戏曲大汇演"等品牌活动。2022 年京津冀三地与文化和旅游部共同举办了第十三届中国艺术节。活动在北京开幕，在雄安闭幕，三地民众同"观百部大戏、赏千件展品"。

3. 提品质：完善公共文化服务体系

一是发挥全国文化中心的示范引领作用。以首都丰富的古都文化、红色文化、京味文化、创新文化资源为依托，提升公共文化服务内容品质化。构建以公共图书馆、综合书城、特色书店、社区书店等为支撑的 15 分钟现代公共阅读服务体系。发挥公共文化设施和内部设施的便利性作用，为周边市民群众提供优质的公共文化产品，并组织市民群众积极参与图书阅读、文艺培训、公益电影、法律咨询、科学普及等系列文化活动。

二是丰富公共文化产品体系供给。发挥各级各类公共文化服务机构的主力军作用，满足人民群众的多样化需求。统筹用好各类文化、体育设施，提升公共文化服务效能，根据经济社会发展情况和群众文化需求，适时调整服务指标。

三是面向特定群体做好公共文化服务。打通公共文化服务的"最后一公里"，推动公共文化服务供给与群众文化需求的有效对接。借助公共文化服务数字化建设，丰富公共文化服务智能化应用场景，实现公共图书、公益电影、公益演出、文化活动等线上线下一体化配送。面向老年人、未成年人、残疾人、生活困难群众，开展精准化、个性化服务，保障特殊群体基本文化权益。

四是推动公共文化服务效能持续提升。加强公共文化服务的监督管理，制定政府购买公共文化服务的标准和绩效评价实施办法，建立公共文化服务分类考核评价制度，依法加强公共文化服务领域的知识产权保护。

4. 亮品牌：建设具有国际竞争力的创新创意城市

一是建设满足群众高品质文化消费需求的创新创意中心。发挥北京文化底蕴深厚、人力资源丰富、市场潜力巨大等优势，建设设计之都、影视之都、演艺之都、音乐之都、网络游戏之都、世界旅游名城之都、艺术品交易中心和会展中心。

二是构建具有综合竞争力的现代文化市场体系。培育一批实力强劲富有活力的文化企业，借助中央大型国有企业带动北京文化产业提质增效，发挥市属国有文化企业的积极作用，培育壮大一批民营文化企业，吸引国际知名文化企业总部、文化科技研发中心等机构在京发展。在城市副中心、"三城一区"、新首钢地区、北京大兴国际机场临空经济区等重要城市发展区域，新建一批集艺术表演、互动体验、时尚消费于一体的文化休闲空间。结合各区文化资源禀赋和产业发展基础，形成差异互补、专业集聚的文化产业发展态势。

三是推进"文化+"融合发展。把社会效益放在首位，促进社会效益和经济效益相统一，推动文化与教育、农业、影视、出版、演艺、游戏、会展、科幻等产业深度融合，大力发展创新创意文化产品和文化服务。

二、北京市公共文化服务体系的成效

作为全国文化中心，北京的"古都、红色、京味、创新"成色足、底色亮，也是全球首个"双奥之城"，"全国规模最大的城市博物馆集群""万人拥有实体书店数量""文化产业增加值占 GDP 比重"等指标位列全国第一[①]。下面从"十四五"公共文化服务指标完成情况、服务品质、服务效能、服务品牌四个方面，分别评价其体系建设的成效。

（一）"十四五"公共文化服务指标基本完成

《北京市"十四五"时期文化和旅游发展规划》中设置了 2 项公共文化服务体系评价指标，预计能提前完成任务。其中，指标"人均公共文化设施建筑面积（平方米/人）"目标为 0.39 平方米/人，截至 2022 年 9 月，已完成97%[②]；指标"四级公共文化设施覆盖率（%）"目标基本全

---

① 资料来源："古都、红色、京味、创新"色足北京全国文化中心底色亮成，2023 年 9 月 19 日，央视新闻，http：//www.rmzxb.com.cn/c/2023-09-19/3411621.shtml。

② 资料来源："人均公共文化设施建设面积"依据 2022 年 9 月 22 日《京津冀消息通》的《数说北京：凝心聚力谋发展 砥砺奋进启新程——党的十八大以来北京经济社会发展成就系列报告之一》，http：//news.sohu.com/a/587084869_121106842。

覆盖，截至 2023 年 9 月，已完成 99%①。

（二）公共文化服务品质不断提升

1. 公共文化基础设施全覆盖

截至 2022 年 7 月，北京市共建公共图书馆 24 个，群众艺术馆、文化馆 19 个，备案博物馆 204 个，备案营业性演出场所 197 个。市、区、街乡、社村四级公共文化设施达 6937 个、图书馆（室）6135 个、室外文化广场 5616 个，在市、区两级全部免费开放，设施覆盖率已经达 100%，基本建成"十五分钟公共文化服务圈"②。各级公共文化设施向市民免费开放，且每周开放时间不少于 56 小时。免费提供的服务内容包括参与文艺辅导培训、演出排练、文艺创作、文化活动、体育健身，欣赏文艺演出、文艺作品、展览展示，接受党员教育、校外教育（含学生自习）、老年大学教育、科学技术和卫生保健等二十大类③。

2. 新型公共文化空间渐增多

2023 年 1 月 1 日，《北京市公共文化服务保障条例》正式施行，鼓励利用文化广场、公共服务大厅、商业综合体、产业园区、教育机构、医疗机构、养老机构、遗址公园等场所提供公共文化服务。截至 2023 年 3 月，北京市已完成 320 个新型公共文化空间建设。比如，利用交通枢纽建设的"首都图书馆大兴机场分馆"，利用文物保护单位空间建设的"砖读空间""角楼图书馆""椿树书苑"，利用城市腾退空间建设的"暸仓书房""轩辕书馆""景山街道文化中心（美后肆时）"，以及利用公园空间建设的"京杭大运河书院"等④。

---

① 资料来源："四级公共文化设施覆盖率"依据 2023 年 9 月 12 日《北京日报》的《首都公共文化服务遍城乡，公共文化服务设施网络基本形成》，https：//baijiahao.baidu.com/s? id＝1776788986610613493&wfr＝spider&for＝pc。

② 资料来源：《公共设施完善、文化科技新业态频出，北京文化供给稳步提质增效》。

③ 资料来源：北京市文化和旅游公共服务品质不断提升，https：//baijiahao.baidu.com/s? id＝1761202411098383725&wfr＝spider&for＝pc。

④ 资料来源：精准对接居民需求，文化和旅游公共服务品质不断提升，https：//baijiahao.baidu.com/s? id＝1761200708796534480&wfr＝spider&for＝pc。

3. 提供公共服务主体多元化

根据《关于政府向社会力量购买公共文化服务的实施意见》，截至 2023 年 3 月，北京采取社会化专业化运营的公共文化设施有 266 家。比如，海淀北部文化中心、东城区景山街道市民文化中心、西城区砖读空间和石景山区 9 个街道综合文化中心都采取社会化专业化运营，获得了当地居民的一致好评。

（三）公共文化服务效能不断提升

1. 引领示范作用充分发挥

朝阳、东城、海淀、石景山 4 区建成国家公共文化服务体系示范区，石景山、房山、大兴、通州、丰台 5 区建成首都公共文化服务示范区，延庆、怀柔、平谷、昌平、门头沟 5 区成功创建国家全域旅游示范区。截至 2022 年 7 月，高品质旅游服务环境初步形成，开展文旅行业无障碍建设专项行动，完成 1230 个无障碍元素的改造工作，旅游景区"厕所革命"成效显著，完成全市 5A 级旅游景区第三卫生间改造，核心区改造近百座 2A 级旅游厕所，对男女厕位比例进行了优化；推出智慧旅游服务，219 家等级旅游景区、91 家红色旅游景区实现虚拟导游①。

2. 群众文化活动丰富多彩

依托"歌唱北京""舞动北京""戏聚北京""艺韵北京""影像北京""阅读北京"开展首都市民系列文化活动 2.3 万场。围绕重点节庆日举办文化活动 6000 多项，开展"相约北京"奥林匹克文化节等冬奥冬残奥城市文化活动 2.31 万场，6067 万人次参与②。北京市、区、街道各级文化中心，提供线下文化服务次数 6.7 万次，惠及 738.9 万人，线上举办文化活动 1438 次，惠及 4521 万人③。北京市 201 家场所共举办演出 20315 场，观众 374.3 万人。设立 49 个城市文化志愿服务站点，招募了 4485 名文化志愿者④。

---

① 资料来源：北京：做好首都文化大文章，https://m.thepaper.cn/baijiahao_19062824。
②④ 资料来源：北京市文化和旅游局《2021 年北京市文化和旅游业统计报告》。
③ 资料来源：北京市文化和旅游局《2022 年度北京市文化和旅游统计公报》。

3. 公共文化服务供给更精准

北京不断完善公共图书、文化活动、公益演出三大配送体系。以"我们的节日"为主题，每年开展贯穿全年、覆盖全市的首都市民系列文化活动 2 万场次。建成 16 个冬奥文化广场、91 个冬奥示范设施，组织冬奥主题城市文化活动，参与人员超过 6000 万人次。组织市属文化单位赴昌平区回龙观、天通苑地区开展系列文化活动，自 2018 年以来，先后开展各类公益演出 278 场、精品演出 16 场。面向老年人、残疾人等特殊群体，组织开展公益性文化辅导培训、展览展示等服务。推进文化馆图书馆总分馆制建设，建成文化馆总馆 18 个、分馆 331 个，图书馆总馆 18 个、分馆 363 个；开通街道（乡镇）图书馆"一卡通"433 家，实现街道全覆盖。公共文化人才队伍不断壮大，常年活跃于基层的群众文化团队达 1.7 万支，参与人员近 50 万人；全市在册文化志愿者 3.27 万名、团队 311 个[①]。

4. "文化+"服务体验更优

线上图书馆成新宠，2022 年图书馆拥有电子文本、图片文献资源 4411.9TB，增长 9.5%；线上服务 62894.3 万人，增长 119.64%[②]。在文化表演方面，国家京剧院和中国移动咪咕公司创新《龙凤呈祥》演播模式，加入"云导赏""云解说""云包厢"等多种交互模式，增强观众参与感与互动感。国家大剧院与快手 App 打造四季系列音乐会，播放总量逾 9 亿次。故宫博物院与腾讯升级"数字故宫"2.0，引入"智慧开放"的概念，注重舒适的"线上+线下"融合游览体验。在展馆展览方面，故宫博物院以戏剧表演和光影科技打造全新展览形式，推出"张灯结彩——故宫博物馆藏宫廷灯具珍品展"。歌华文化与玉渊潭公园联合举办国际光影艺术季 2021"万物共生——蔚蓝"户外光影节。

5. "文化+数字"融合更深入

2020 年，北京地区已有 11 家国家文化和科技融合示范基地，北京数

---

① 资料来源：北京：做好首都文化大文章，https://m.thepaper.cn/baijiahao_19062824。
② 资料来源：北京市文化和旅游局《2022 年度北京市文化和旅游统计公报》。

字文娱独角兽企业共 11 家，占全国的 60%①。2019～2021 年，北京规模以上文化科技融合企业收入占文化产业收入比重连续三年达 50% 以上，年增速保持在 10% 以上。2021 年上半年，北京文化新业态企业实现营业收入占全国比重达 25.9%，是文化产业高质量发展的重要引擎②。

（四）公共文化服务品牌效应持续提升

1. 持续擦亮北京历史文化遗产"金名片"

博物馆之城呈现新气象，截至 2023 年 6 月，备案博物馆 217 家，崇德堂匾额博物馆、声音艺术博物馆、京报馆等首批 8 家"类博物馆"挂牌开放③。形成一批标志性品牌项目，"大戏看北京""会馆有戏""北京文化论坛"等彰显大国首都的文化吸引力④。积极推动市级园区建设，2022 年认定市级文化产业园区 97 家，特色文创市集、演艺活动、文艺展览遍布各个园区，每年举办文化活动 3000 场⑤。非遗代表性项目数量居全国前列，现有联合国教科文组织人类非遗代表作名录项目 13 项，国家级非遗 144 项⑥。

2. 北京文化产业整体实力保持全国前列

北京已连续七年在中国省市文化产业发展综合指数排名中保持第一，2022 年北京规模以上文化产业实现收入合计 17997.1 亿元。其中核心领域实现收入合计 16339.4 亿元，占文化产业总收入的 90.8%。文化科技融合成效明显，2022 年北京"文化+科技"企业实现营业收入 10857.8 亿元，占全市文化企业营业收入的比重为 61.8%。文化新业态蓬勃态势明显，2022 年北京文化新业态特征较为明显的 16 个行业小类实现营业收入

---

① 资料来源：北京文化科技龙头企业不断涌现　数字化文化资源有待进一步转化——《文化科技蓝皮书：北京文化科技融合发展报告（2021-2022）》发布，http：//www.rmzxb.com.cn/c/2023-05-08/3341099.shtml？eqid=abf1912b0000d4cd00000006645c5648。

② 资料来源：数字+文化：北京文产发展新引擎，https：//baijiahao.baidu.com/s？id=1710465942423334155&wfr=spider&for=pc。

③⑥ 资料来源：北京文化产业实现高质量发展　综合指数连续七年居全国首位，https：//baijiahao.baidu.com/s？id=1771017991480754553&wfr=spider&for=pc。

④ 资料来源：2022 年北京规模以上文化产业实现收入近 1.8 万亿元，https：//baijiahao.baidu.com/s？id=1768007625707018086&wfr=spider&for=pc。

⑤ 资料来源：北京：积极推动文化产业园区高质量发展，https：//baijiahao.baidu.com/s？id=1771383869434689962&wfr=spider&for=pc。

11896.0 亿元，占全市文化企业营业收入的比重为 67.8%①。在精品内容生产方面，北京市申报作品有 10 部入选第十六届精神文明建设"五个一工程"，连续四届摘得"文华大奖"奖项，16 部电视剧荣获第 33 届电视剧"飞天奖"。在电影产业方面，截至目前国产影片票房前十名均为北京出品，据统计票房累计高达 474 亿元②。

3. 旅游景点设施助城市更宜游

在信息化建设方面，"北京智慧旅游地图信息化平台"可以提供 214 家旅游景区、75 家红色旅游景区、34 家全国旅游重点村（镇）等单位的虚拟导游、语音讲解、设施查询，实现了北京公共旅游服务从"有没有"向"好不好"转变。在旅游公共设施建设方面，截至 2023 年 3 月，北京平均每个景区有 8.4 个旅游厕所、3.7 个无障碍卫生间、1.7 个家庭卫生间、1.1 个游客服务中心、0.6 个母婴室、0.5 个急救设施、319 块旅游标识、185.7 米无障碍坡道等公共设施③。

4. 文旅产品供给持续创新

首都文化和旅游资源内涵不断丰富，以 2021 年为例，全市推出 200 余条旅游线路、100 个新晋"北京网红打卡地"，认定发布 100 家北京市文化旅游体验基地，9 个村镇入选第三批全国乡村旅游重点村镇名录。推进实施《关于促进乡村民宿高质量发展的指导意见》，开展"大厨下乡"结对帮扶民宿餐饮提升工程，实现北运河（通州段）全线 40 公里游船通航，发布 20 个北京市文化和旅游行业科普体验资源点④。

三、北京市公共文化服务体系建设中有待解决的问题

为了进一步巩固北京在文化建设领域的优势，对标世界一流城市，更

---

① 资料来源：北京文化产业实现高质量发展 综合指数连续七年居全国首位，https：//baijiahao. baidu. com/s? id=1771017991480754553&wfr=spider&for=pc。

② 资料来源：2022 年北京规模以上文化产业实现收入近 1.8 万亿元，https：//baijiahao. baidu. com/s? id=1768007625707018086&wfr=spider&for=pc。

③ 资料来源：设施更便捷 服务更贴心 活动更丰富 本市文化和旅游公共服务品质不断提升，https：//www. beijing. gov. cn/ywdt/gzdt/202303/t20230324_2943423. html。

④ 资料来源：北京市文化和旅游局《2021 年度北京市文化和旅游业统计公报》。

好地满足人民群众对文化的多样化、差异化需求，首都文化服务体系还需要从公共文化供给、服务品质和服务品牌三个方面发力。

（一）公共文化服务供给有待加强

1. 部分公共文化设施对标国际大都市有差距

公共文化设施主要包括公共图书馆、博物馆、艺术业和群众文化机构。据全球化与世界级城市研究组织及网络（GaWC）2018 年的排名，伦敦、纽约、香港、巴黎、北京、东京、上海均入围了全球国际文化大城市[①]。但从公共文化设施对比情况来看，北京与伦敦、纽约、巴黎、东京、香港差距明显（见图 7-1），与上海也有一定差异（见表 7-1）。以同一

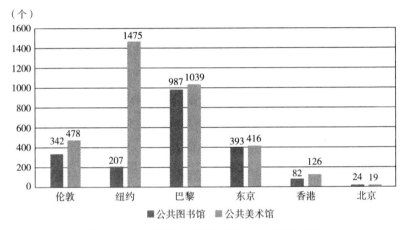

图 7-1　六大城市公共图书馆、美术馆数量图

资料来源：伦敦图书馆数据出自 2019 年 *Public and community libraries captured in Jan 2019*，纽约图书馆数据来自 2015 年 *Center for an Urban Future*，巴黎美术馆数据来自 2020 年 *Ministere de la culture Base des lieux et Equipements cultures（Basilic）*，东京图书馆数据来自 2020 年 *Tokyo Metropolitan Central Library "Survey on public library in Tokyo 2021"*，中国香港图书馆数据来自 LSCD 70 *static libraries and 12 mobile libraries*。伦敦美术馆数据出自 *World Cities Culture Report 2018*，纽约美术馆来自 2015 年 *Crain's New York*，巴黎美术馆数据来自 2021 年 *Yellow Pages*，东京美术馆数据来自 *Bijutsu-Nenkansha-Art Annual 2021*，中国香港数据来自 2020 年 HKADC。北京公共图书馆、美术馆（艺术馆）数据来自《公共设施完善、文化科技新业态频出，北京文化供给稳步提质增效》。

① 周继洋.上海与五大国际文化大都市文化指标对比研究［J］.中国名城，2019（05）：83-89.

年度每万人拥有美术馆数为例，北京平均 0.03 个[1]，而伦敦、纽约、巴黎、东京分别为 1.10 个、0.88 个、0.89 个和 0.52 个[2]，未来还需增加现有各类公共文化设施的指标数量。

表7-1　2021年北京、上海公共文化设施对比

类型	指标	北京	上海
公共图书馆	公共图书馆机构数（个）	20	22
	总流通人次（万/人次）	724	1294
	阅览室座席数（万个）	1.8	2.3
	每万人建筑面积（平方米）	156.8	177.9
博物馆	博物馆机构数（个）	79	116
	每百万人公共博物馆数（个）	0.028	0.021
	每万人文物藏品数（个）	2550	1392
艺术业	艺术表演团体机构数（个）	495	298
	观众人次（万/人次）	74	20
	艺术表演演出场次（万次）	0.2	0.1
群众文化机构	总数（个）	356	241
	组织文艺活动次数（次）	31331	54652
	平均每机构组织文艺活动次数（次）	88.00	226.77
	文化服务惠及人次（万人次）	1271.53	3626.32

资料来源：《中国文化文物和旅游统计年鉴2022》。

2. 各区公共文化服务供给水平有差距

依据北京市社会科学院管理研究所"北京十六区公共服务绩效综合评价研究"课题组的计算方法，选取"公共图书馆总藏书（千人/册、千人/件）""公共图书馆总流通人次（千人次）""书刊文献外借册次

---

[1]　资料来源：《北京公共文化服务体系与文化软实力建设调研报告2011》。
[2]　资料来源：伦敦、纽约、巴黎、东京4个城市的每万人拥有美术馆数的数据引自《世界城市文化报告2012》。

（千人册）""博物馆参观人次（千人次）"指标①。从得分及排名来看，各区在 4 个指标上都表现出较大的差距，每个指标领先的区也不同。前期基础储备和资源禀赋不同，是各个区公共服务出现较大差异的主要原因。比如，海淀区的人均公共图书馆藏书远高于其他区，但公共图书馆总流通人次并不占优势。延庆区人均书刊文献外借册次第一，但博物馆参观人次少（见图 7-2）。

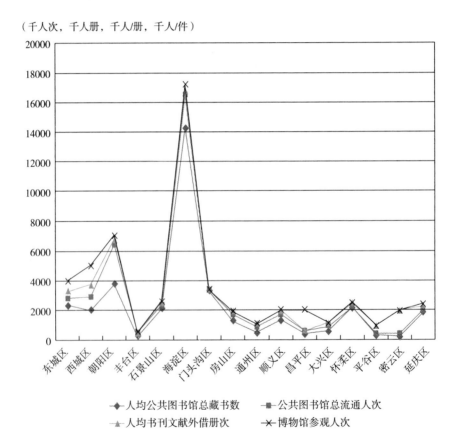

图 7-2　2021 年北京市各区公共文化服务分指标得分情况

<hr />

①　北京市社会科学院管理研究所"北京十六区公共服务绩效综合评价研究"课题组．北京公共服务发展报告（2022-2023）[M]．北京：社会科学文献出版社，2023.

3. 基层公共文化服务供给形式待丰富

目前,北京市已有一批长期延续、有一定成效的公共文化服务供给活动。怀柔区的京韵满乡文化旅游节与文化科技卫生"三下乡"活动、大兴区开办"院区手拉手·戏曲艺术进基层"系列活动等,在戏剧培训、观摩演出、在线直播等方面取得了良好的社会效益。未来,还可以借助科技增强活动的互动性,开通"云上享"、让演员和群众"共唱一首曲,共演一出戏",激发更多年轻人对传统戏曲的热爱。

(二) 公共文化服务品质有待提升

1. 供给内容缺乏特色,互补性不强

一些社区文化中心在硬件设施条件得到改善的同时,服务内容没有同步提到提升,仍局限于传统服务内容。对于区域的文化特色缺乏深入挖掘,不同程度存在内容陈旧、缺乏创新等问题。各文化中心普遍存在公共文化供给内容同质化而忽视特色化的现象,各中心之间供给内容互补性不强,不能形成统筹协作,难以形成各具特色、差异互补的内容供给体系,难以吸引不同层次人群参加,难以满足与人民群众差异化的公共文化需求,导致受益人群相对集中。

2. 公共文化服务供给与群众需求还有差距

市、区两级配送功能、定位及其职责范围还不够明确,配送的平台和程序不完善,存在交叉重复、同质化的现象。一些配送项目没有充分考虑到社区人群职业构成和人口结构的特点,难以有效满足人民群众需求。比如,生态涵养区群众也对戏曲较为喜爱,但目前戏曲进乡村的场次还远未满足人民群众需求。

(三) 公共文化品牌的标识度和影响力有待提升

北京的全国文化中心地位进一步巩固和提升,据上海交通大学发布的《国际文化大都市评价报告》,北京排第七位。但是,与国际一流文化大都市对标,还存在一定差距,特别是吸引力还不强、辐射力还不够远。

1. 节展活动数量不多

从节庆活动数量来看,柏林有 63 个、伦敦有 254 个、纽约有 309 个、巴黎有 360 个、东京有 485 个①，北京有 60 多个②，节庆活动数量与以上国际大都市相比明显短缺，略高于上海的 33 个。

2. 已有节庆活动的影响力待提升

以北京市建设世界城市、打造东方影视之都的重点文化活动的"北京国际电影节"③为例，现已连续举办 13 届，旨在汇聚世界电影优秀成果，增进国际电影交流合作，推动跨区域、跨文化的电影传播。但在影响力方面，与世界三大电影节即意大利威尼斯国际电影节、法国戛纳国际电影节和柏林国际电影节相比，仍存在明显差距。

3. 演出活力还待进一步激发

与国际文化大都市相比，北京在剧场数量上还有不小差距。根据《新京报》整理的 2023 年北京剧场目录，北京有剧场 179 家，而纽约有 643 家、巴黎有 353 家、东京有 230 家、伦敦有 214 家④。除了剧场数量相对不足，演绎功能区聚集度、标识度也不高，北京还没有形成具有世界影响力、可以容纳各类演艺产品的有梯次的剧场群落，剧场间的互通共享机制也未建立。一些优秀的传统戏曲以及小众戏剧作品难以找到价格适中、可持续演出的平台，一些受人民群众欢迎的演出仅安排了个别场次的驻场演出，受众面有限。鉴于人民群众对优质文化产品差异化的演出需求，还需要增加一些以政府补贴为主的剧场，为弘扬中华传统戏剧、现代文化提供一些公益免费票、低价场（票）。

四、完善北京市现代公共文化服务体系的建议对策

北京作为全国文化中心，公共服务体系建设一直走在全国前列，未来还可对标国际大都市，在亮品牌、优服务、拓影响方面持续发力，更加充

---

① ④ 郑崇选：《上海在全国率先基本建成现代公共文化服务体系》，《上海公共文化服务发展报告（2020）》，上海书店出版社，2020 年。

② 张力：《2011 年北京打造世界一流国际文化节庆活动发展报告》，《北京国际交往中心发展报告（2021~2022）》，社会科学文献出版社，2022 年。

③ 资料来源：始创于 2011 年，原为"北京国际电影季"，2012 年更名为"北京国际电影节"。

分发挥示范引领作用，深入做好首都文化这篇大文章，为加快建设社会主义文化强国作出更大贡献。

（一）加紧健全公共文化服务体系建设的三个机制

1. 建立部门协调机制

现代公共文化服务体系的建设，是一个涉及文化产品生产、分配、管理和资源保障各个系统在内的整体系统，必须整合政府与社会各方面的力量，突破按行业壁垒和公共资源体制内循环的制度局限。建立公共文化服务体系建设协调机制，是加强政府机构改革的协同性、提升公共文化服务效能的必然要求①。要以深化文化体制改革为契机，联合宣传、组织、发改、财政、文化、广电、体育、工青妇等部门，成立公共文化服务体系建设协调组织机构，促进工作的规范化、常态化，协调解决矛盾和问题，加快形成科学有效的宏观文化管理体制。依托协调机制，定期召开协调会议，负责行动计划组织领导、政策制定、统筹规划，协调解决均等化实施过程中的重大问题，确保标准化均等化工作顺利推进。

2. 城乡一体化建设机制

加强公共文化服务硬件建设，打造更高品质公共文化空间，加快"书香京城""博物馆之城"建设。完善乡村公共文化设施，以公共图书馆、文化馆总分馆制建设为抓手，以构建公共文化新型空间为重点，充分考虑人口、空间分布特点，创新打造一批小而美的公共阅读和艺术空间，形成优质均衡、便捷高效的基层公共文化设施。以公共文化服务体系示范区建设为抓手，打造博物馆之城，明确博物馆建设标准、服务标准，提升中小博物馆服务社会的能力和水平。在生态涵养区以流动博物馆、数字博物馆等方式优化公共文化服务，扩大博物馆覆盖面。坚持高标准、高质量推动公共文化服务示范区建设。

3. 京津冀协同共建机制

推进京津冀公共文化服务一体化体系建设，加强顶层设计，进一步探

---

① 阮可. 我国基本公共文化服务保障标准研究 [M]. 北京：中国社会科学出版社，2018.

索区域现代公共文化服务体系建设，着力解决三地制约公共文化服务高质量发展的突出矛盾和问题。探索建立京津冀文化公共服务财政投入倍增计划，进一步提升公共服务保障水平。统筹融合京津冀文化资源，持续更新京津冀三地公共文化发展数据库，突破体制机制障碍，整合三地公共文化资源，不断丰富公共文化供给，形成开放多元的公共文化服务供给体系，推进跨越京津冀文化产业集群生态的形成。

（二）丰富高质量文化产品供给

1. 培育更多公共文化服务供给主体

放宽市场准入标准，引导社会资本对公共文化服务重点领域、重大项目和创新型成长性企业投资。进一步扩大政府购买公共服务范围，提高政府购买公共服务比重，推动公共服务供给方式多元化。通过贴息、补助和税收返还等多种方式，重点支持社会资金投入公共文化服务关键环节和新兴领域发展。

2. 推进公共文化服务供给的社会化专业化

引入独立的第三方开展公共文化服务体系评估，提升公共文化服务供给效率，助力形成多元参与、程序公正、运行透明、竞争有序的公共文化服务生态。探索建立基层公共文化服务人才培训基地，以生态涵养区基层文化干部、专职文化队伍、业余文化骨干为重点，扎实开展初任培训、专题培训、业务培训，完善培训体系，统筹推进分级分类分层培训。

3. 增强基层公共文化服务的便利可及

结合服务对象的特点和需求，要坚持问题导向，深入研究群众公共文化服务需求，在提升服务效能方面下功夫，有效提升群众的获得感。比如，针对城乡居民普遍重视儿童阅读的需求，增加儿童图书采购数量和儿童阅览室场地面积。加快文化资源更新频率，为社区居民提供动态化、社交化的公共文化服务。

（三）持续提升北京公共文化服务品牌效应

1. 进一步丰富文化节展

创新"双奥之城"、传统节日、特色文化节庆活动品牌，在文化特色上做足文章,以人民群众喜闻乐见的展现形式,提升传统文化节庆活动的时代性与国际性,彰显中华优秀文化的价值理念。推动文化节展产业的市场化运作,发挥中央在京文化龙头企业的行业带动作用,发挥市属文化国资企业的战略支撑作用,吸引更多民间资本参与发展文化行业。实施文化精品工程,推出更多增强人民精神力量的优秀作品,做大做强"大戏看北京"系列品牌,着力打造"演艺之都"。推动品质公共文化服务资源共建共享,擦亮现有公共文化服务节展品牌,及时总结各区提供公共文化服务的先进经验,培育更多"故宫以东"城市文化互动平台。

2. 扩大文化节展国际影响力

借助北京是全国文化中心、国际交往中心的优势,用好主场外交平台积极展示推介中华优秀传统文化,以友城交往为载体推进文化"走出去"。学习借鉴国际三大电影节、巴黎国际时装周等世界一流国际文化节展,坚持以专业性、国际性、大众性为办节展标准,支持各类节展"走出去",增强节展在行业内的辐射能力、带动能力和出口能力。做好北京国际节展活动的对外宣传,推动形成一个个大众化、专业化的国际文化交往平台,促进国际文化交流与合作。

3. 激发数字文化产业活力

运用大数据、云计算、物联网、人工智能、5G、区块链等新技术,赋能文化产业全链条,带动传统行业数字化转型,提升企业数字化运营能力。探索设立数字文化国际合作区,支持博物馆、剧院、体育馆、电影院等数字化升级,改造升级传统文化业态,培育数字内容、动漫游戏、视听载体、数字电影、电子竞技、线上演唱会、数字出版等新兴数字文化业态,带动文化产业能级跃升。激发文化产业活力,推动供给侧和消费端深刻变革,依托特色文创园区建设积极拓展文化消费新场景,培育集逛、赏、玩、游、购于一体的文旅消费新业态。

执笔人:郭玮

第八章　扎实开展首都生态现代化建设

习近平总书记强调"人与自然是生命共同体，人类必须尊重自然、顺应自然、保护自然""加快推进人与自然和谐共生的现代化"。北京市深入贯彻习近平总书记的指示精神，牢固树立和践行"绿水青山就是金山银山"的理念，坚持生态优先、绿色发展，统筹高质量发展与高水平保护。

第一节　2022 年首都生态现代化年度评价及路径建议

一、生态现代化内涵

生态现代化是中国式现代化的内在要求，其内涵主要包括正确处理人与自然的关系，以及处理好与其相应的经济社会发展与环境保护之间的关系①。

（一）人与自然和谐共生是生态现代化的内核本质

习近平总书记提出"人与自然生命共同体"理念，人与自然是有机统

---

① 生态现代化内涵部分参考：龚宏龄. 中国式生态现代化的科学内涵、生成逻辑与实现路径〔R〕. 中国网，2023-03-24.

一体。正确处理人与自然的关系是尊重自然规律、顺应发展规律的做法。站在人与自然和谐共生的高度谋划可持续发展，是中国式现代化的本质与核心。

（二）"三生融合"是生态现代化的主要内容

经济社会绿色低碳发展是推动高质量发展的关键。优化升级产业结构、倡导绿色消费、践行低碳生活，是推动生态生产生活融合共生的主要方式，是实现生态现代化的主要内容。

（三）满足人民对生态环境的美好需求是生态现代化的归宿

党的二十大报告明确指出，坚持可持续发展，像保护眼睛一样保护自然和生态环境，坚定不移走生产发展、生活富裕、生态良好的文明发展道路。中国式生态现代化是以更好地满足人民日益增长的美好生活需要，更快增进人民群众的"获得感、幸福感、安全感"为落脚点的。

二、北京市 2022 年生态现代化评价

2022 年，北京生态环境质量整体持续向好，生态环境质量指数（EI）为 71.1，同比增长 0.4%，生态环境状况处于优良水平，生态系统质量和稳定性持续提高。首都功能核心区 EI 同比提高 1.9%，中心城区 EI 同比提高 1.1%，生态涵养区持续保持生态环境优良，EI 同比提高 0.7%；北京推动生态涵养区"生态优先、绿色发展"的制度建设更加完善，制度保障水平进一步提升。

（一）空气质量进一步提升

2022 年，北京市 PM2.5 年均浓度再创新低，在 2021 年首次达标（33微克/立方米）的基础上，下降至 30 微克/立方米，连续两年达到国家二级标准；可吸入颗粒物（PM10）、二氧化氮（NO_2）和二氧化硫（SO_2）年均浓度分别为 54 微克/立方米、23 微克/立方米和 3 微克/立方米，其中PM10 和 NO_2 年均浓度分别比 2021 年下降 1 微克/立方米和 3 微克/立方米，SO_2 年均浓度与 2021 年持平。空气质量优良天数为 286 天，优良天数比率为 78.4%，比 2013 年增加 110 天，一级优天数为 138 天，比 2021 年增加 24 天，比 2013 年增加 97 天。空气重污染天数为 3 天（含 1 天沙尘重污染），发生率为 0.8%，比 2021 年减少 5 天，比 2013 年减少 55 天。

（二）水量和水质持续双提升

2022 年，北京平原区地下水平均埋深为 15.64 米，与 2013 年相比，地下水水质总体稳定，水位持续回升（见图 8-1），与 2021 年相比，地下水水位平均回升 0.75 米，地下水储量增加 3.8 亿立方米①。监测五大水系河流共计 105 条段（比 2021 年增加 8 条段），长 2551.6 公里（同比增加 115.8 公里）。其中，Ⅰ～Ⅲ类水质河长占总河长的 77.9%，比 2021 年增加了 2.7 个百分点；无劣Ⅴ类河流。与 2013 年相比，河流Ⅰ～Ⅲ类河长比例增加 28.1 个百分点，劣Ⅴ类河长比例减少 44.1 个百分点。北京共监测湖泊 22 个，水面面积 719.6 万平方米。Ⅰ～Ⅲ类水质湖泊面积占总水面面积的 58.9%，同比增加 2.8 个百分点；Ⅳ～Ⅴ类水质湖泊面积占总水面面积的 41.1%；无劣Ⅴ类湖泊。与 2013 年相比，湖泊Ⅰ～Ⅲ类比例增加 54.9 个百分点，劣Ⅴ类比例减少 15.0 个百分点。2022 年污水处理率为

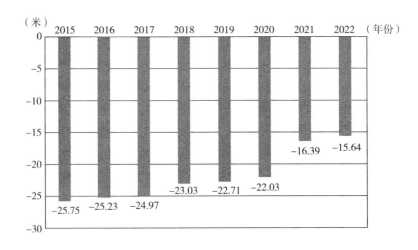

图 8-1　2015～2022 年北京市平原地区地下水埋深情况

① 资料来源：北京市水务局网站"北京市 2022 年生态现代化评价"。部分未标明数据来源的数据均来自《2022 年北京市生态环境状况公报》。

97.0%（比 2021 年提高 1.2 个百分点），其中城六区污水处理率达 99.7%（比 2021 年提高 0.2 个百分点）①。

（三）土壤环境状况整体良好

2022 年，北京土壤环境状况保持良好，土壤多呈中性和弱碱性，酸碱度均值为 7.98。土壤保肥、缓冲能力多为中等以上，阳离子交换量均值 13.8 厘摩尔/千克。土壤肥力可满足多数作物生长发育需求，有机质含量均值为 16.9 克/千克。北京土壤环境风险得到有效管控，受污染耕地通过种植结构调整、休耕轮作、优化施肥等安全利用措施全部实现安全利用，对复耕复垦的新增耕地开展土壤污染状况调查，完成农业生产符合性评价复核。

（四）低碳转型持续见效

2022 年，北京规模以上工业企业综合能耗为 1409.0 万吨标准煤，比 2021 年下降 2.5%。生物质能、水能、太阳能、风能等可再生能源发电量增长 1.2%，占总发电量的比重为 10.9%，比上一年提高 0.2 个百分点②。

（五）绿色空间持续扩大

2022 年，北京新增造林绿化 10200 公顷。森林覆盖率达 44.8%，比上一年提高 0.2 个百分点。城市绿化覆盖率为 49.3%，比上一年提高 0.01个百分点。人均公园绿地面积为 16.89 平方米，比上一年增加 0.27 平方米③。

（六）制度建设持续强化

2022 年，北京相继出台了《关于新时代高质量推动生态涵养区生态保护和绿色发展的实施方案》（京发〔2022〕24 号）、《北京市建立健全生态产品价值实现机制的实施方案》（京办发〔2022〕34 号）、《北京市特定地域单元生态产品价值（VEP）核算及应用指南（试行）》（京发改规〔2023〕6 号），为进一步推动生态涵养区落实功能定位、保持战略定力、激发发展活力提供了坚实的制度保障。

---

①②③　资料来源：《北京市 2022 年国民经济和社会发展统计公报》。

三、北京市在推进生态现代化进程中存在的问题

（一）对标更高要求，生态保护仍存在不足

在绿色低碳转型方面，2022年，北京清洁能源在能源消费中的占比不到20%，低于全国平均水平25.9%①。在环境基础设施建设与管理方面，2022年，污水处理率为97.0%，农村地区的污水处理尚未广覆盖，部分农村地区污水处理工艺单一、设备陈旧老化、效率低；农村供水设施长效运管机制未全面建立，存在管理方式和管理手段落后、设施运行维护能力较弱、专业化水平不高等问题，农村污水处理设施运维和监控机制不完善，部分已建污水处理设施运维和监管缺失。

（二）生态产品价值实现渠道未完全打通

北京建立健全生态产品价值实现机制的实施方案中，许多措施尚未完全落地。各生态涵养区使用财政资金进行生态补偿的自主性有待加强，生态补偿标准不完善。生态产品与资源交易渠道不畅通、交易体系不完善。虽然有"妫水农耕"等区域公用品牌，但由于品牌文化内涵不足、科技含量不高、特色不够突出等，生态产品价值增值能力较弱。

（三）生活方式绿色转型还需持续加强

居民家庭用能用水节约意识仍不够强，垃圾分类等绿色生活方式在市民中落实不到位，快递包装废塑料约99%（质量比）混入生活垃圾。

四、下一步推进北京生态现代化的重点路径

在加快推进人与自然和谐共生的现代化的征程上，应坚持问题导向，围绕生态保护、生态产品价值实现与加速形成绿色生活方式，重点发力，弥补不足，推动生态现代化建设再上新台阶。

（一）持续加强生态保护

在清洁能源利用方面，大力推进清洁能源汽车应用，加速推进首都机

---

① 资料来源：国家统计局。

场、大兴机场、物流园区等区域中车辆、地面支撑设备等具备条件的机械采用清洁能源；针对生态涵养区山区重点施策，围绕剩余农村用户取暖设备、设施农业、公共设施加快推进煤改清洁能源工程。在新建建筑中大力推进可再生能源综合供热系统建设；依托京津冀燃料电池汽车示范城市群建设等，加强开辟氢能源在交通和供热领域的应用新场景。在农村供水污水治理方面，强化农村供水与污水处理设施建设，加强农村供水管网配套建设和改造力度，加强城乡结合部、水源地周边村庄、民俗旅游村庄、山区等地污水、污泥处理设施建设以及工艺装备改造提升；完善农村供水与污水处理设施管理，深化应用大数据、物联网、云计算等新一代信息技术，实现农村供水设施和污水处理设施运维与监控专业化、高效化，健全农村供水设施和污水处理设施长效运管机制。

（二）畅通生态产品价值转化渠道

完善结对协作机制，推动结对区在开展生态产品价值核算及应用、特定地域单元生态产品价值评估及应用、生态产品认证、生态产品供需对接、生态资源权益交易等方面开展实践探索，共建生态产品体验中心，形成具有地域特点的生态产品价值实现典型案例等。增强各生态涵养区使用财政资金的自主性与统筹性，支持基于生态环境系统保护修复的生态产品价值实现工程建设。建立北京各区碳排放量与碳吸收能力两本台账，给予各生态涵养区碳汇补偿。建立覆盖全域的生态资产与生态产品市场交易体系，促进用能权、排污权、水权等要素交易。推动健全利益分配和风险分担机制，大力开发京津冀林业碳汇项目。加快建设一批绿色农产品展示体验平台、电子商务运营中心，优化产销衔接。大力塑造区域公用品牌文化、科技内核，增强品牌特色与竞争力，增加生态产品附加值。

（三）开展"绿色细胞"行动

实施产品碳足迹和碳审核，着力培育一批高质量的碳追踪、碳减排大数据分析和综合服务机构，引导全社会加快形成简约、适度、绿色低碳的生活方式。因地制宜推进农村生活垃圾分类治理，依托门头沟、怀柔、延庆、大兴、平谷区深入推进农村生活垃圾分类和资源化利用。依托5000

余个节水载体，加快推进节水型社会建设，打造水资源利用与发展规模、产业结构和空间布局等相适应的现代化新格局。

第二节　立足优势　夯实制度　点线面结合加快推进生态涵养区生态产品价值实现

　　生态涵养区是北京生态资源最主要的集聚区域，是生态产品价值实现的主战场和主载体，处于向"重生态产品价值充分实现"的发展转轨期。通过深入调研，提出要坚持生态产业化、产业生态化，系统开展"制度建设夯基、生态产业壮大、生态金融赋能、权益交易创新、生态补偿提质"，把物质供给类生态产品做精、调节服务类生态产品做实、文化服务类生态产品做强，推动生态涵养区生态产品价值充分实现，切实推动绿水青山向金山银山转化，走出一条生态优先、绿色低碳的高质量发展之路。

一、北京市生态涵养区生态产品价值现状与特征

　　从目前的国内实践来看，生态产品价值实现主要有四条路径：生态补偿路径、生态产业化路径、权益交易路径和生态金融路径。

　　北京生态产品价值总量（GEP）排在全国第13位、市辖区百强排在第六[①]位。生态涵养区面积占北京市域总面积的67.8%，是首都的重要生态屏障和水源保护地，集中了大多数的优质生态资源，是首都地区生态产品最集中的区域，既是北京生态产品价值实现的最重要地区也是优势地区，主要有四方面特点。

---

　　① 目前，国家发展改革委、国家统计局正在统一编制GEP核算规范。此前排名主要参考相关研究报告：《中国经济生态生产总值核算发展报告2018》中北京排在第13位。《全国县域/市辖区生态系统生产总值（GEP）研究报告2021》，市辖区GEP百强中，江苏（14席）、广东（11席）、湖北（10席）和山东（10席）入围数量位居前列；浙江占9席，北京占8席，福建、贵州、云南、重庆各占4席，广西、湖南、上海、天津各占3席。

（一）生态产品价值总量较大

目前，北京各区已达成用生态系统生产总值（GEP）衡量生态产品价值的共识。北京市层面与各生态涵养区开展GEP评估的进度不一，目前门头沟公开GEP核算值为307.2亿元（2021年已公开）。

（二）内部结构中调节功能生态产品价值占比最高

按照物质供给、调节功能、文化功能的生态产品价值维度，各生态涵养区中"调节功能价值"占比最大，比如延庆GEP（2018年）中三大板块占比为1∶14∶1，调节功能价值占GEP总量的80%以上。

（三）水、林木等资源丰富地区所蕴含的生态产品价值高

密云水生态产品价值优势明显（密云水库被习近平总书记评价为"无价之宝"），怀柔森林覆盖率（77.4%，2020年）在生态涵养区居首位，林木生态产品价值明显，延庆地热、太阳能资源最为丰富，能源供给价值明显，门头沟山区面积占比最大（98.5%）、怀柔第二（89%），有发展旅游业的潜在优势，文化服务潜在价值较大。

（四）实现路径主要集中在生态产业化和生态补偿

北京生态涵养区的生态产业化主要有"生态+文旅"、"生态+科技"、生态农业等，怀柔文娱产值达7.6亿元，密云古北水镇营收达近6亿元（2020年），"平谷大桃"品牌价值达101.8亿元，延庆乡村休闲旅游实现收入2亿元（2020年）。北京生态涵养区的生态补偿主要发力河流、森林、保护区，生态涵养区综合性生态保护补偿（2018~2021年）达130亿元。除上述两大路径外，权益交易和生态金融也有不少，但规模相对较小、影响有限。

二、北京市生态涵养区生态产品价值实现存在的问题

北京生态产品价值实现虽处于制度构建起步期，但也取得了不小的成效，房山废弃矿山生态修复入选自然资源部生态典型案例第二批。横向来看，外省份普遍存在的"难度量、难抵押、难交易、难变现""四难"问题在北京也有所体现。与此同时，北京生态涵养区存在一些特有的掣肘问

题，需要辩证对待。

（一）生态补偿制度为主的价值实现机制未能充分体现生态产品价值

北京以生态补偿制度为主的生态产品价值实现机制在推动生态资源资产化、要素化、产业化等方面的拓展和创新不足。比如，农产品加工、文旅开发限制较大；密云区反映，北京生态补偿多为资金补偿、方式较为单一，生态补偿普惠性较强、针对性较弱。

（二）生态产品价值实现效果与乡村振兴、共同富裕战略要求存在一定差距

生态产业化带动农民增收有限，如林下经济中效益较高的林菌或林花模式，每年每户收入仅为 1.7 万元①，对乡村振兴、共同富裕等支撑不够，与乡村振兴、共同富裕战略深层联动不足。门头沟区反映，生态 IP 培育力度不足，已经打造的"灵山绿产"农产品品牌和"门头沟小院"精品民宿品牌知名度仍不够高，生态产品价值增值溢价面临困难。

（三）推进生态产品价值实现的集成合力仍需加强

部门之间尚未完全形成合力。门头沟区反映，由于金融等领域的不同机构之间尚未充分建立有效协同机制，北京集聚的高品质要素在支持生态产品价值实现方面所发挥的作用不足。

三、加快推动北京生态涵养区生态产品价值实现的建议

北京生态涵养区生态产品价值实现要坚持生态产业化、产业生态化，充分发挥首都科技、数字、金融三大产业优势，探索推动"特定地域单元生态产品价值核算"实现"点"的突破，聚焦"生态补偿、生态产业化、权益交易、生态金融"四条路径发挥"线"的功能，联动乡村振兴和共同富裕提升"面"的效果，"点线面结合、以线为主"，开展"制度建设夯基、生态产业壮大、生态金融赋能、权益交易创新、生态补偿提质"，助力首都经济绿色低碳高质量发展。

---

① 资料来源：马晓春. 因地制宜发展林下经济　推进农业农村现代化. 经济社会发展研究，2021 年 4 月 29 日。

（一）筑牢生态产品价值实现底座，夯实制度基础

1. 建立生态产品价值评价体系

加速生态产品数字化建设，搭建北京市统一、开放共享的标准化生态产品数字底座。在此基础上，推动市级层面与各生态涵养区加快建立GEP核算平台，推动平谷、怀柔、昌平与房山山区尽快研究开展GEP评估，开展基于生态溢价的综合价值评估，探索推行GDP和GEP"双考核"制度。

2. 探索建立特定地域单元生态产品价值实现制度

鼓励金融及专业服务机构等探索综合反映特定地域单元（包括但不限于山、林、流域、民宿等）生态产品价值核算规范，以特定地域单元预期收益为担保，开展"可抵押"贷款融资，探索生态资源资产证券化（ABS）。

（二）坚持因地制宜分区分类，壮大生态产业

1. 适度发展环境敏感产业

依托洁净水源、清洁空气、适宜气候等自然本底条件，在密云、怀柔等山水交织区域适度发展数字经济、洁净医药、电子元器件等环境敏感型产业，推动生态优势转化为产业优势。

2. 加快发展生物质能产业

探索农林废弃物再利用的新渠道，联动条件较为成熟的适宜园区，开展生物质成型燃料供热园区试点。

3. 加快推动生态涵养区休闲旅游发展

依托生态涵养区资源禀赋，带动休闲旅游全面发展，比如门头沟区加快"一线四矿"修复与开发利用，高水平构建"生态+科技+康养休闲"新模式，带动区域品牌价值持续提升。

（三）推进金融服务创新，赋能生态金融

1. 推动开展碳汇指数保险试点

借鉴福建经验，推动央企保险公司联合市区级相关部门，在生态涵养区开展试点，建立林业损毁与固碳能力减弱计量的函数模型，创新开发林业碳汇指数保险产品，用于对灾后林业碳汇资源救助和碳源清除、森林资

源培育及加强生态保护修复等与林业碳汇富余价值生产活动有关的费用支出。

2. 探索生态产品"风险保障+融资贷款"模式

推动银保联动，探索建立生态产品经营开发主体融资担保风险补偿机制，引导和撬动社会资本投资生态产业，按市场化原则为项目提供中长期资金支持。支持保险机构创新生态保险险种和服务，加强生态产品的风险防控。

3. 探索生态产品融资 REITs 模式

以基础设施 REITs 试点工作为契机，引导社会投资参与生态涵养区建设，提高生态涵养区基础设施资产流动性，拓展生态保护补偿渠道。探索八达岭长城等 5A 旅游景区等具有较好收益的旅游基础设施开展 REITs 试点。

（四）优化模式与机制，促进权益交易创新

推进碳汇交易新突破，推动 CCER 在湿地碳汇领域的技术开发。将 CCUS 纳入产业和技术发展目录，探索制定符合市情区情的 CCUS 补贴激励政策，形成投融资增加和成本降低的良性循环。开展百万吨级 CCUS 全链条示范项目与产业化集群建设，突破大规模 CCUS 全流程工程相关技术瓶颈。

（五）纵横点面结合，推动生态补偿提质

1. 强化以工代赈的居民生态补偿

借力生态修复、养护等工程和文旅基础设施建设契机，推动集体经济组织在符合相关条件下直接承担工程建设和管护。通过优化生态公益岗位设置、推进以工代赈等方式，对主要提供生态产品地区的居民实施生态补偿。

2. 探索建立基于生态产品供给的跨区市场化横向生态保护补偿

以对口支援地区为重点，推动北京与外埠地区建立生态产品定向产销合作关系，加强精深加工和品牌打造，拓展延伸生态产品产业链和价值链。

第三节　生态产品总值引领的城市生态管理新模式探索

生态产品价值核算是生态产品价值实现的重要工作之一，它涉及生态功能区发展、城市生态管理、地区间生态补偿，以及要素市场化配置改革等重要改革领域。科学开展生态产品价值核算，既是践行"两山"理念的实际行动，也是推进生态产品价值实现的重要工作基础①。核算结果的应用是新时期城市生态管理的重要工作领域，不仅能够弥补传统城市生态管理突出"面积"弱化"效益"的不足，也有助于搭建起生态资源禀赋、生态管理成效与生态补偿和社会经济效益之间的桥梁，创新生态补偿路径。

一、生态产品总值（GEP）概述

（一）生态产品总值理论与方法

在国家发展改革委和国家统计局制定的《生态产品总值核算技术规范》中，生态产品总值（Gross Ecosystem Product，GEP）被定义为一定行政区域内各类生态系统在核算期内提供的所有生态产品的货币价值之和，其中生态产品是指生态系统为经济活动和其他人类活动提供且被使用的货物与服务，主要包括物质供给、调节服务和文化服务三类。

GEP 核算主要工作程序包括：明确区域内各类生态系统类型及分布、编制生态产品目录清单、确定核算模型方法与适用技术参数、开展各类生态产品实物量与价值量核算、计算区域内生态产品总值等环节。其中，在开展生态产品实物量核算环节，主要方法包括直接监测方法和模拟评估方

---

① 韩宝龙，肖燚，欧阳志云. 生态产品总值（GEP）统计调查实务［M］. 北京：中国财政经济出版社，2023.

法两类；在开展生态产品价值量核算环节，需要根据生态产品实物量，运用土地租金法、残值法、市场价值法、替代成本法、旅行费用法等方法，核算各类生态产品的货币价值。

（二）相关国家政策沿革

"生态产品"作为一个官方的明确业务名词，最早出现于 2011 年 6 月发布的《国务院关于印发全国主体功能区规划的通知》中。文件提出我国重点生态功能区应以提供"生态产品"为主体功能。

此后，2017 年 9 月发布的《中共中央办公厅　国务院办公厅印发〈关于完善主体功能区战略和制度的若干意见〉》指出，全国重点生态功能区应当探索"建立生态产品价值实现机制"的发展路径。

在"十四五"规划中再次强调支持生态功能区以提供生态产品为主，以及部署在长江经济带等地区率先探索建立生态产品价值实现机制。2021 年 4 月，中共中央办公厅、国务院办公厅印发《关于建立健全生态产品价值实现机制的意见》，部署了"建立生态产品调查监测机制"和"建立生态产品价值评价机制"两项与 GEP 核算密切相关的工作。

（三）北京市相关政策

2022 年 11 月与 12 月，北京市密集出台了三个与 GEP 核算和应用密切相关的文件：《北京市关于深化生态保护补偿制度改革的实施意见》《关于新时代高质量推动生态涵养区生态保护和绿色发展的实施方案》《北京市建立健全生态产品价值实现机制的实施方案》。生态产品总值在这些文件中累计出现达 40 余次。

归纳起来，北京市的相关政策文件部署了与 GEP 直接相关的五个方面的工作：①加快建立生态产品总值统计制度。探索将生态产品价值核算基础数据纳入国民经济核算体系，按照国家有关要求，定期发布全市及分区生态产品总值核算结果。②建立健全纵向补偿制度。建立健全以生态产品总值核算结果为依据的市级生态保护补偿转移支付制度，率先在生态涵养区开展综合性生态保护补偿，逐步实现转移支付资金与生态产品总值挂钩。③探索横向补偿制度。先在生态涵养区与结对平原区之间试点探索利用结对协作资金实施生态产品总值和地区生产总值交换补偿机制，进而探索在不同功能定位的区之间开展交换，促进区域优势互补。探索基于生态产品总值考核的跨区横向生态保护补偿机制。④纳入行政区考核机制。探索将生态产品总值核算结果及生态产品价值实现情况适时纳入各区高质量发展综合绩效评价体系。适时在生态涵养区以外其他区实行经济发展和生态产品价值"双考核"制度。⑤纳入领导考核机制。将生态产品总值核算结果作为领导干部自然资源资产离任审计的重要参考。对任期内造成生态产品总值严重下降的，依规依纪依法追究有关党政领导干部责任。

二、北京市生态产品总值（GEP）制度探索

（一）北京市《生态产品总值核算技术规范》

北京市《生态产品总值核算技术规范》（以下简称《技术规范》）的酝酿和总体设计始于 2021 年，由北京市生态环境局、北京市统计局具体组织开展，由中国科学院生态环境研究中心牵头指标体系的设计、讨论和试算工作（见表 8-1）。并于 2023 年 4 月 1 日由北京市生态环境局、北京市发展改革委、北京市统计局、北京市财政局正式组织实施。

表 8-1　北京市生态产品总值核算指标体系与方法概述

类别	核算指标	实物量指标	实物量核算方法	核算方法
物质供给	生物质供给	生物质获取量	统计调查	残值法
调节服务	水源涵养	水源涵养量	水量平衡法	替代成本法
	减少泥沙淤积	土壤保持量	修正通用土壤流失方程	替代成本法
	面源污染削减	面源削减量	面源削减模型	替代成本法
	防风固沙	防风固沙量	修正风力侵蚀模型	替代成本法
	洪水调蓄	洪水调蓄量	植被：水量平衡法	替代成本法
			湖泊：湖泊调蓄模型	替代成本法
			水库：水库调蓄模型	替代成本法
			沼泽：沼泽调蓄模型	替代成本法

续表

类别	核算指标	实物量指标	实物量核算方法	核算方法
调节服务	空气净化	净化二氧化硫量	污染物净化模型和污染物平衡模型	替代成本法
		净化氮氧化物量		
		净化粉尘量		
	水质净化	净化 COD 量	污染物净化模型和污染物平衡模型	替代成本法
		净化总氮量		
		净化总磷量		
	固碳	固定二氧化碳量	固碳机理模型	市场价值法
	气候调节	蒸散发（蒸腾、蒸发）消耗能量	蒸散模型	替代成本法
	噪声消减	噪声消减量	噪声消减模型	替代成本法
文化服务	旅游康养	旅游总人次	统计调查	旅行费用法
	休闲游憩	休闲游憩总人时	统计调查	替代成本法
	景观增值	受益土地与房产面积	统计调查	市场价值法

（二）北京市 GEP 核算统计报表制度

北京市门头沟于 2021 年 8 月开始部署全市第一个 GEP 核算统计报表编制工作，编制工作以北京市规划与自然资源委门头沟分局以部门统计事项的形式开展。《门头沟区生态产品总值（GEP）核算统计报表制度》共包含各类表格 44 张（见图 8-2），涉及 14 个不同部门；主要统计门头沟

图 8-2　北京市门头沟区 GEP 核算统计报表制度节选

区内社会经济、生态环境、人口卫生、生态系统服务功能相关的基础资料。具体包括生态系统监测类数据、环境与气象监测类数据、社会经济活动与定价类数据、地理信息类数据等，规定了各数据的格式和频率要求。

（三）北京市GEP核算自动化平台

为了保障GEP核算工作的效率和准确性，北京市延庆区和门头沟区分别上线了生态产品总值（GEP）在线核算与展示平台（见图8-3）。该平台是以网页应用、GIS为基础的云计算软件平台，将成熟的生态系统服务评估与价值核算模型的分析流程标准化，大幅减少了计算中的人工误差，通过降低操作门槛推动生态系统服务理念在生态环境评估考核、城市空间规划、城市生态管理等领域的应用。主要功能包括：数据填报与确认、各生态产品计算、计算成果展示。其中，数据填报与确认功能，由各部门依据数据获得性调查结果，上传/填报责任数据，牵头部门负责进行数据确认；各生态产品计算主要包括农林牧渔计算模块、减少泥沙淤积评估模块、减少面源污染评估模块、气候调节评估模块、固定二氧化碳评估模块、洪水调蓄评估模块、水源涵养评估模块、噪声消减评估模块、空气净

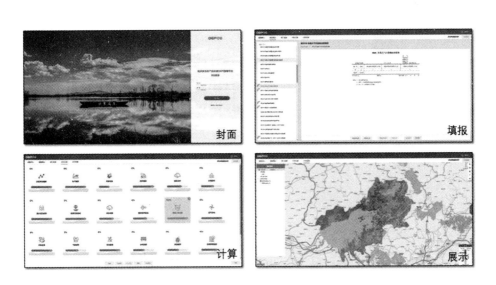

图8-3 北京市延庆区GEP核算自动化云平台

化评估模块、水质净化评估模块 10 个主要模块；计算结果生成后可以进行实时在线展示，并实现任意地块的 GEP 核算结果圈图统计。

三、北京市生态产品总值（GEP）核算与应用案例

（一）北京市 GEP 核算（试算）情况

在前述 GEP 核算制度体系的支撑下，北京市生态环境局、统计局牵头组织了全市 GEP 的试算工作，完成了 2015~2022 年的 GEP 试算。北京市门头沟区、延庆区、密云区等地开展了本区的 GEP 核算探索工作。

汇总这些初步核算结果，可以发现：①从全市层面来看，近年间 GEP 总体呈现上升态势，其中调节服务稳步增长。②从各区和时间序列来看，GEP 中调节服务价值与生态环境质量指数（EI）呈现正相关特征，反映出 GEP 核算结果与生态环境建设工作的一致性和合理性。③各区间生态产品供给差异化特征明显，中心城区调节服务占比偏低，主要贡献为文化服务，尤其是东城区、西城区、朝阳区；平原区调节服务占比一半左右，文化服务普遍在 35%~45%，物质供给占比居北京市前列；生态涵养区调节服务占比较高，最高达 95%，体现了生态安全屏障作用。

（二）北京市门头沟区"一线四矿"项目 GEP 占补平衡

按照《北京市生态涵养区生态保护和绿色发展条例》规定，在生态涵养区从事开发土地、建设等活动的，应当采取措施保护生态环境，造成生态环境不利影响的，应当及时进行修复。门头沟区利用本区及北京市 GEP 核算结果，对即将开展建设的"一线四矿"文旅项目进行 GEP 调节服务价值影响预测评估。京西"一线四矿"及周边区域协同发展项目位于北京西门头沟区东部，"一线"指门大铁路线，全长 33.4 公里；"四矿"指沿门大线依次分布的王平、大台、木城涧和千军台四座煤矿，项目共包含"一线""四矿"及其辐射的 99 平方公里范围。

紧紧围绕这一要求，对"一线四矿"项目的建设活动进行生态系统服务价值预测，对其建设影响和占补平衡后的最终效果进行评估分析认为：①在 2 平方公里的旅游核心开发区内，规划后调节服务价值预计将下降约

9%。②在 18 平方公里的景观建设区内，调节服务价值将上升约 69%。
③在 79 平方公里的保护修复区内，调节服务价值将上升约 30%。④综合
分析和项目区域内占补平衡后，整个项目将带来调节服务价值净增长
38%，成为一个物质供给、文化服务、调节服务三方面都增长的 GEP 提升
项目。

（三）北京市延庆区 GEP 考核与补偿

延庆区作为首都生态涵养区，为将良好的生态优势转化为经济效益，
着力发挥政府在制度设计、经济补偿和绩效考核等方面的主导作用，以
GEP 核算与应用为抓手稳步推进生态产品价值实现。目前，已初步建立起
GEP 与生态保护补偿联动挂钩机制，通过以人均调节服务类 GEP、人均
GEP 增量排名分档的生态补偿资金分配方式，实现各乡镇生态保护责任越
重补偿越多、贡献越大补偿越多，切实让生态产品供给者不吃亏、能
受益。

一是推动 GEP 进补偿，切实让"保护者受益"。制定《延庆区生态产
品总值（GEP）核算考核奖励办法（试行）》，设立总规模为5000 万元/年
的奖励资金，对全区各乡镇保护生态本底、提升生态效益、促进"两山"
转化的行为进行补偿奖励。按照45%：45%：10%的比例，将资金分为基
础奖励资金、提升奖励资金和创新奖励资金。其中，基础奖励资金以调节
服务 GEP 不降低为前提，按人均调节服务 GEP 排名分三档；提升奖励资
金以 GEP 总量增长为前提，按人均 GEP 增量排名分三档；创新奖励资金
对生态价值实现创新典型案例进行奖励，并与区内融资担保机制联动挂
钩，以有效增强农村集体经济组织的"造血"能力。

二是推动 GEP 进考核，引导树牢绿色发展理念。将 GEP 纳入政府绩
效考核体系，按照不低于5%设定 GEP 绩效考核分值，根据各乡镇人均
GEP 增量进行排名并打分，并将考核结果在一定范围内公开。

三是推动 GEP 进规划，实现"两山"实践创新。将 GEP 写入《延庆
区生态文明建设规划（2021-2025 年）》，对常态化 GEP 核算、多元化结
果应用、建立专家咨询机制和依托现有机构成立生态产品价值实现研究智

库等进行部署①。

此外,北京市延庆区于全市率先开展 GEP 提升工作研究,部署了覆盖持续改善生态环境质量、巩固提升生物多样性水平、做精生态物质供给产品、做实生态调节服务产品、做强生态文化服务产品、优化生态价值管理应用机制 6 个方面 40 余项重点工作。并为 15 个乡镇的 GEP 提升工作分别提供了具体建议和"提升质量、提升面积、提升认识、减少损失"四个方面的空间优化导引,让部门和街道、乡镇准确掌握 GEP 提升管理抓手,在日常工作中提升生态产品价值意识。

四、对北京市生态管理工作的启示

当前北京市的相关工作部署全面、多路并举,并在一些关键点上取得了很好的探索成果。但仍需加快对前期探索经验和探索发现的总结,及时丰富和完善 GEP 应用场景,通过 GEP 核算结果应用带动 GEP 提升。

(一)加强 GDP 与 GEP 交换补偿的探索

推动优先发展地区通过 GEP 交易落实应承担的保护责任,尤其是应当探索通过横向生态补偿平衡优先发展地区与生态涵养地区调节服务供给赤字与盈余平衡的问题。

(二)加强调节服务价值监管,防范调节服务价值下降

避免物质供给价值和文化服务价值上升掩盖调节服务价值下降的问题。通过开展项目尺度的调节服务价值影响预测,开展调节服务价值占补平衡干预,减少建设项目对调节服务价值造成的下降风险。只有 GEP 中的调节服务价值不下降,才是真正的全面的绿色发展。

(三)进一步提升 GEP 核算与应用的智能化信息化水平

虽然目前北京市一些地区已经部署了 GEP 核算系统,解决了 GEP 核算难的问题。但相较浙江等地的 GEP 管理和应用信息化水平,仍有差距,仍不能很好地向公众展示和宣传生态产品价值,不能高效地开展 GEP 提升

---

① 国家发展和改革委员会.关于建立健全生态产品价值实现机制辅导读本［M］.北京:人民出版社,2023.

管理。待北京市明确和丰富 GEP 核算结果的应用场景后，应及时配套相关信息化建设工作，推动生态产品价值核算与价值实现迈向智能化和高水平管理。

执笔人：高瞻　李金亚（第一节）
　　　　高瞻　冯丹　夏铭君　郭向荣　耿淼（第二节）
　　　　韩宝龙　中国科学院生态环境研究中心（第三节）